譚崔以打開各個脈輪，到開啟法界體性智為終極目的。

譚崔性能量密典

簡上淇 著

感謝誌

完成這一本譚崔的書看起來好像非常容易，其實也蠻困難的，這是我大半生從年輕時期追求生命的真理一直到留學德國期間學習譚崔的生命經驗，到回到台灣性學的任教，以及在亞洲演講開課精華的一部分，因為經過個人生命與集體性意識的起伏跌宕和蛻變，經過非常多繁瑣的周折，也需要很多的因緣俱足。它不只是我一個人的能力可以完成，更需要有許多來到生命中參與學習與有緣相遇和鼓舞的支持，和一些珍貴助緣者的協助。

首先感恩我母親，她給了我生命，我和她心連心，無話不說、無話不談，是我生命中最愛的人。在我十七歲那年，她卻因為癌症離開人間，促使我去追尋生與死的生命深刻議題，遂讓我走向哲學、佛學與藝術、譚崔的路途，更激發我去探討生命深沉的課題。在茫茫人海當中遠渡重洋到德國留學的心情與奮鬥過程，去探究哲學理性思維精密的思考，佛學的禪修與開悟的人生目標，藝術中美的生命理想，譚崔性能量性意識在生命中的靈性轉化，母親開啟我今天所有成就的一切，在此懷念她，非常想念她、非常感恩她。感恩我父親從小對我們家人的奮鬥，跑船辛苦冒著風險去遠洋，為了家計到處工作，我今天的成就，是因為父親對我教育方式是自由的而不放任，我才能自在地從事性學相關的工作，嚴謹而不控制，我才能有自然的性藝術創作空間，關心而不干預，我才能培養出自由思考的哲學思想，這都歸功於他的慈愛，在母歿後，父代母職，將我與

姊妹們培養成人。

　　感恩德國譚崔大師安德 Andro 在我生命中的意義，由於進入他的譚崔課程鍛鍊，使得我的生命完全的翻轉，以前自傲、自負、自以為是的心理，在他的譚崔法教之下，與性能量的激發裡，產生愛的力量與性的能量契入中脈，多年跟隨在旁的直接學習，翻轉我生命最底層的習性。在我待了譚崔中心七年後回台時，他給予我傳承，並期許我「譚崔由華人來教是最適切的了」，那句話像心錨般一直在我心底，也奠定了後來我在台灣到性學與譚崔的發展，後來常帶學生到德國上課，由於語言的關係，我必須全程翻譯，倍感辛苦，安德 Andro 大師已在 2019 年底圓寂，他的傳承在我身上流動著，現在我們不必遠飛德國上譚崔課程，可以直接在台灣用中文學習安德大師的譚崔精神與傳承，推廣譚崔課程是我的靈魂使命。

　　在我 2013 年高山症後的一兩年，生命跌入最谷底的時候，出現了卡莉女神（這名字是我建議給予她在譚崔路上的能量支持），她是奔著我來要學習譚崔的，我們一見如故，相見甚歡，精神契合，因此她在我生命中產生一個特殊的意義。我帶她到德國譚崔中心兩年五趟的學習，全程翻譯，且與她一起創造我們一起的譚崔課程，由過去我一人帶課到現在兩人有陰陽能量品質的互補交融，感謝卡莉女神老師的精神付出，她鼓勵我把譚崔課程講課的逐字稿出書的意見與陪伴，在整個出書的過程當中，她將我在這幾年性學演講與譚崔課程中所上課的錄音檔，轉聽打寫成逐字稿，修編而成。她長年在旁邊的叮嚀，與在一起帶課的過程當中的互助合作，一起在山上

閉關的生活中日常的關照，與平常的愛護，傳達出深刻的愛的感覺，讓我身心從高山症後慢慢起死回生的喚起我當年 Andro 的心錨，她是促成出此書的最大動力，也打點我在生活當中所遇到的一些問題，讓我能更專心的將此書修改繕寫出來。與她的情誼相投，互助合作與陪伴，是我近幾年來生活生命力與譚崔使命上的最大提攜動力，她細心提示我在各個面向上的問題和討論，與建議了很多教學上與我個人的一些盲點，我們一起攜手並進、共同學習與成長，在生命中要遇到一位知心相惜相伴的人真的很不容易，我們可以說是在譚崔世界當中靈魂珍貴的伴侶。

感謝吳昇龍院長在十幾年前，我留德 14 年後回臺的第一年所辦的譚崔演講就進入譚崔課程學習，至今練習不斷，並再邀請我帶領譚崔課程，共同合作，又再開啟譚崔課程的教學，他不避艱難與凡人的批評，不在乎社經地位，認為對的、對人們有幫助的敢於去做，像勇者一般的走在譚崔路途上，他真的是一位名副其實的譚崔行者。感謝桃園的 Khumal 一起為譚崔課程的推廣，盡一份心力，也以譚崔為生活的指導並精進的練習與鍛鍊，並支持此書的出版。感謝 Maya(Padma) 長期以來的跟隨譚崔課程，並且用心學習，不放棄對譚崔觀念分享的大愛，從國內到國外不放棄的追尋。感謝郭力維先生一直以來的學習與提問，矯捷的辯巧思慮，共同討論了譚崔深刻的議題，並支持此書的出版與推廣。感謝李教授在我留德回國之初對我的慧眼識英雄，提攜我真正進入大學與開始分享譚崔的領域，並且長期討論藝術創作與譚崔理念的共同生命經驗。感謝性學研究所林燕卿所長在譚崔事件當中還聘請我為性學所的專任教師，她對

專才的珍惜與愛護，對性學的堅持與教學，都讓我深深地感動。感謝世界華人性學家阮芳賦教授，我們的同事之誼，與教學當中的互相支持，並提供大量性學知識對我的補充，他真是華人的第一位性學博士。感謝 Andro 大師在德國的接棒人，現在德國鑽石蓮花譚崔中心的負責人 Saranam 先生，一路以來的共同學習、切磋琢磨，他以大師兄的角色，遠洋關心我在譚崔路途上的動向，並提供豐富的譚崔知識。感謝楊紹民院長的知遇之恩，他在靈性上的細緻內在境界，與對人們的愛心關懷療癒，深刻的提問靈性成長的問題，感動流淚，不避諱譚崔的性的問題，有見地的提出意見、關心並支持本書的出版。

感謝性福導師沈子棨一路以來的關照與支持，我們長年亦師亦友，她是性福療癒領域的領頭羊，對人們熱心關懷備至，有乃父的風範，並共同協助建立譚崔個人品牌的討論與意見。感謝尹靜貞的推薦與支持，我們有很好的師生關係，她在性學的領域具有極高的才華，她將性學服務拓展到中國大陸，獨特的人格魅力，影響著一批華人。感謝高雄的 Nancy，她是我留德回台第一位為我主辦譚崔課程的人，她一直以來對譚崔課程的珍惜，視譚崔為珍寶，覺得需要推廣與拓展給更多的人認識，長期以來對譚崔課程支持與推薦，對課程教學品質要求極高，我們交友甚歡，有共同的理想。也感謝亮哥運用他在佛學上的精湛與經歷，在譚崔上的帶頭參與，與生命的深刻分享。感謝藝術家候俊明在多年後的重逢，我們有珍貴的友誼，有非常多的同性質，我們都是台灣前衛的性藝術創作者，對性能量有極高的興趣，我們彼此滋養著彼此的生命，互相支持成為前進的力量，他

的情慾藝術創作是台灣的先鋒，我認為他也是一個精進不斷的譚崔行者。

　　適逢遇見佳興成長營的黃佳興老師，從他的熱情與活力中，被他的夢想要成為華人 No. 1 幸福演說家給感染，我從學校走出來，是因為我只對著少數人講課的情況，猛然覺醒。我是可以學習、可以改變的，我要把譚崔帶給更多的華人，甚至全世界，生命變得更有意義。感恩我過去所有的師長們，因為有你們的教育與愛護，才使得我成長茁壯，對世界的認知，對生命的好奇，與解答了神奇生命現象的知識，讓我毫不迷茫的向著更深更廣的未來前進，因為有你們，我更謙卑、更感恩、更幸福、更豐盛與圓滿。更要感謝我的學生們，一路以來參加譚崔課程的所有學員，與參加過我性學課程的學生，因為有你們，我才能夠在講台上分享我生命中的故事與經歷，也才能促成此書的主要架構，從你們的身上我也學習到我生命中的不同層級的轉化，教學相長，共同成就，使得譚崔的精神能夠綿延不絕。

　　也要感謝我的家人，一路以來對我的財力、精神上的支持與不離不棄，不干涉我所從事的任何決定與工作，讓我能夠安心的走在譚崔性意識與性能量的推廣開創上。感恩我的大姊和妹妹們對我的關愛，一直以來的相互扶持，親密的情感聯絡，直到今天還互愛情感甚篤，每年過年回老家與爸爸團圓。也要感謝我在此沒有提出的所有與我過去有緣、現在有緣、將來有緣的所有生命形式，我們的能量是互相連結與互相支持的。

　　極度感恩歷代的譚崔行者、大師大德，將譚崔的法脈代代相傳，

不畏艱辛穿越歷史時代的考驗，將極密的心髓寶，保存完整的貢獻
給有緣的人並發揚光大。

　　衷心地感恩宇宙萬有無形的神聖力量、龍天護法的眷念與保護，
排除一路以來走在譚崔路途上的艱辛與阻礙，使得我能繼續的走到
今天，將譚崔內密的精華經由語言文字，分享給普遍大眾，讓譚崔
精神理念能夠繼續伸長，永存。我更禮敬、更謙虛、更臣服、更愛
世界。

目錄

推薦序

無條件的性愛走向幸福之道 ————————

古老的印度人，譚崔的輕鬆生活哲學，尤其是對我們現代人而言，具有許多實用的思想，這些思想可以隨時改變我們的心理和身體，使之成為心靈的體驗之路。我們的真實存在是性，深情，愛和狂喜。

大量科學研究證明，經歷過深情的性愛是使我們身體健康直至年老的非常有效的方法。我想在此強調愛慾的另一個方面：當我們讓自己擺脫一切羞恥，讓強烈的性愛浪潮如影隨形的跟著我們時，我們的內心就會洋溢著幸福，生活快樂，自愛和對他人的愛。

人際關係的深切情感，將譚崔自覺禮敬的性經歷轉變為精神上的狂喜，改變了我們的所有日常思維，日常情意以及日常行為。然後，做為在自然界中的每個人類，在所有生命中都看到並崇拜神，並經歷深刻的澄明，同情和感恩。女人和男人在平等的基礎上相遇，不一定遵循著傳統的老巢臼，她們平等且相互喜愛。我們體驗幸福的愛情關係，這種幸福關係的形式沒有教條和意識形態，沒有嫉妒，沒有佔有欲，創建了家庭結構，可以有愛地促進所有家庭成員的熱力，並建立了所有地球公民的團結社區。沒有人再從愛的分離、無尊嚴、飢餓、貧窮和不公正中生活。

在這種極度療癒的性狂喜過程得以發生之前，譚崔首先用自己的

力量處理自己的心理卡點，就像瑞士精神分析學家卡爾‧古斯塔夫‧榮格（Carl Gustav Jung）所說的那樣，或者用印度中部的譚崔語言來表達。在鼎盛時期的一個譚崔強調：他們處理自己的精神疾病，並且訓練有素，經常應景而起，觀察和感受生活，打開他們的思維生活概念，使無條件的愛和廉潔的心成為明確關注的焦點。在這種細心的自我觀察的道路上，對自己或他人的侮辱性態度逐漸消失，一個人的裸體、一個人的性豐盛：「一個性思想和性自由感覺的恥辱也逐漸消失。」

最重要的任務是掌握自己的自我價值的核心，而這不再是對自己撒謊，不再像人們因害怕被排斥而經常否認自己的慾望和豐盛一樣。

我向所有向自己敞開愛自己和愛別人之路，並對全球化邁進努力的所有人致敬，這使人們擺脫了自己對自己的生命的束縛。

我親愛的朋友、藝術家兼哲學家簡上淇（Chien Shan-Chi）在柏林鑽石蓮花學院學習譚崔的藝術時，以他的仁慈、智慧、奉獻精神和幽默，並能快速掌握課程的核心主題，以實踐的精神內化在他的生命上，給我留下了深刻的印象，他也受持了我們學院的傳承。因此，以他對譚崔精確的理解與譚崔核心的把握，體現在他的書中，我希望他的書能引起人們的關注。

德國柏林鑽石蓮花譚崔學院主任
Saranam 薩拉楠

推薦序
永不乾涸的一滴水 —————————————

2005年某個星期六的晚上,高雄民權路教室裡坐著一位皮膚微黑,方形臉,全黑框眼鏡,嘴巴稍大帶著微笑的人,經主辦人介紹得知他是德國藝術與哲學博士,更是德國鑽石蓮花譚崔中心的傳承者簡上淇,在當晚課程進行中,有幾句話一直在教室的空間環繞者,"不管男的女的、美的醜的、黑的白的、高的矮的、胖的瘦的、大的小的、都不影響你成道","在陰道裡開悟","如何使得一滴水不乾涸,讓它流向大海","證得法界體性智",這些話語轟天嘎響如雷貫耳醍醐灌頂,又如潺潺溪水流入心坎裡,第一堂課就令人如癡如醉,從此結下師徒緣種下譚崔種苗,迄今十五年不曾間斷。

當一個先驅高舉大旗站上人類集體性意識課題的頂峰,就注定要被酷刑拷打,就在2006年6月某日蘋果日報頭版頭出現「淫亂幫侵台,集體交合」大標題,接著持續幾天鋪天蓋地批判圍剿簡老師及譚崔。本人因全程參與演講及課程,了解真相,完全知道報導歪曲事實,可見人類集體潛意識對於性是如此壓抑與罪惡、扭曲。但換個角度看待此事,蘋果日報確立下了汗馬功勞,為台灣的性意識找到一個出口,得以釋放對性的批判、扭曲、恐懼與罪惡、壓抑變態的能量。

凡真實的必經得起考驗,簡老師的譚崔之火並不因此而熄滅,反

而更引起大眾對於譚崔的好奇與探索，為人類開啟一條性自由、情慾自由、身體自由的大道，走向愛與開悟。樂天知命不怕死的簡老師依舊傳法於娑婆世界，如今更勇敢地把譚崔教法形諸於文字，其精神與勇氣令人讚嘆不已。他用平鋪直述的口吻把奧秘精深的譚崔講解深入淺出淋漓盡致，沒有矯揉造作，天真活潑平易近人，宛如佛經上所說「出廣長舌相說誠實語」一般，內容卻是包羅萬象，浩瀚無邊，從海呼吸、火呼吸、譚崔瑜珈、打坐，大禮拜、中脈入氣法、寶瓶氣、氣脈明點，到持咒觀想及各種開悟證道的法門，不愧為修習譚崔之精神寶典。

書中的每個功法修練都是具有核彈般的威力，例如「紗麗儀式」在眾目睽睽之下，帶著大家的支持與祝福，脫掉的不是外在的衣服，而是內在的制約、框架、自我綑綁，以及藏在框架制約裡面的罪惡感、恐懼、自卑渺小、不夠好無價值，進行儀式當中有些學員全身顫抖不敢上場，有些學員跟我一樣感動到熱淚盈眶，大家都在肅穆莊嚴的過程中解放掉心中的無明執著，生命變得自由與寬廣，翻轉了躲在陰暗角落哭泣的靈魂。

還有一個刻骨銘心的「禮敬儀式」，儀式中帶著神聖莊嚴的恭敬心，當我說出第一句話〝在你的精神與身體裡，我看見我的神性與佛性〞感動到頭皮發麻，喜悅的淚水喚醒我早已忘記我們是來人間出差、旅遊、學習、考察、兼玩耍的實習神明，每當說出一句禮敬的話語內心就升起一份愛與尊敬。當今世間亂象幾乎都是關係失衡而衍生出的問題，如果在關係中能夠禮敬彼此成一尊神、一尊佛，

你不可能褻瀆一尊神，你只會尊敬神、愛著神，這是從親密關係邁向神聖關係非常快速的蛻變。有位女學員分享在洞房花燭夜如果有禮敬儀式，婚姻關係一定幸福美滿。另一位男學員分享禮敬儀式應推廣至學校課程中，肯定會創造出更和諧的社會。

最令我震撼的發現是譚崔竟然可以療育很多身心問題，身為婦產科醫師對於婦產科問題的治療，完全遵循傳統醫學的機制，譬如陰道炎的治療，會根據病菌種類而投藥，但在臨床上經常出現反覆發作的頑固性陰道炎，婦科醫師往往束手無策，但是在譚崔的教導中發現女性生殖系統的問題跟我們對性的情感息息相關。本書第一章集體性意識的摧毀力說明了在陰道裡貯存著對性的批判、罪惡、恐懼、羞愧、焦慮、絕望等情緒時，物質性的藥物治療有時候無法根治而造成反覆的發作，不堪其擾，就連性病，愛滋病，子宮頸癌，不孕症，性冷感都與性的罪惡與壓抑有關。

有一個從小被父親強姦的個案，長大後罹患子宮頸癌，她覺得自己的陰道與子宮非常骯髒，極度厭惡自己，對於愛與性感到徹底的絕望，因此潛意識創造子宮頸癌來懲罰自己及報復父親。這些問題很難用一般心理學、傳統醫學來治癒，然而譚崔卻帶來一道曙光，當性能量被純化，性意識被淨化之後，能夠消融往昔所造成性罪惡與壓抑，釋放內在心靈能量的扭曲、阻塞、衝突、變態，當心靈得到救贖，問題就被療育了，就如同把光帶進黑暗就重現光明一般，本書不就是那把火炬嗎？

人類經由性而存在，宇宙經由性而生生不息，性乃一切萬有賜與人類最神聖珍貴的恩典。性能量即是你的熱情、才華、健康、財富、吸引力、魅力、自癒力、生命力、創造力。身體是一座聖潔的廟宇，性是廟宇中的神，性能量就是神性能量，宇宙要我們透過性來慶祝生命。

　　本書的譚崔修練功法次第分明，只要持之以恆用心修練必將境界現前，成就身心靈整體健康，進而達成性能量的連結擴展到宇宙合一，橫出三界，覺醒開悟證得法界體性智，此時將你的性能量射向宇宙，回歸永恆能量的源頭，就像一滴水回到大海，永不乾涸。

台灣大自然身心靈生活協會理事長
優生婦產科醫院院長
譚崔行者
吳昇龍

推薦序

性學更上一機 ————————————————————

我 2001 年受邀從美國「高級性學研究院」（IASHS），到台灣高雄樹德科技大學性學研究所，擔任客座教授。簡上淇是我的同事，他所教授的課程：性藝術、性哲學、性態度重建、性暴力之研究等等，是非常受歡迎的課程，受到學生們的極大的喜愛，他的學識淵博，是留德的博士，講課風趣，具有很強的人格吸引力。

我在中國大陸、香港、台灣、美國，走遍了世界各地，見過的性事也不算少，簡上淇是我見過的一個經歷相當特別的人，他在德國留學期間學習了古老傳承的譚崔法門，他貫通了中國大乘佛法、西藏佛法、與譚崔理論與實修實做。我常鼓勵他，把他的生命歷程分享出來，現在他終於把他的譚崔實修經驗寫成了書出版，他算是華人中的第一人將譚崔公佈出來的，好讓我們不再霧裡看花，真正的知道了譚崔的實修內涵。他也講述了非常多的譚崔功法與他在德國上課的實際譚崔經驗，這些分享都值得我們去推敲、理解。

在最後一章他提出譚崔是終極的性教育，這確實是一個非常特別的方式，以心靈、靈性的觀點，去著手性教育的核心。他認為應該要在大學設立譚崔系，那將為性學開拓一道新的曙光，使得性學涵蓋更廣，不只停留在肉體的性醫學研究與世俗的社會關係上，能夠更上一機，包括了性的神秘的層面，這也算是傳統性學的一個重要

部分。

他情真意切，親身見聞，值得一讀，僅此推薦，是以為序。

世界華人性學家協會創會人兼監事長
美國舊金山高級性學研究院主任教授
德國赫希費爾德性學獎章獲獎者
阮芳賦

推薦序
生命力就是性能量 ——————————————

在 2006 年一篇新聞事件中，知道簡上淇老師，當時看到他的學歷時，我為之驚喜，因為藝術與哲學博士的背景，讓我懸之已久的課程覺得有適合的人。立即邀請簡老師至所上任教，也因為譚崔的實作易造成社會對之的誤解，所以簡老師在性學所的授課，均以理論和研究為主。後來簡老師有其個人生涯規劃的安排也離開了性學所。

簡老師完成了這本書請我為之寫序時，才有機會窺得譚崔的真實樣貌，書中的一句話，相當傳神，「生命力就是性能量」、「性的能量就是我們的生命力」。

這本書，簡老師介紹了個人接觸譚崔的經歷，和投入的意念，譚崔性能量啟動教導的方式。毫無保留地，將細節一一呈現，這種無懼無畏的精神令我為之佩服。

今天社會在性議題上的談論，越來越蓬勃，包含以媒體、直播、講課的方式現，無疑均是在廣佈大量的知識，有些也將焦點放在解決問題上，從教育、諮商、治療等，運作不同的學理、學派施展，可以說是百花齊鳴。這次是從書中第一次詳知譚崔運用的精神和方法，邊閱讀著邊震驚，這樣的方式在現今的社會規範，確實是不易被人理解及接受，因為難防有心人醉翁之意不在酒，進而破壞了譚

崔的本質，芸芸眾生的智慧和能量，到底用何種方式達到個人希望
的境界，其選擇自己想要的，可以被自己接受的方式，應也是另一
種智慧的開啟。

樹德科技大學人類性學研究所講座教授兼所長
林燕卿

推薦序
學習自然，才能真正超然的「美」與「禮」 ——

　　翻起這本書，相信你一定擁有超前的眼光，這是一本會帶領你邁向一個新思維開端的書，這不是一般心靈或性愛講堂的著作，它擁有簡老師 24 年來，把譚崔聚焦並執行到極致的力量，即便譚崔曾經受到媒體的打擊和眾人的不理解，簡老師仍然以無畏的精神，為這門謎霧的學問築起一座純粹的牆，閱讀的過程中，你可能很快的會發現，這是一本性藝術後哲學，甚至是性藝術與佛法的交疊，這已經不是一個小範圍的學問，而是一個來自於生命源頭的性愛，不僅僅是在創造生命而已，它能帶給生命不失禮的性愛的態度，人類一直以性愛等於生理慾望為導向，忽視本該被享受甚至該被尊重的性愛，因為，沒人告訴我們這些脈絡，所以，人們不知從何尊重起，並且性愛這個行為一直不斷的被集體擱淺，僅有譚崔這個媒介，以「禮」來詮釋性愛，以超越慾望為原理，藉著慾望這個念頭，讓性愛演化為宇宙的張力。

　　閱讀這本書時，第一次可能能懂一點皮毛，讀過第二次才能讀到一點精髓，讀到第三次才是真要入門的時候，並非你的資質不足，而是技術太過於高深，好比數理公式的拋物線一樣，它需要來回擺盪，再從擺盪中得新知，經過幾次的遊走，你方能從此書明白「知之為知之，不知為不知，是知也。」，並且如實的賦予譚崔一個新的原點。

我會踏入性學的領域，緣自於我熱愛藝術、我愛美學，是簡老師讓我從藝術中得知性愛是一門深不可測的學門，於是我帶著一絲絲的懵懂和一點點的熱情，勇敢的走入性學這個領域，在還沒上過簡老師的課之前，我完全不明白哲學是什麼，甚至我認為哲學不能當飯吃，直到我上了簡老師的性哲學課，簡老師將譚崔用哲學來詮釋，讓我一下子就明白，性愛再也不只是生理的慾望，它能喚醒大腦的思緒，如同深海裡的魚一樣，自在的與水相融，不需要超越自然，而是學習自然才能真正的超然，經過這樣的認知，簡老師成了我的恩師，哲學成了我的工具，我愛上西方哲學、東方哲學，從哲學中提升了我的用字遣詞，讓我明白性愛裡，需要注入「美」與「禮」的詞彙，將早已被社會扭曲的性愛，翻轉為增進情感、幸福的面向。

這樣的幸福是每個人都需要擁有的，誰也不另外。

相性幸福健康管理中心 院長
沈子棨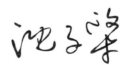

推薦序

「談性、愛、與開悟」

　　您是帶著什麼心情打開這本書？看著這本書，您是否有什麼期待？為了寫這篇序，簡教授提供的初稿，我已經前後看過三次；每看一次，似乎又再一次幫自己的潛意識進行療育修復，以上是我寫的第三次序文，以下是我回顧自己內心反應的"小劇場"：

第一次閱讀：

　　「簡老師的表達好直白喔！這樣會不會造成大眾的誤解？他 2006 年被攻擊的那一次，他還不怕喔？」「的確，我認識的他，帶著屏東農家子弟的質樸與率直，也有如古代曾子『自反而縮，雖千萬人，吾往矣！』的勇敢，但是越勇敢的人越容易受攻擊耶！？好可怕喔！」「我要認真『訓詁（查證）』，不要讓簡老師的一番好意，再一次被無明之人拿去作奸犯科當藉口，也不要讓他再一次陷入無謂的爭端當中」

　　所以，我就從《禮記‧禮運》「飲食男女，人之大欲存焉」，反查回去重新複習學生時代研究過的〈四書、五經、十三經〉，重新研讀〈大戴禮、小戴禮（現在的『禮記』）〉，重新觀照深思，古人從什麼角度談論「性」這檔事；也因此順便發現，多年來誤傳的「子曰，食色性也！」其實是孟子跟告子辯論的時候，這位歷史上最邊緣的哲學家「告子」所說的話，唉，知識傳遞真的很容易有謬誤啊！

第二次閱讀：

在農曆年這幾天，筆者為了追尋心靈的提升，每天刻意增加打坐時間。在初二打坐三小時之後，內心融入一個很深的寧靜當中。以下是在那份寧靜當中寫出來的推薦序：

您有多久，沒有抬頭，不帶任何思緒地望著頭頂的藍天？

您有多久，沒有俯首，不帶任何雜念地踩著腳底的綠地？

文化與文明的發展，並不是用來「限制」人怎麼過生活，最最開始的時候，一切都只是為了讓大家「過得更好」而已，不是嗎？

但隨著文化與文明的開展，某些人的「分別心、佔有慾、控制慾」也蓬勃壯大，透過「文攻武略」－限制性的思維與社會規範的強制，

人，失去了純淨的「心」。

原本要用來讓人過得更好的資訊，卻被扭曲成為攻擊他人的意識形態，原本只是生活單純的某個面向，突然就被強加了評斷性，本身很純粹如果「人」本身回歸純淨，那，「性」也可以很單純，甚至很神聖！

當簡上淇老師去年年底跟我分享，他即將出一本書，想跟普羅大眾分享，他今生最重要的一個使命，就是將他所被賦予使命的「譚崔修行」傳承路徑，分享給更多人明白。以下是他的分享：「（我）想讓台灣人知道譚崔的基本理念，它是一個修煉的途程，而不是只停留在肉體的性行為享樂，它最終的目的是要帶向成道覺醒之路。其中有很多的基本功法跟需要心理的穿越，與肉體的鍛練，最後是靈性的擴展跟成長。愛情，情慾，性慾是深藏在人們心中的自然方

程式，我們一般都被控制著，很多情感關係的結束，最後都是因為受到情緒的作用而結束了關係，譚崔教導我們廣攝、連結、融合。借用譚崔理念，來教導台灣人能夠在情感關係中，得到更高的連結、融合與親密感。」

筆者從過去在醫學中心時期，有幸參與民國八十四年高雄長庚精神科主任文榮光醫師開創的「性心理衛生門診」的工作小組，工作範圍包括從性心理衛生的角度提供心因性性功能障礙的心理諮商與行為治療、性偏差行為診斷治療、性侵害相對人（加害人）鑑定與矯正、性侵害受害人諮商輔導等工作。從身心醫學的角度深入蒐集資訊之後，我們觀察到許多性偏差行為，包括性成癮、性騷擾、性侵害加害人，幾乎都是源自於成長環境（包括家庭與社會）對「性」有錯誤的認知與過度壓抑所造成。性動能（性慾）與性愛（性行為）原本是人類生存繁衍過程中很自然的一件事情，類似於食慾與進食一樣自然。但是神秘化、禁制化、壓抑化，只會讓這樣的動能產生歪斜扭曲的可能性！因此，推廣健康的性心理衛生，一直也是筆者的心願之一！

簡老師在 21 世紀文明開展的此刻，正式把所學的「譚崔理念」以文字公諸於世，期許這本書可以打破人類觀念中帶來壓抑與誤解的錯誤制約，讓更多人可以因為正確的學習，而讓身體變得更健康、同時也擁有更美好的伴侶關係：

A. 譚崔式的性教育，是教導人接納自己、同時也接納伴侶的本來樣貌，同時學會欣賞自己、也學會欣賞男女老少每一個人。

B. 譚崔式性教育是教導人要尊重、禮敬伴侶，如尊重、禮敬您生命中最禮敬的神聖對象一般；性能量本來就是純粹的生命動能，不需要加以評斷批判；而性愛是要以愛、珍惜、欣賞、禮敬您的伴侶來進行，一方面會提升性愛的品質，另一方面也能提升人際（伴侶）關係的品質。

C. 進階的譚崔訓練，在合格的資深師資督導下，是可以當作心性修練的方法。從尊重伴侶的自主性、降低伴侶間的佔有慾之外，透過合格的資深老師的督導，甚至可以提高自己的定力、愛力、與物我合一的「無分別／無評斷的愛（心理學原文：Unconditional Love、Non-judgemental）的能力！

當然，並不是一定只能透過「性」來鍛鍊這樣的能力，許多以譚崔為名卻缺乏修練之實的活動，在全世界也所在多有。但是，事實就是事實。路遙知馬力，日久見人心。有使命的人，除了繼續循著真理的道路往前走之外，沒有別的選擇。百年之後，自有評斷！

第三次閱讀：

隔天早上（初三），當我從睡夢中醒來，那份寧靜帶來的感覺雖然美好，但是，自己內心還是覺得哪裡怪怪的。只好再把簡老師的書稿，拿出來再閱讀一次！痾！今天看老師的文章怎麼比前兩天更清楚了呢？書中章節清清楚楚，文字表述（包括關於性反應）的內容也了了分明。可能我 AB 型處女座的精神潔癖，在前兩天發作的太嚴重了！但是，再認真讀一次，筆者發現，簡老師這本書是多年來講課的逐字稿，而講課通常會針對現場學員的吸收能力、學習狀況，有一些現場的互動，幫助學員明白老師真正想分享的內容，而

不會侷限在文字當中。而簡老師本身過去就有長達十多年的佛學基礎（如他書中所說，他當年已經可以打坐七小時不倒單（就是晚上不睡覺，持續打坐、參禪等的修練方法），唱頌《大般若經》兩部（一部六百卷），在德國也修習紅教喇嘛傳承的密宗修練。所以文字中許多的佛學語言、密宗用語，不知道是否會讓一般讀者卡住或誤解呢？難怪這篇推薦序讓我寫得很吃力，哈哈，終於知道自己卡在哪裡了！以下分享筆者的想法：

有共鳴的部份：

• 這本書筆者很認同的部份，有一部分就是因為「認知偏差，把『性』等同於可恥、汙穢、淫亂的價值觀」，而造成對自己或他人的批判、負面情緒。認知正確了，就知道問題不在「性」，而在人的「心」。「心」受傷了、被染污了，才會衍生不好的問題；把「心」修復了，過往的負面經驗，也會變成人成長的動力，也可以成為人生蛻變的契機。

• 希望性創傷受害者知道：這些事情，不是自己的錯，是加害者的問題，千萬不要拿別人的問題苛責自己。但是，千萬不要假裝事情不存在。在臨床上，甚至許多人只是經歷到行為不明顯的性騷擾，但是即使早已遺忘或試圖忽略，後續可能造成人群畏避、性困擾、性功能障礙、性成癮等問題。透過本書，了解性侵害受害者會經歷的心理歷程後，建議要找專業人士療育自己的創傷，讓自己未來有健康生活的權利。

• 性愛品質，跟男女性器官的尺寸、大小等等，不是絕對相關；能經營良好的互動品質，才能夠品嘗到「高品質的性愛」。更不要

迷失於網路上所說的「性愛技巧」，沒有品質的性愛技巧，頂多引發的是純肉體的生理感受與宣洩後的反應，沒有不好，但是很容易麻痺。透過學習健康的性觀念、透過運動或各種方法強健自己的體魄、提升心靈的訓練（例如學習呼吸法、靜心）提升「心」的穩定度，與「無私愛／無評斷的愛」的能力，才能在性愛中自在的享受愛與被愛的感覺，也能帶來更好的性愛品質。

想提醒的部份：

• 針對老師在德國經驗的分享：老師的分享是毫不隱諱，甚至用詞非常直白。但請看清楚前後脈絡，千萬不要因為撞擊到自己的價值觀，就開始任憑潛意識的投射成為您的主宰。課程中發生的事情，不等同於現實中的生活！華人最熟悉的一個例子應該是，禪宗二祖慧可斷臂求法的故事。在現實生活中，斷臂求法等於精神衛生法規定的「自傷行為」，當事人是需要接受精神鑑定的；而在當年的那個情境下，慧可大師是用這樣的行為來表現對達摩祖師的信任，以及對真理、正法的極度渴望，是無法用現代人的邏輯來解釋。高階的譚崔瑜伽，已經是到了要找尋「超越一切的智慧與愛的能力」的階段，這些故事不要投射負面情緒，也不要隨意模仿！

• 多重關係、開放式關係：有許多劈腿的人，都喜歡用「我是多重關係」這個名詞來合理化自己的行為。但是，依據筆者多年的研究觀察，健康的多重關係通常包括−

誠實：彼此坦承公開各個對象的存在，或是對每個對象都承認自己是多重關係，彼此之間不存在謊言與造假。

平等：彼此都可以有多重伴侶，而不是一方聲稱自己是多重關係，

卻限制另一方的交往對象。

健康：多重關係者，出於對每個對象的愛跟照顧，不會讓彼此暴露在性傳染疾病的風險之下。一部份就是「安全性行為」，另一部份還是回到「自律」，不是隨隨便便就跟他人發生性關係，就稱為多重關係。

無私愛：健康的多重關係，是出於對彼此無私的愛，願意學習尊重彼此，也願意學習無私愛的能力。在無私愛的前提下，沒有人需要對另一個人的情緒負責；但也不是因為不用對他人的情緒負責，就過著枉顧他人感受的生活。

關於修行與修煉

筆者只是一介醫師，本身沒有特殊宗教，也沒有深入研究任何宗教，所以不打算討論任何宗教議題。但是因為在身心醫療的領域當中，除了一般的疾病問題之外，也常會遇到為身心靈問題困擾的人。為了想幫助更多形形色色受困擾而不得其解的人，所以在自然醫學研修的過程，也開始走入「自我深層潛意識探索」與「超意識狀態訓練」的學習當中。以下的分享，主要來自於肯恩‧威爾柏（Ken Wilber）的「萬法簡史」、珍‧羅伯茲（Jane Roberts）的「意識的探險」、詹姆斯‧H‧奧斯汀（James H. Austin）的「禪與腦」的研讀，以及近二十年臨床的體驗。

身為醫師，針對不同宗教、信仰的人，還是要一視同仁的協助。此外，不管對方的種族、宗教、身分等等，從解剖學、生理學、腦

科學來理解一個人的時候，基本的成分是一模一樣的。也因此，這個部份分享的基礎，是來自於「如何成為一個『無私愛人』、『無分別心待人』的人」為起點累積的探索經驗。而從神經心理學與行為科學的角度，筆者非常認同肯恩・威爾伯在「萬法簡史」中所陳述的：每個宗教，因為不同的時空背景，有他們各自不同的教義。但是，不管是什麼宗教、派別、心靈傳承，科學家總是會思考，這些教導是否可以協助學習的人，變得更有愛、更能分享、更無私！從這個角度切入，我們就可以超越不同的宗派、傳承，而找出對人類整體一致最好的方向！

邀請各位讀者閱讀本書的時候，是否也可以採取類似的觀點。即使彼此的學習背景不同，但，從簡老師書中的分享，我們一齊省思：如何讓自己與身邊人過得更健康美好？同時也透過意識的提升，讓更多人能找回「人之所以為人、人為萬物之靈」的真正樣貌，而在今生活出最佳可能版本的自己！以上，就是筆者的推薦序啦！

備註：另外分享的是，有些書上的練習雖然寫的非常清楚，但通常沒有資深老師親自帶領體驗過之前，若自己私下練習會出現一些瓶頸。讀萬卷書，不如行萬里路，重點就是「親自體驗」。在關鍵學習的階段，找尋專業的老師學習，也是非常重要的喔！

光流聯合診所院長
楊紹民　楊紹民

自序
初發心 ─────────────────────────

　　綜觀人類歷史，性的議題一直是人類生活中的一大問題，它所引發的不但是個人的生命問題，也是國家社會諸多的紛擾問題，性的問題有解決之道嗎？有什麼具體的方法可以改變和轉化幾千年以來人們對性的迷思？很多人已被性問題的迷思與迷亂之潮水淹沒，以致於無法呼吸，狂亂毫無目的的奔忙於性海之中，因此，解決性的議題是目前當下的迫切要務。

　　在我投身於性意識與性能量教育工作的多年裡，思考與研究了很多解決人們對性的諸多問題的方法，有哲學式的思維理論、有科學醫學的研究模組、有法律倫理道德的不同層次的規範、有民間習俗的生活準則、更有靈性成長之心靈面向的性意識提升課程的歷練。但對性議題的浩瀚、對性領域的深刻探索，仍是不足千萬分之一。

　　在我留德期間，有幸的接觸了譚崔（Tantra）課程，譚崔簡單的說，就是經由性能量與愛力而達到開悟覺醒的靜心方法。它直接以人類最需要卻最避諱的性（sex）為入手，直接用性的關係中最強大的愛力作為基礎，用性能量作為全面性的開啟之金鑰匙。

　　在我們的身體性器官上、心理上、心靈上，做一個全然的統整重建的教育訓練。使得我們在身體的層面達到性健康的目的，我們的身體的筋骨肌肉結構，五臟六腑的運行，各種分泌系統的作用，透

由譚崔的各種功法與譚崔瑜珈，它將鍛鍊由身體的層次進入心理、心靈的層次，譚崔的鍛鍊能促進性健康作用，使精神旺盛，生命充滿活力。

在性功能方面，男人最大的問題即是陽痿、早洩。譚崔的功法與譚崔瑜珈能促進睪固酮的分泌，筋肉強勁，閉鎖陽關，增進做愛的時間與品質。女性的乾枯、性冷感，將會得到大大的改善。

在心理層次方面，性的問題不外乎性羞恥、性罪惡感、性壓抑、性成癮、性狂亂等等的問題，譚崔注重並正面的看待它、承認它、接受它。性羞恥感在譚崔面前是不存在的，無須為你的身體、長相、性功能如何而擔憂，它都是父母給你最完美的創造，每個人都同等珍貴，都是宇宙的珍寶。強人的性罪惡感人都是由於早年的性負面經驗或觀念造成的，有些來自受性暴力、性侵，而致使對性行為產生罪惡厭惡，甚至排斥，嚴重的會感覺自己的性器官是不潔的、髒的，導致不想與愛人做愛，或愛人更愛她，她反而覺得更罪惡感，也有因此而致使心理、精神錯亂的。以目前的性治療個案當中，最難療癒的正是性侵症候群的個案，因為一般的療癒方法要深入個案的性的生命核心做治療有一些難度。而譚崔的課程，直接在性的核心上做功夫，經由內在性能量的被激發和對生命的禮讚，性能量將自動穿越靈魂的層次，真正受傷的地方不在身體上，而在靈魂的層面上。譚崔可以穿越到靈性最深層的谷底，去把往昔造成的創傷得以整合。

在性壓抑的部分，我們長期受社會道德制約的影響，對性總是遮遮掩掩，不敢光明正大的公開談論，不敢去揭示個人內在的性需求與去追求性滿足，道德制約的結果，使得我們不得不去將喜悅的性視為是不好的，將善的看成是惡的，在人性底層中最深密的性需求造成是必須隱瞞，必須藏匿的，見不得人的壞勾當，於是乎造成了在心理上，性必須被克制、被壓抑。正如東方的女性最受不了別人稱其為淫蕩的女人，那將是面子掃地，人品下賤，而男人最怕別人稱他是好色之徒，這將人格破壞殆盡。

殊不知，淫蕩和好色正展現出此人的內在性需求與性能量的活躍，但由於沒有正確的性意識引導，導致行為荒唐，使人感覺有太多性需求與性能量是不正確的行為。譚崔的性意識與性能量的教導，有匡正性行為的解放與長期性心壓抑的作用。

關於性成癮，是指此人有大量的性需求，做完還想再做，永遠無法滿足，到了類似吃迷幻藥一樣，沒有做時會上癮的現象。但現代的性學研究發現，根本沒有性成癮者這回事，他（或她）只是性需求量大於一般人，正如有人吃一碗就飽，有人要吃五碗才會飽的差異。不會導致沒做而有上癮的症狀（沒有病理上的症狀，因此不能稱其為上癮）。而譚崔的鍛鍊，它正是要你進入廣大無邊的愛力與深沉浩大的性能量修練轉化，因此，一個被稱為"性上癮"的人，到了譚崔面前，會建立一個性能量的修煉渠道，他的性行為與性能量將被引導到更高層次的靈性境界，從不可控而來到可控的狀態。他的做愛會成為穩定的、有品質的，進入內在覺受與精神狀態。

不可控的性是指一個人的性行為毫無目的也毫無節制，見機就上，沒機會就創造機會，甚至到了偷偷摸摸的偷拍或暴露生殖器官於陌生人面前，更有甚者是性侵強暴，像是沒了大腦無法控制自己的性行為到了癲狂的地步！

　　譚崔的課程有理論的部分，也有實地操作經驗互動的部分。在理論方面，它將分享性觀念的正知正見，使得性觀念不再有不適切的偏差，走向性光明之路。對性態度有重建的功效，使得我們對性不再是敵對的和具有攻擊性的，培養積極向上的正面意義之性態度。

　　因此性不可控的人，在譚崔中，有足夠的練習機會，他能在觀念的導正下，去探索他們內在的匱乏，與去宣洩他心理積壓的情緒。性不可控造成的原因有千千萬萬種，但最主要的是長期的性能量沒正確適當地疏通，積鬱太多不滿的情緒，長年下來造成身體不通暢。當積到一定的量的時候，人都會有去尋求發洩的管道，而性是最直接最快速的方法。當你是不可控而發洩生理性慾的時候，性的能量被誤用，它本來應該是好的、善的，最後卻成了惡的、侵犯的，它原本是快樂、喜悅的，終究變成痛苦與暴力、被利用的。

　　譚崔的性意識觀，在解脫我們的性束縛與性綑綁。人們往往生活在性慾的控管之下，而不是主動去控制管理我們自身的性能量。如果我們活在性意識低層次的無愛的、不尊重的行為中，把性能量拿來大量消耗浪費，終其一生，將大大限縮生命創造意義的動能。

譚崔性意識在超拔我們的生命中被迷濛、迷思的內在性觀念和想法，從低性意識層次，揚升到超越的三摩地境界。

我們不但要正當的使用性能量，更重要的是對性的禮敬，尊重性的自然本質。在尊重性的諸多過程和環節中，去禮敬你的伴侶是最重要的。禮敬你的伴侶，將她／他當作女神、男神一樣地鞠躬拜倒，你的心與身體放的越低，你對她／他越臣服，你將她／他作為女神、男神敬重禮敬在當下，你的境界與位階也會剎那躍昇，你自己也會成為是女神或男神。能量是反饋的，你的心能意識到達的境界，最後都變成實相回到你自己的身上。在此情況之下，你們接下來所發生的性行為，在性意識上而言，你們就不再是世俗中的俗男俗女帶著偏見與投射的情緒做愛，而是神與神級的層次的交歡，此時的性愛會進入無限蒼穹的神聖性。

我們除了禮敬伴侶的身體與靈性之外，也要發出無上禮敬宇宙萬有賜給我們這一身、這一生的生命力與性能量，讓我們能隨時可以享受性愛的所帶來的喜悅和歡樂，並創化生命過程中的種種無限可能的豐盛！

情感的關係議題，是人生中的重大課題！在關係中，常會出現不和諧、爭吵、爭執、甚至大打出手、暴力相向，其中最主要的問題在於彼此感受不到“被尊重”，那個“被尊重”的感覺非常重要！當一個人說：你怎樣怎樣，另一個馬上理解成：我是怎樣怎樣…。其實這箇中的問題並不是他真的怎樣怎樣的內容指射，而是那個

"我"被侵犯到的感覺。那個"我"，就是"我執"，因為"我執"很強大，所以不能容下一丁點的被冒犯，不被尊重的感覺不自主的升起，這種要命的感覺一升起，一連串的爭吵於是乎開始。所以要消弭伴侶之間的爭吵，去除"我執"是第一個要務。"我執"不除，會戰事不休。而人的感知、感覺是極其細密的，任何的一個風吹草動，都會有一種感覺襲上心頭，有正面、有負面的！譚崔教導我們禮敬伴侶，在你五體投地的臣服之後，你的"我執"不見了，在你心理禮敬之後，感恩與感動出現，你的"我執"就會平復了，那些負面的感覺自然不復出現，彼此愛的連結的機制於是啟動，關係中的各種不順適，那些微妙的心靈覺受，將會在性能量啟動後的大量洗禮之下，洗盡一切塵埃迷霧！

譚崔對生命的翻轉，有幾個重要的因素，譚崔教導我們的核心精神之一，就是「連結」。連結使得你不再單一、單薄、淺層。它創造了廣大的連結網，使得人與人之間距離與隔閡消失，廣大人脈關係，讓愛力分享共享，現代是一個打集體戰的網絡時代，不再是個人單一、單獨戰勝一個軍隊的藍波個人英雄式的時代。譚崔透由性能量的穿透力，使人與人從生命最深刻的靈魂互相吸引與連結，形成一股更強大的集體和諧的力量。

譚崔的另一項特性是「平等無執」。德國 Andro 上師常講一句話，在課程中學員找練習伴侶時，他說：『不管你的伴侶是圓的、扁的，胖的、瘦的，高的、矮的，黑的、白的，男的、女的，不影響成道。』這句話充滿了性平等觀的深意，完全放下我們對伴侶的

美醜、喜好等個人品味上的判斷，去除掉關係中的所有執著，所有來到你面前的人，都是美好的，都是恩典，都該敬重，不管伴侶個人的任何情況如何，都不影響你走向喜悅之道，因為在譚崔之前，你打掉了個人的所有執取、比較、好惡、排斥。如果人人都是神性的、平等的，即會來到一個比較和諧的狀態。

譚崔能促使人的性能量，達到性極巔，不但在肉體上能享受性愛的高潮，更能在精神上到達超意識的狂喜。因為他的精神意識已脫出身體的限制，深入廣大浩瀚的三摩地境界，時間已不再是他存在的先決條件。而女性可以享受高潮的樂趣，在身體層面上，女性會攀上性極致的高峰，也就是進入了狂喜的境地，使人如癡如醉、大樂無限，在其中瞥見本心本性的源頭。

譚崔的另一項不可思議的功能是，能使你進入精神性的超越的殿堂。課程中的各種不同的練習，都在鍛鍊你的心性，讓你的身體能承載起所開發出來的巨大能量，使你的容器加深變大，也讓你的心理能負荷各種所引起的神秘情境和現象，不再害怕、恐懼，以便你能順利地進入譚崔儀軌的修持。

我有幸在德國受教於譚崔大師安德（Andro）門下，並精進修持至今二十四年矣！鑒於國人對譚崔的不知、誤解、批判、甚至攻擊，今將相傳千年的奧秘廣開說明介紹。為了傳承與悲憫眾生的大願，將浩瀚譚崔系統中，我僅知的萬千分之一，分享出來，以供大家參考。

譚崔是東方的起源，流傳到歐美去，經過現代的科學研究的加入，和靈性成長思想的交互影響，加上歐美人的珍惜敬重，重新轉化成另一部性教育的發展課程。譚崔是性意識性能量的終極性健康教育。在德國，承襲了這個人類修法的心髓寶，轉了一圈，又傳回東方，變成一項時代新覺醒的瑰寶。

　　我非常感恩宇宙萬有諸天護法的神秘力量，將譚崔的能量流經我的生命。現在已將這個珍寶，捧在手上，雙手禮敬的奉獻出來，歸給神聖的神秘力量，也獻給你們，敬愛尊貴的讀者！

　　此書為我在譚崔課程所講的錄音檔的逐字稿修編而成，文氣通俗口語化，呈現出輕鬆的樣貌，希望能將譚崔浩瀚的密意帶給讀者。

譚崔行者
簡上淇

第一章

集體性意識的摧毀力

1. 譚崔新聞事件的震撼彈

2. 集體文化性暴力

3. 不愉快性經驗的悲歌

一、譚崔新聞事件的震撼彈

1. 上師譚崔開講

性是一個可以讓人類非常喜悅的行為。

從古至今，性除了生殖的功能之外，它還為人類帶來非常多的享樂的功能，它可以說是人類所有快樂形式當中最高的一種，因此它常常被隱藏起來，所有的社會當中會將性很強的壓抑，並且制定法律來加以管束，如果一個社會上出現一件性的事件，馬上就會變成一件大事，紛紛被散播、被討論，甚至有攻擊批判的現象，這些現象的主要來源，是因為整個社會對性意識的狹窄化，而造成性壓抑所反彈出來的社會之張力。所有的新聞事件當中，莫過於性事件能夠如此的被渲染，有時甚至造成社會的民心不安，變成社會新聞的震撼彈。

在 2005 年時，我在台北和高雄有兩班譚崔課程的學生，那時候台灣的學生較拘謹、保守，在性方面也較壓抑，所以大家上譚崔課時是穿著衣服，而且分享一些比較基本的譚崔功法與基本的理念。上課時有很大的限制，沒有辦法把真正譚崔精彩的主要部分傳授給他們，所以在學習上會有一定程度的限制跟阻礙，但不減他們對譚崔的熱情及興趣，並一心一意想要好好的學譚崔。基於整個社會環境的關係，加上道德禮俗的制約與當時我不敢衝破這些道德的框架，就在這些有所限制的情況之下教導他們譚崔的基本課程。

畢竟譚崔是裸體進行的，我也知道如果譚崔沒有真正裸體進行，沒有以性愛的方式進行，那只是隔靴搔癢，並沒有真正進入到譚崔的核心精髓。所以我口頭告訴他們，譚崔真正開始的地方，是在金剛杵入蓮花之後（金剛杵是男人的陰莖，蓮花是女人的陰道）（參圖一），其實我也不太願意教他們這種半套式的譚崔，畢竟我在德國學譚崔是一個具正面意義，正向看待性能量的一種課程，也非常希望可以把在德國所學習的譚崔原原本本搬到台灣來，贈送、分享給學生。

學生們學習的非常喜悅、非常快樂、非常有感覺，整個生命好像出現新的希望，這課程太殊勝了。他們的能量被我帶起來了、激起來了，他們的自我覺知提高，左脈、右脈、中脈的變化開始明顯。但是在這樣的一個情況之下，他們的能量必須要被激到更高的層次，提升到更不同的次第。可是在台灣是有限制的，因為他們沒有裸體上課，也就是說，他們是穿著衣服來練這些譚崔的基本功法跟譚崔瑜珈。當金剛杵入蓮花的時候，譚崔才真正開始，真正精彩的地方就在金剛杵入蓮花之後。在之前，所有的一切的練習，它都只是前行、只是一種準備、只是一種打底。就像你首先要先修小乘、大乘，最後才修金剛乘，金剛乘修到最後，再修雙身法，最後雙身法之後，就證得法界體性智一樣。你沒有小乘、大乘作為基礎，直接金剛杵入蓮花，它就會產生一些制約的問題、道德的問題、心理的問題，於是乎，他們沒辦法再更進一層，我也只能帶到這邊了。因為台灣的道德邊界，台灣的集體性意識的邊界，使我那時也不敢去衝破它，所以我就告訴學生們說，你們如果不敢裸體，不能金剛杵入蓮花，

我能帶領你們的，也只能到這裡為止，其他的，你們必須要在家裡自己做。可學生們不滿足，於是我想了一個變通的辦法，就是請德國老師來台直接分享，讓學生可以直接受到德國老師的教導。

當時，我是國立台灣藝術大學的教師，學校希望每個教師都要舉辦一些研討會，於是我就舉辦了國際藝術研討會，邀請兩位德國老師來國立台灣藝術大學做藝術的演講。結束後，分別再到台北、高雄做譚崔相關的演講。

安德Andro老師的演講分別是兩場在台北跟高雄國軍英雄館的「譚崔演講」、一場真實古典「譚崔瑜珈」裸體版分享課和一場「男神工作坊」。我們辦的這兩場演講、譚崔瑜珈和男神工作坊都是公開的，不是秘密的，不是見不得人的一個課程。所以說，任何來報名的人，我們都接受，因為德國老師認為所有的人、所有的眾生，都有權利去接受所有的法。因此他不設限，所有的人都可報名都可以進入。結果在高雄國軍英雄館來聽演講的人數高達兩百多人，台北場也將近兩百人，而譚崔瑜珈工作坊，竟然擠滿四十幾個男女一起，是台灣有史以來第一場裸體版的譚崔瑜珈，一共做了九個單元的單人瑜珈、四個雙人的譚崔瑜珈，下午的男神工作坊，只有男生准許參加，參加人數高達二十人。

當時在這個男神工作坊裡面的學生，我幾乎每一個都認識，都是我這一年半以來在高雄譚崔瑜珈與譚崔基本功法的這些學生。其中有一位來自台北的陌生人，我非常和氣的跟他握手跟他擁抱，歡迎

他來參加我們的這個課程，也覺得他很勇敢，有這個好奇心，有這個向心力，他說道，他的生命走到現在，需要做一個更大的擴張、擴展，另外一個更高的跳躍，打開更大的視野，去體驗真正真實的生命經驗，把靈魂推到極致的境界，因此，聽到這個工作坊的消息，馬上就來參加。那次在高雄英雄館，台北英雄館演講時，大家都非常非常的高興，都收穫滿滿，歡喜信受，作禮而去。

在譚崔瑜珈開場的時候，有一個媽媽帶著他的兒子，跟兒子的女朋友來參加，結果他兒子的女朋友害羞了，因為剛開始沒多久德國老師就裸體，沒有講任何一句話，引起底下的學生產生一些騷動，大家到底要不要也裸體，而在那個騷動當中，就看出台灣的性壓抑與台灣對性的執著跟不覺知。大概等了將近十分鐘，所有的同學才真正完全脫衣，而媽媽所帶來的兒子女友離開現場，留下的人就在這樣的一個震撼底下，完成九個譚崔瑜珈跟四個雙人的譚崔瑜珈。結束之後所有人都經歷奇特的生命經驗，躍升靈性力量也收穫滿滿，反而一掃之前的疑惑，更增自我的信心。

在男神工作坊結束的時候，大家都覺得這樣子的工作坊對男生來講相當的重要，因為這個工作坊著重的點在於男人對媽媽性的情節的斷捨離。男人在一生當中性的問題，有絕大部分是由母親帶來的。在性學研究的調查當中，有部分的男人，在自慰的時候，他所幻想的對象會是他的母親，也就是母親在無形當中，在生命傳承當中，會把自己的性的模式、生命的模式，複製到她的兒子的身上。有些戀母情節、戀兒情節，這些情況事實上它都是阻礙譚崔修行的，影

響生命正常發展的，必須要被摧破、斬斷。因此在這一次的男神工作坊所有的重點，就放在這個斬斷戀母情節、破除母親性能量影響男生性能量的生命模式上面。當男人離開母體之後，就必須永遠獨立，在情感、意識、思想、生活、生命模式不能再受母親的干擾，必須要斷除。在課程上他們都感受非常的深刻、非常的感動，對生命有極大的認識和性模式的轉化。

在最後的分享當中，每一個人都說出他們內心曾對母親有過的不諒解、誤會，到最後如何圓滿的化解。當那個台北來的陌生人分享的時候，我特別留意他所講的東西；他說他這一生當中的問題被發掘出來了，就是他跟他母親的黏連，他在找女朋友的時候，都會去找一些性格類似他媽媽的女朋友，他在這一次的工作坊當中，他深深地體驗到他生命的模式是什麼，他會將在這次學習的心得與體驗，擴展帶到他的生命跟他的工作當中。

德國老師在國軍英雄館的演講主題是圍繞著性能量與超意識的狀態，人被出生就有生命力，我們的生命力結合著我們的性能量。所以人一出生，就決定要做愛的，你不做愛，你就沒有達到負起了你這個生物的責任，你這個生物要繁衍下去，要綿延萬代。人是動物的一種，動物要繁衍後代，就一定要做愛，這是自然的法則。而人跟動物不同的地方在於，動物做愛純粹是獸性的、發洩的、繁衍後代的，而且必須母的發情之後才能交配的。人的做愛，是隨時沒有時間限制的，除了傳宗接代之外，還具有其他的功能，它還包括健康的功能、養生的功能、喜悅享受的功能，發洩的功能等等。其中

有一個就是修煉的功能，也就是性是可以被拿來修煉的。經過性的修煉，它是可以達到開悟的。因為我們人的整個能量存在海底輪，很難被開發，有很多的古代印度瑜珈士，一生當中在做瑜珈，他的最終目的就是要開啟海底輪盤繞的靈蛇，這個靈蛇也被翻譯成拙火或是亢達里尼，但是他練了一生的瑜珈，卻難以將纏繞在海底輪的拙火啟動，因為它是一個非常困難啟動的一個能量，開啟海底輪最直接讓它甦醒的方法就是金剛杵入蓮花。因為這個纏繞在海底輪對應的人體器官就是我們的性器官，當我們的性器官互相交合的時候，沉睡在海底輪的性能量，就容易被喚醒，當我們的性能量被喚醒的時候，它就會隨著中脈由第一輪、第二輪、第三輪一直竄升到頂輪。

　　我們的能量會由粗的能量、粗的感覺，就是爽的感覺，非常爽的感覺，非常高潮的感覺，轉而成為喜悅的感覺，由喜悅的感覺，轉而成為輕安的感覺，由輕安的感覺會轉而為定境的感覺，由止定的感覺會轉而為空無的感覺，由空無的感覺而會轉化成一種智慧開顯的感覺，就是由粗能量、細能量、微細能量、極微細能量、無上微細能量、放光等等微細能量的轉化過程。由去除身體心理上的性制約，到眼神的接觸、身體的連結，再到做愛性能量的連結與性能量的擴展到與宇宙合一的整個過程，這就是這次在國軍英雄館所講的主題。

爽感		喜悅		輕安		定境		空無		智慧開顯
>>		>>		>>		>>		>>		
粗能量		細能量		微細能量		極微細能量		無上微細能量		放光

　　德國老師在台灣的分享，就只用兩天的時間，舉辦演講、工作坊、
譚崔瑜珈。在這過程當中，大家都相當相當的有收穫，演講跟譚崔
瑜珈與工作坊，對他們生命是真真實實的，不是想像的，帶來生命
的改變、衝擊、有心得、有覺受。我收到非常多的學生們課後的分
享。

圖一，金剛杵入蓮花（簡上淇 繪）

2. 譚崔新聞事件：淫亂幫侵台

　　兩週後，2006 年的 6 月 16 號，我還在汐止的工作室睡覺，一大早突然間接到一通電話，是我們系主任打電話來的，電話裡面他說：「簡老師你完了，你是頭版頭條人物了！（我睡眼惺忪，還沒聽清楚他在講什麼。）你趕快到學校來，現在有非常多的記者，圍在我們的系辦公室前面等你，我們學校教務處、學校裡的老師、副校長、四大長都等著你，要你來報告說明。」「到底發生什麼事了？」「你趕快來就對了！」我一下山，想先去早餐店買包子、饅頭、油條。早餐店的老闆卻對我說：「誒！你不是就是電視上的那個人嗎？」「啊，我怎麼會是電視上的人呢？」結果他就指著電視給我看，我就站在電視面前等了將近半小時，因為台灣的電視大概一小時會重播一次同樣的新聞，結果赫然在電視上看到「20 人集體交合，淫亂幫侵台，台藝大教師簡上淇」等等幾個字。

　　這個晴天霹靂，把我一下子打醒，我真的在台灣出事了！出大事了！

　　趕快開著車前往學校，一路上還搞不清楚到底是怎麼回事，只知道我是新聞上的人物，因為我們做兩場演講、工作坊跟譚崔瑜珈，我們又沒有犯什麼法，也沒有做什麼罪惡的事情，怎麼會變成這個樣子？這一路上，我還一邊聽音樂，一邊哼著歌過去，心情也沒有特別緊張，因為我沒有做虧心事。一到校門口，有兩個人把我擋住說：「你不要到系上去，因為你們的系辦前面圍滿了很多的記者，

請你先到教務處。」一到教務處，副校長跟教務長就指示我要如何回答記者提問，共列十二條一張 A4 的紙。我跟副校長說：「我可以直接跟他們講我們在演講講了什麼，我們講的東西沒有什麼可恥的，沒有什麼好害怕的。」她卻說：「簡老師，你在高雄所講的東西就是見不得人的，讓人害怕的，人類壓抑的，不可說的，才會造成今天的新聞事件，你趕快去吧，按照我們紙上所寫的去跟新聞記者們回答。」我看著這十二條公式化的回答，心想，要不要告訴記者真相是什麼？還是讓這個真相就掩埋起來！其實，踢爆的這個新聞記者，就是那一天男神工作坊中的那個台北來的陌生人，他還非常有心得的做最後的課後分享，他卻沒有把我們在高雄國軍英雄館所講的譚崔內容寫出來！把我們上譚崔瑜珈學生的感動寫出來！我們帶男神工作坊中，學員們的感受與工作坊的主題，完全都沒有提到！

3. 性壓抑歪曲事實

　整個報導是用一種揶揄、攻擊、批判、不理解、不可思議的性道德來攻擊、扭曲真相，這讓我體驗到台灣集體性壓抑是如此的嚴重，與新聞媒體的罔顧新聞真實面。像這一種活動，在歐洲、德國怎麼可能會成為新聞呢？但它就是在台灣變成了頭版、頭條，而且非常聳動的一個事件！台灣的性罪惡感，在這個時候被釋放，也就是台灣所積壓的性罪惡感，找不到出口，一旦有一群人做這一類的事情，他們找到一個釋放的缺口，馬上在這個地方被釋放出去，引起非常震撼的爆炸，這就是集體的性罪惡感與性壓抑的影響力。

為什麼我們會有那麼深的性罪惡感呢？我們受到了整個華文集體儒釋道的影響，所有的修行都是要戒色、都是要戒邪淫的，所有的儒家都是要遠離色，不可以與色為伍的，因此中文有一句叫做萬惡淫為首，這樣的一個對性的攻擊、對性的不理解，不但攻擊性、排除別人的性，而且更攻擊自己的性，不但不接受自己的性，更不能接受別人所有的喜悅性行為與性模式，社會的這一種的性罪惡感，瀰漫在老人、中年人、小孩，瀰漫在社會的所有角落，特別是在所有的高層，所謂的律師、警察、大學教授的身上，更清楚、更突顯。我就是作為藝術大學的教師，一個教師帶領人裸體去做瑜珈，去聽有關性能量與超意識的這一種的演講，被視為是一個不道德的，需要被摧毀的。它形成很大的張力，成新聞的事件。真正的新聞，它是應該報導事情的真相。可是這件新聞卻沒有報導事情的真相，而是用歪曲事情真相的方式、汙名化的方式，去符合社會性道德的要求，做一個宣洩跟爆炸的報導。

那時候我覺得社會上的集體性壓抑，是一種正邪交戰的場面。因為所謂的正，就是沒有邪淫的，沒有亂做愛的，標準的一夫一妻制的，除了夫妻、伴侶之外的性都是非法的，都是需要被道德批判跟攻擊的，這是一個正的。所謂的邪的，就是你去享受你個人的身體，去享受個人的性行為，你去享受自己應該享受的所有的性的行為與性的思想、性的觀念、性的態度都是不應該的，這些是邪的，應該要被指正的，它形成一個正邪交戰的場面，但是正的何嘗又不是邪的呢？你要一個人只在婚姻內才能夠有性，那人的天生自然狀態是這樣子的嗎？因此，我們用很強的觀念去規範我們的性行為，我們

人卻在這個規範裡面受到限制，失去了創意，幾乎所有人在性上面都沒有創建、都沒有創意，都沒有自己的洞見，他都必須要去符合社會要求的樣子，按照社會要求的樣子去做愛，不能有其他的性觀念、性態度跟性的想法，這種是正的嗎？這種正是真正的正嗎？什麼又是邪呢？去發展自己情慾的自由，去發展自己性的喜好，去發展自己性的追求、去用性來修法、去用性來鍛鍊、去用性來靜心，何嘗又何時是邪的呢？因此在正與邪的部份，台灣就出現這樣的一個「邪執」，也就是「執著邪」，跟「正執」，就是「執著正」，不管你是邪執還是正執，這些都是一種執。這種的執著，它剛好就是我們在談的要用性能量去摧破的東西！社會上卻非常詭異的、弔詭的出現這個場面，我們所演講的內容就是在摧破這一種的集體性壓抑與集體性罪惡感，然而這個集體性罪惡感、性壓抑卻因為我們的演講而爆發出來，這不就是一個正執與邪執都是執的一個最佳說明嗎？

我們的性能量如果沒有經過引導，沒有經過導正，一般的做愛，性能量就會往下走，性能量一往下走，在整個性的修煉過程當中，就是屬於性能量的釋放，這一種的做愛，是一個自然的、天生生物的發洩式的性行為。但是你最後會有一種體驗，就是越做愛越累，越做愛越空虛，越空虛越需要做愛，它會空虛加上空虛加上累，累到最後，夫妻間的性就會被摧毀，最後會對性了無生趣，而進入無性的婚姻。因為空虛，虛耗，生命沒有目的，生命力不飽足！

當你的性能量被提升，被純化，被轉成淨光的時候，你做愛就不

會累，也不是亂竄的，而是會有一個固定的軌道，讓它導向我們生命的核心。當你的性能量穿越第二輪性輪的時候，你會形成一種勇氣，一種對事業的堅持，對事業的穩定，當你的性能量衝破你的胃輪、橫膈膜、太陽神經叢的時候，你的力量就會展現出來，你面對世界關係的正面態度，就會被展現出來。當你的性能量到達心輪的時候，你的愛就會發展出來，愛不是故意的去愛一個人，而是發自內心流向對方的一種愛，這種流向對方的愛，它不會要求回報的，它只是發出、它只是流出，流向對方，這種的愛到最後，會擴張成一種大慈悲。這種愛擴張成大慈悲，就形成我們的整個法界宇宙的大願力。

當性能量再直接往上走，走到喉輪的時候，我們的執著、我們的我執，就會在剎那間消滅掉，在剎那間融化掉，因為「我覺得」我很重要，「我覺得」我是正的，「我覺得」你們是邪的，這種「我覺得」，這種我執，就會在性能量經過喉輪的時候被衝破掉，會進入一種空的境界，進入這種空的境界，它就是在開啟我們人生宿命能量，幾乎人類所有的心理障礙、心靈障礙、往昔所帶來的阻礙，都會從第一輪到喉嚨一一被化解。而卡在喉輪的是卡的最深的，最不容易穿越的，越不容易穿越的東西更需要用更強的能量來讓它穿越，當你是一個自然身體的能量要穿越它的時候，它是極為困難的。當你在個人修行上，應用觀想力，加上你的定力，再加上性能量合一的時候，性能量要打開喉輪，它就來的容易一些。一旦開啟喉輪，你就進入無我、空，甚至到法空的境界。那個時候，幾乎你生命當中的障礙，就在這個剎那間被消解。當性能量繼續往上升，升到你

的眉心輪，也就是我們所說的松果體的時候，你的內在世界就打開了。我們會說，我就是宇宙，宇宙就是我，這種說法是從外境來說的，是說我跟太陽系、跟銀河系、跟整個宇宙是合一的，這是用外相來說的，非究竟的說法。你是一個個人的身體，你怎麼可能會跟太陽系合一呢？你是一個個人的那麼渺小的身體，你怎麼可能會跟銀河系合一呢？這只是一種形容而已。可是當你的能量到達你的眉心輪、你的松果體的時候，會在松果體那邊開展出一個宇宙來，它所展現出來的宇宙跟外在的宇宙，其實是一樣的。也就是宇宙是自發的，宇宙就是在你的本心的，從你的本心開出來的。當你到達這個境界的時候，你就是與宇宙同一的，是究竟的觀點。

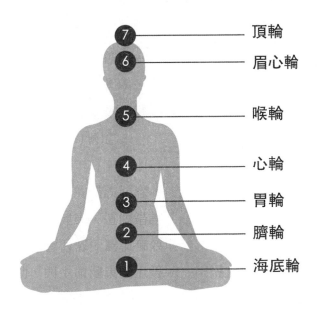

出了整個法界，那時候你根本沒有所謂的執著，沒有所謂的空，也沒有所謂的法，也沒有所謂的不法，也沒有所謂的人世間上的佛陀、耶穌基督、儒釋道等等所講的所有的一切。佛陀在講法 49 年之後，他說無法可說，就是在講當我們的能量到達頂輪所形成出來的與宇宙萬有合一的狀態，是超越一切存有的，語言無法表達的，言語道斷。

透過這種性能量的純化淨光的出現，它能夠真真實實的來斬斷我們的性罪惡感，讓我們的性罪惡完全的從我們的內在去除。我們今天之所以有這個性罪惡，首先是來自於我們的生活環境，來自於你的父母、兄弟姊妹、這個社會，來自於你今生所有的經驗對性的不了解與壓抑而產生的。更深刻一點的來講，你今天對性的壓抑，性的罪惡，更可能的部分是來自於你往昔、累世所帶來的阻礙，因為你在累世當中，可能對性有遭遇到不愉快的經驗，你會將這些不愉快的經驗，形成種子，種在我們的第八識田當中，帶著你生生世世，今生你有遇到類似狀況的時候，這個種子就發芽，就形成對性的罪惡跟對性的攻擊，而業力種子帶來的性罪惡跟性壓抑，是無法用醫療的方式，無法用一般的方式來的療育它的，它唯有用強大的性能量與淨光，性能量與純化，能夠真正的來摧破、斬斷這個往昔阻礙所帶來的性罪惡感。

我們在高雄國軍英雄館所談的，就是以這個為主題，卻不在我們報紙的報導裡面，報紙的報導卻隻字不提。如果我們今天的報紙非常誠實的，誠誠懇懇的將我們所演講的內容報導出來，我們今天的

社會大眾就不會如此的吃驚，就不會如此的震撼，因為它不是以一種聳動的方式被報導。如果是以一種誠懇和教化的方式貼近真實的情況來報導，他們就會受到法教，受到更高的指導，受到更高的學習。這就是一個對性的態度，只在一念之間，產生了這個極大天壤之別的變化，當你用這樣的方式來看性的時候，就會形成這樣的一個結果，當你用攻擊的方式來看性的時候，你就會得到攻擊的後果，當你用柔和教導、引導的方式，就得到柔和、引導的性的結果。

在這個事件當中，讓我看到社會的罪惡感、社會的性羞恥、排斥、不敢面對。我常說對於性的教導分為三個階段：

(1) **接受它**。讓你的整個意識層面對性不再是排斥的，是可以接受的，再來就是你對性的羞恥、性罪惡，甚至你以前有受過性暴力的事件，你必須要真真誠誠的面對它，當你面對它的時候，它就有解決的轉機，當你逃避它，攻擊它的時候，你會越走越混亂，越走越遠，罪惡感會越來越重。

(2) **轉化它**。把這樣的一個性的罪惡感，轉化成一個性的驅動力，讓它從一個無底深淵裡面轉化成為一個晴朗的天空，變成生命的契機，由此而能向上奮發，轉化成開悟成道的資糧。

(3) **昇華它**。將這樣子的性能量，昇華成一個更高意識的層面，一直達到純光的境界，與宇宙合一。

我們的性的污名化與性的攻擊，事實上它是在人的心中，會收攝到不同的覺受，當你本身也是有性罪惡感、性污名化與性羞恥的時候，像這樣的報紙媒體扭曲的攻擊，你就會被擊中，受到萬箭穿心，

因它的攻擊而受到它的惱怒，你可能就會起而反攻擊，與他們沒完沒了，打口水仗，一團混亂，最後兩敗俱傷。我當時，因為我的性執著、性罪惡感、性壓抑、性羞恥，已經在德國的譚崔課程被轉化，所以當時我是心中相當的坦蕩，而且相當的空無，沒有受到任何一點攻擊的感覺。

這是我感受到一個最特別的，最不同的一個自我的覺知，在整個排山倒海而來的攻擊當中，電視上的新聞節目每一個小時播放一次，連續兩天時間的播放。這來自於一個高度性壓抑的社會，看待一個性能量無法被正當接受的結果，我們的內在，有非常多的這一種的無法言喻的黑暗面，我們的內在有太多的這種性的污名化，太多這方面性壓抑、性罪惡感的心魔要摧破。而要摧破這種心魔，它最好來自同樣的力量，同樣的那股性的力量。因為你對性是壓抑的，就必須要用性的愛力來摧毀它，擁有性而產生愛力的人，他能夠是一個坦蕩接受性能量的人。這種無邊的性愛力，它是真實的能夠使我們真正要傳宗接代的能量，也是我們依之而能承道成聖的力量，我們真正要傳宗接代的能量就是這種性的溫柔、性的溫暖、性的愛力無限的綿延，而產生無限的人類生命力的繁衍不止，與成就無上賢聖的境界。

目前，性在社會還存在著一個非常原始的狀態，幾乎是一個性無明的狀態，也就是對性完全不懂，好似完全沒有開發的原始森林，還在一種野生狀態之中。因此，它繼續要接受性學上的薰陶，在性學上能夠將我們對性的不明白，性的制約等等的一些基本理路，把

它理解清楚。因此性學遂成為在社會上是一個必要的一個學科，它有性社會學、性心理學、性生理醫學、性教育學、性治療、性諮商、性藝術、性哲學等等科目。

4. 峰迴路轉的變換

因為這一個事件我被曝光，也才知道台灣居然有一個性學研究所，他們專門在關注台灣所有發生跟性有關的事件。他們看到了我的新聞，馬上打電話來，邀請我去性學研究所分享。我之後便到性學研究所分享有關譚崔的思想，在我分享譚崔的修煉的時候，現場有醫生、護士、學校老師、律師等等，在當時提出非常多的疑問跟問題，我一一解答，會後是掌聲如雷，大家興致滿滿，非常有收穫，表示從來沒聽過這種譚崔的涉性內容。

之後，性學研究所林所長跟我談，表示有兩個課程，她從創所以來到現在沒有人來教這個課，問我願不願意來教，是「性與藝術」和「性與哲學」，哇！這是我人生當中的研究主題，我一定要來接受這樣的一個課程。於是我就將國立台灣藝術大學的教師職位辭去，接受性學研究所的邀請。我不但在這個譚崔事件當中沒有被擊倒，反而轉變，由系轉到所。在冥冥當中，我覺得這有龍天護法的保護安排，我沒有在這個事件當中被請到警察局調查、被判刑，因為我沒有做錯的事，我沒有做犯法的事，我是在用更不同、更高的格局在教化眾生生命的核心課題，性能量與生命成長的超越課程，我反而在這個事件當中，將我的人生、工作、嗜好，做更貼近我生命的

一個轉化。

　　從此之後，我可以光明正大的大談有關於性的種種問題，進入性科學的領域，將我的所學貢獻出來。非常感謝性學研究所的林所長，對我的接納與提攜，因為她對性學的視野較寬廣，更能看清從事跟性有關的工作者在社會中的艱辛，是我的貴人。

二、集體文化性暴力

文化性暴力，文化暴力會使暴力跟結構暴力，看起來甚至感覺起來那是對的，或至少不算錯的，而被合法化，甚至是被社會所接受的隱匿性暴力。

直接暴力就是加諸在個人身上的暴力，結構暴力則是上下結構關係的。比如說，政府機關開會，開完會之後，執行拓寬馬路，結果拓寬馬路就在你家的面前，把你家的房子削一半掉，雖然你不願意，但沒辦法，這個叫做結構暴力，會有上下結構關係的。文化暴力會讓直接暴力跟結構暴力看起來甚至感覺起來那是對的，拓寬馬路是對的，至少是不算錯的，而被合法化。這就是文化暴力，讓你感覺起來那是對的至少不算錯，可是你卻受傷，被侵犯了。

認識性暴力，任何人故意或有機會在行為跟語言、態度上，對別人身體做出有性意味的冒犯，令對方產生恐懼、受威脅或者羞辱感覺的，都屬於是性暴力的行為。性暴力行為並非單純性慾的行為，而是以性作為工具的暴力攻擊跟侵犯的行為，性暴力不單是在強暴、非禮上，我們認為非身體接觸的性侵犯，同樣對受害者造成恐懼跟羞辱與傷害，所以說，性暴力不只是身體而已，它包括在精神、心理上都算是。

性暴力就是因為性的因素而引起的暴力。性暴力是性壓迫社會常

見的現象，我們國家的機器，特別是司法、警察、教育、媒體等等，它對性的管制所靠的就是暴力，這個叫做文化性暴力。我們的警察機關，我們現在小學的教育，他們或多或少用暴力來控制我們的性觀念、性態度。

所以說它美其名為了維護社會安全，卻用暴力的方式，用恐嚇的方式，來教導我們性的行為。除了身體的暴力、心理的暴力、物質財產的暴力，還有正當性認定的暴力等等。比如說，不認可同性婚姻等等的正當性，這個對以前來講都算是暴力，可是現在已經同性可以有婚姻，算是很大的進步。

對於性暴力的重新定義中可以得知，對性加以負面看待，並實行有形無形的暴力，都是來自於文化的性暴力，所以說，文化性暴力它是比個人性暴力來得更廣泛而且更嚴重、更多、更深、更無所不在的。文化如何看待性，也會由性所衍生的問題，反映出性暴力的張力。我們對性越壓抑、越排斥，它所顯現出的性暴力就會越嚴重、張力就會越廣、影響越深遠。

當前的文化性暴力在社會中存在一種現象，當我們要宣傳一種性暴力所帶來的殘暴之時，我們往往是以恐嚇的手段來昭告天下，樹立更多對性恐怖的形象，以提升自我保護的意識，這就是文化暴力。像是用恐嚇的方式：「哎呀～去參加那個什麼性愛的課，你以後會沒有人愛，你太淫蕩，太怎麼樣～」用這種方式去嘲諷，就會產生更大的暴力危機。

文化性暴力就它的整個邏輯大概是：製造恐怖的性觀念，因而產生性的恐慌，造成對性的不信任。

何春蕤教授說道：「我要性高潮，不要性騷擾。」她曾經在她的學校網路上發布人獸交的圖片，被校外人士告上法院，後來官司打了將近兩年，她才勝訴。她認為：「女人在否性文化（sex-negative）中養成的，對性器官跟性活動的特殊恐懼和躊躇，正是好女人在性污名陰影下，極力維護的自我道德形象定位，因為這些文化建構才是強暴恐怖之所以能夠在女人的生活世界中橫行的物質基礎。女人在否性的文化，養成對性器官跟性活動的特殊恐懼和躊躇壓抑，正是好女人在性污名陰影下極力維護的自我道德形象的定位。」是什麼意思？因為為了作為端莊賢淑的女人，必須要保護自己的這種定位，讓我對性產生恐懼、恐慌、害怕，為了維護是端莊的女人，必須要去對性有特殊的恐懼跟躊躇，否則的話，我如果太開放、太接受，就變成是不好的女人，太淫蕩，就是因為這一種的思維，使得文化建構的強暴恐怖能夠在女人的生活世界橫行，為什麼受暴的都是女人，男人比較少，就是因為在我們的文化當中，女人必須要做為好女人來存在，好女人就是要端莊、賢淑、賢妻良母那一種的，妳必須要對性有所恐懼跟躊躇的，妳不能太開放，太前進、太自由、太展現、太淫蕩的、太享受性愉悅，這些觀念就是對女人的性暴力。因此，性暴力才能夠在女人的生活世界當中橫行。為什麼是女人？就是因為整個男權主義之下，對女人的這一種性觀念的壓迫造成的性暴力。這是父權主義所產生的非常嚴重的文化性暴力。

任何防暴措施若要產生效用，都必須徹底挑戰這些文化的結構，

並提出另類的女性文化形象，來改變強暴論述的基本邏輯。所以說，現在普世對女性的思維，作為女人，女人應該要怎麼樣做，便是最大的問題。「女人作為女人在女人中存在」，是一個非常重要的基本思想概念。可是問題是，女人不作為女人而存在，女人大部分作為男人的附屬品，或是做為男人眼光之下的女人存在，是現在無法轉變的性別意識。相對之下男人是比較自由的，男人用男人自己的眼光在看。女人是用透過男人看自己的眼光在看自己，常常女人會問男人：「我漂亮嗎？我這樣子穿好看嗎？我的胸部好看嗎？我的身材好嗎？屁股會不會太大？」她不是很自信的說：「我的身材很棒，我就長這個樣子，這就是我，這就是我自己，這就是媽媽生給我的我自己！」女人作為女人在女人自己中存在。因為女人都透過男人的眼光來看女人而存在，必須要特別拿來挑戰跟超越的一個部分，它的論述必需要重新被整理、思考、批判。

所謂的端莊、賢淑、道德都包含著某種對女性活動進行的規訓跟壓力，貞節牌坊事實上就是對女人的一生造成非常強大的性暴力。妳跟這個男人結婚之後，當這個男的死掉之後，妳要守貞一生，不能再有其他的性行為，妳如果守貞一生，就會被歌功頌德，被立一個貞節牌坊。

可是女人有她的身體的和靈性上的需要，有她的性需求、心靈需求。但是妳什麼都不能做，這個就是端莊、賢淑、有道德的女人。這一種就是我們在文化中最鮮明、最為凸顯對女人的文化性暴力，讓你看起來是對的，甚至是至少不算錯的，而我們全部都遵循的這

個原則在做，女人卻被壓迫，女人的情慾自主、身體自主、性自主都不見。這就是一個女性在社會上生活所承受的性暴力，是很獨斷的、不公平的情況。

性暴力對婦女而言，它不僅是直接以性強加在她身上的，這種直接以性強加在身上的，是屬於顯性的性暴力，是陽剛的，是直接的性暴力。更有甚者的是，在文化結構之下的性壓抑、支配、宰制、跟性社會的控制，正如所謂的淑女、端莊、要坐有坐姿，不可以同時交太多男朋友、不能太淫蕩、妳要貞潔，須要是純潔的，這些是隱性的性暴力，是陰柔的。

那些顯性的和這些隱性的，哪一種比較嚴重？都很嚴重！讓你看起來是對的，甚至不算錯的，我們卻都這樣子依循而做，生生世世。可是我在德國看德國人就不是這個樣子，我看到那些德國女生她一坐上去，腳就打得開開的。我第一次到德國的時候，總覺得他們的女人怎麼這樣子？怎麼那麼不端莊、不賢淑！後來才知道那是她們的自我個性的自信展現，她也不管你的看法是怎麼樣，你常常會看到德國女生抽菸翹二郎腿，她做她自己，她自如的生活在她自己的生命裡，她也不管你的看法，她們做到在身心靈各方面的自主自由，怡然自得。

因此，性自由，如同黑格爾講的：「歷史的目標就是充分的精神發展跟自我意識實踐，這個充分的自我意識就是自由意識，它是宇宙發展的頂點。自由不是任意妄為，而是按照理性的標準來行動

的。」也就是說我們必須要在理性的思維底下來行動。我們對性常常沒有自己的主張，我們的主張都是來自於公眾多數人的認定的看法，或是別人怎麼看待性我們就怎麼做，所以我們否定了自己的經驗，而贊成別人叫我們去想的、去做的東西，這是置身於文化的我們受之影響而令人玩味的棘手之處，我們自己對性沒有主張，對性更沒有創造力，死板板的，為了符合道德規訓，一生只會用一個做愛的方式，毫無生趣，不活潑，不靈活，不敢有新的嘗試和探索，這樣的生命模式，也會直接影響生活上的其他方面，你的社交、工作、健康、生命心靈探索，完全無能的，在在都會受到影響。

若與個人的性自由跟性權互相牴觸的文化思想行動，皆可被視為文化性暴力。

文化性暴力的形式：

第一種：集體觀念對性的壓制暴力。

像我的家鄉滿州那個地方的集體觀念認為，太太死掉之後，先生就要守寡一生，或是先生死掉之後，他太太就要守寡一生，那一種的集體觀念的制約，住在那個地區的人不得不遵循，否則將遭到指指點點或集體批判謾罵，它就是一個對性的暴力。

第二種：傳統的道德禮俗所產生的性暴力。

我們有很多傳統的道德禮俗，它都會對性產生制約跟暴力。

第三種：手段操作的政治性暴力。

用手段去操縱的性暴力，像 1997 年台北市，下令掃黃廢娼，華西街必須全部解決掉、拆散掉，結果三天之後警察就把整個華西街全部拆除乾淨，這個叫做手段操作的政治性暴力。現在想要立性交易專區，已弄不起來，現在沒有這種特區，可是卻被法定允許可以去找妓女，可以合法化，問題是現在沒有任何一個地區願意做，為什麼？因為在我居住的附近不想要有這一種的性活動產生，這個是政治操縱到頭來的無能為力。

第四種：法條規章的判準的謬誤而產生的性暴力。

很多的訴訟案裡面我們的法條中的判準都會產生謬誤的，反正跟性有關的，我就判你有罪就對了。我有好幾個學生是學法律的，到我們性學所研究，他問我非常多的問題，我都認為他們那些人應該是無罪的，可是他認為這些有罪啊，他們都是性犯罪，他們都跟性有關。我便解釋來龍去脈應該是如何，讓他們判斷。所以說，很多的法條規章的判準會產生謬誤的性暴力。

第五種：區域性習慣或是種族語言的性暴力。

比如說，我在屏東中學上課的時候，有一群客家人，他們用客家話罵我，以為我聽不懂，但他們不知道我也是客家人的後裔，我聽得懂他們在講什麼，他們卻一群用客家話講我生的黝黑，然後土土的之類嘲諷的話，我聽得出來他們在講我什麼，就是用語言所產生的一些暴力。

第六種：網路等性暴力。

藉由符號、形象、資訊科技、網路等影響，造成無所不在的權力慾望所產生的性暴力，也是目前最嚴重的。

三、不愉快性經驗的悲歌

1．性創傷向度

　　性創傷理論在世界上已被非常廣泛的研究，性侵受害者他的創傷大概被分為「生理」、「心理」、「行為」三種。

　　「生理」就是身體受到性暴力後的傷，比如說會有撕裂傷、暴力毆打導致的傷等等，這些都會造成生理上的創傷。

　　「心理」受害的部分，則是整個性暴力受創傷最嚴重的部分，也最難療癒的部分。受性侵之後的心理，本以為已經沒事了，可是當壓抑很久之後，也許從年輕到中年後，偶而遇到類似事件，又會把從前的傷痛勾起，這是屬於比較心理的。

　　「行為」的部分就是指，受創傷之後個人生活行為的表現會受到這個創傷的影響，而產生行為上的偏差，跟平時的日常生活有不一樣的行為、不同的舉止，也許行為乖張、鬼鬼祟祟或到處小心翼翼。

　　在對受害者的創傷研究中，已經發現有六種主要的創傷向度：(1) 懼怕(2)焦慮不安(3)憂鬱(4)自尊受損(5)社會的適應產生問題(6) 創傷後壓力症候群。創傷後壓力症候群是指不管你受到任何形式的性侵、性騷擾、性暴力，甚至語言、動作、態度上，所受到的創傷之後的總稱。

創傷後壓力症候群，在我們社會現在的比例是從十八歲到六十歲的婦女之中，49% 有這種情況，接近一半，一百個人有四十九個人受到性暴力、性騷擾、性創傷等等的，這個指數是很高的，我們社會是一個受到性創傷非常高的地區。

創傷後壓力症候群會產生性功能障礙，對男生來講，他會造成陽痿或是不勃起則已，一勃起即射精這種的情況。女生則會產生性反感、排斥、甚至性冷感，壓抑久了之後，就容易產生很多身體上的疾病，有一些是因為受到性暴力之後，她對性產生罪惡感、產生性壓抑、產生非常大的內在排斥，一生就生活在這種情況底下，一直排除不去，可能產生一些的婦科疾病。

2. 性創傷所產生的反應

對於性侵階段反應的歸類大概有四個主要的部分：

(1)預警期：指受害者警覺到有危險的反應。多數人在受性侵之前，都會有這一種警覺到好像快要受到侵犯的感覺，比如說走在夜路的時候，好像有一個人跟在後面，會感覺到有人尾隨，或會察覺某某人在窺視，內心毛毛的，這是宇宙給我們的恩典，多數人都會有先天預期的能力，這叫警覺期。

例如，租房子的時候，房東要求同睡一間，就感覺到有一點怪怪的，這叫做警覺期。如果真的提高警覺的話，就可以去防範。但是一般人會忽略這樣一個警覺期，事實上任何的一個性暴力都有一個

警覺期，當你有足夠的覺知力的時候，就可以避免而離開。但一般都是，莫名其妙地受到牽引，它就會進入了影響期。

(2) **影響期**：指受害者受害的過程，跟他的立即反應。而一般人是半推半就，沒辦法說出不，龐大山壓的氣勢使你逃不掉，就受到了侵犯。有的人是在受害過程當中，怕被暴力傷害，所以說不得不順從對方，讓犯罪者得逞。

(3) **恢復期**：指受害者的症狀發作階段跟恢復生活作息的情況。受性侵之後，最需要的就是得到一個外在的幫助跟保護與安撫和安慰，最重要的是愛的支持，可是不一定會有人給予安慰、安撫，而因為受害者自己也不知道如何去應付它，受害者內在會做一個調整，去適應那個被暴力的情況，或甚至去同意那個被暴力的情況，讓自己回到一個正常作息的狀況裡面。那個時候受害者已經把這件事情壓進去他的潛意識裡面，一般我們真正的受傷都是在潛意識這邊開始傷痛的。其實受傷的不只是身體和心理，而是靈魂重創了！

(4) **重整期**：指受害者要求解決之道。最後他會用憤怒的方式去表達，這就是整個受性侵者的四個非常主要的一個反應階段，在這個重整期階段完成之後，受害者就會進入性侵受害者症候群階段。

如果沒有得到一個真正有效的、徹底的療「育」的話，這一生，這事件就一直壓著，壓在潛意識裡，等到有機緣的時候，它就冒出來。比如說在課堂上練習火呼吸時，若呼吸得猛烈的時候，身體的

能量開始運行，能量去觸動到潛意識的那事件，猛然間腦筋就閃出了那一幕，此時就可能會暴哭等等，在生活的方面常常會受到很多各種不同的生命的衝擊。要有一種機會，或有幸遇到一種機緣，才會重新去發現到那一些被壓抑已久的傷痛問題，重新把它撩出來了，一般情況下我們都抗拒它、排斥它的，因為它很痛，它又被壓抑著，如果沒有把握機會再去正面面對它，便會一直循環著，了無終日。

上課時有個個案，她是一個六十幾歲的女生，在紗麗儀式的時候，一個人足足花了四十五分鐘（其他的人都平均只花八分鐘左右），光要脫掉一件衣服，她就非常排斥，蹲下去哭到不能自己，然後好不容易站起來，又脫掉一件，脫到一半又不行，好在那個配合她的人非常有耐心，對她付出愛心的、慢慢的、走走停停把過程走完。為什麼她會那麼排斥人家去接觸她的身體呢？我猜想她可能有受到性暴力的經驗才會這樣，那麼排斥她的身體被曝露，甚至在摸她的身體的時候，摸過她的乳房，她完全的反抗，摸到快接近陰部的時候，整個人都趴下去，遮掩著不動，哭得死去活來，整個生命潛藏在傷心的悲痛裡。

後來得知，她在年輕的時候受到性侵，長時間壓抑著自己，聽到我們課程的說明會，為了徹底解決她的自身潛在的、又無時無刻會冒出來的傷痛，她來上課要面對，可是這邊機緣來了，她又沒有辦法真正去面對，或者說她已經在面對，但確實太驚嚇、太痛了。其實那一次確實對她來講，已經產生了一些療「育」的效果。隔天，我們在做按摩的時候，一碰到她的身體，又不行了，就這樣子連續

三天的時間，每當有身體接觸的時候，她都會哭泣，但情況一天比一天好，一直到第四天，她才真正接受被碰觸，後來第四天結束的時候，她非常高興，眉開眼笑，整個人好像解脫了一樣，主動地去跟大家擁抱。也就是說，如果沒有遇到很多的碰觸的機會的話，或者沒有去創造這樣的療「育」的場域的話，是無法受到轉化的，去找治療師，他也只會跟你談一談而已，難以讓你去面對跟穿越那些問題、創造機會。我們的譚崔課程有這種療「育」的情境，而且是安全、受保護、有愛心支持的，特別設計好的能量場的。

我個人覺知到，在譚崔中的療癒，應該是療育，教育的「育」。

譚崔是一個終極的性教「育」，它是從靈魂的深處去深入到靈性的層面，從過去式的業力當中對他做療的效用，在今生還未病之時，就對他做靈性上的開導教育，因此它的層面包含非常的深刻又廣泛。

我曾經帶過一個台灣的學生去德國上譚崔課，她是我在 2005 年從德國畢業回台灣上譚崔課的第一批學生，在我的課堂上每一次上課，她就哭，不曉得在哭什麼，每一次上課就在哭，因為我們的課程的核心都是圍繞在以性相關的課題，我猜測大概她是什麼問題造成她的哭泣，當時我沒有去找她談，如果當事人沒有意願要揭露，貿然去找她談，會成反效果的。後來機緣成熟，我提議帶她去德國上課，說不定在德國能夠很快速的幫她療癒她的問題。她在德國上課一開始就在哭，第一天第一節上課在哭；第二節也在哭；第三節上課還在哭，因為性的議題又觸動了她壓抑在內心的傷痛，我在旁邊翻譯翻的很辛苦啊，我翻一半，她還在一邊哭我一邊告訴她剛剛老

師在講什麼，其他學生都等著我翻譯，走走停停，很難上課。

到了第三天早上上課也還在哭。德國老師就把課程停下來，不上，請全班二十六個人圍成一圈，他用德語請我跟她說，對剛剛那個正在哭的人，叫她到正中間來跪著，她必須要在當場，把她為什麼哭的理由，當著全場人的面講出來，如果她不講出來的話，我們課程就不進行下去，我們就等著她講，請！

我翻譯跟她說：「老師叫妳到中間跪著，把妳為什麼哭的理由說出來，我們課程才會繼續上下去。」她就一下子嚇到，突如其來的轉變，不預期的驚覺，她開始很緊張，本來在哭的，不哭了，大家圍成一圈。我說：「妳上去啊，老師叫妳上去！」她不得不上去了。老師說：「跪著！」她就對著老師跪著，全部的德國人都停了下來，看著她，她不知如何是好的僵著，不曉得應該要怎麼辦，她就只：「我我我…」，一直講不出話來，僵持半天，老師就一直看著她不講話，只是看著她，整個氣氛非常的凝重。想想看，其他德國人繳那麼多錢、花那麼多時間來上課，現在為了一個人暫停，整個氣氛非常的凝重鴉雀無聲，僵大概十分鐘左右，十分鐘在當時是如此之漫長呀！度日如年一般，逼到最後她就一聲哇～～哭了出來！然後說：「我被我爸爸性侵長達十年之久！課程的所有性議題都勾起我以前的傷痛！」，從她十四歲直到二十四歲她離開家鄉台南去台北的時候，父親才結束對她的性侵。她在當眾對著老師講出來後，老師便請她回到原來的位置上去，此時她還一直在啜泣不停。老師請全班的同學站起來，全體裸體，也請她站到中間來，所有的人全都擁

抱她，每一個人都對她講一句最知心的話！因為大家都是全身赤裸
的、沒有面具的、真誠相待的，這個舉動，使她得到了療癒的力量。
因為愛，集體愛的力量，使得她在愛的包圍中得到了重生的契機，
在心情和心理上，擁有被保護和支持的實際行動。因此，愛才是真
正療育的力量！之後，老師才再開始繼續上課！

　　下節課一上課，老師要大家等一下要找一個新的伴侶，她突然間
變得非常勇猛、非常勇敢，主動去找一個德國男生，對他說：「我們
等一下一起做練習好嗎？」她變得高興喜悅了。從此之後，每天找
德國人做伴侶，整個人的態度 180 度翻轉了。本來是每天非常窩囊
的、非常退縮的，在無聲的角落哭泣、傷心，結果自從她講完之後，
隔天完全變一個人，得到極大的療癒。她現在非常的活潑，現在在
台灣偶爾還會來參加我們的課程。當他們開始想談的時候，那個療
癒就發生了，我講的那位六十幾歲的女士，在我們課程這邊，她就
是不談，就是壓著，我想去問她，想要讓她講出來，但是她就是不
講，如果不談的話，她的那個石頭就擔著，就無法療癒。所以說，
療癒不是療癒師的問題，而是你要自己療癒你自己，你要自己願意，
你如果自己不願意，是任何人都完全沒辦法療癒的。這就是譚崔課
的神奇療癒力量，運用大家都是裸體的，與性相關的，和性相接近
的情境，而沒有暴力和攻擊性的，是充滿愛的給予，愛的支持，療
癒的效果就會自然產生！

　　分享個案例，我在德國上完譚崔課，後來變成德國譚崔中心的成
員，在德國譚崔中心裡面當譚崔老師，也在那邊接譚崔按摩的個案，

跟老師一起接性諮商的個案。有一天，來了一個長得很漂亮的蘇俄女生，她是在 1992 年蘇聯解體之後，來到德國，這個蘇聯美女在德國沒辦法謀生，只好去從事所謂半套店（用手幫男生打手槍一直到他射精而得到金錢交易的這一種的性行為）的那一種工作。可是她在德國從事跟性有關的工作長達七年的時間，卻來找我們的老師做性療癒。我們老師問說：「妳的職業跟性有關，妳還有性的問題？」她表示她的心理面有一個坎、一個黑暗的壓力一直過不去，她找過德國很多的心理諮商師治癒，都療癒不了，最後在網路上看到我們譚崔課程也有這種的性療癒，所以來試看看。我們老師問她發生過什麼事情，她就是無法真正的說出口，繞了彎過去，不是真正去面對。老師發現很怪異，就建議她如果想要真正解決問題，就在我們中心住七天，我們好好的來研究她的問題，結果她答應了，她真心想解決自己的問題，住七天，一天五百塊馬克，雖然價格不斐，但有很多東西是比錢更重要的。

　　第一天老師跟她諮商完就沒事了。第二天我們請她畫畫，一種性藝術的療法技巧，用以探究她內在真實的事相，晚上我們七個人去判讀她的畫作內容，從她畫面上的蛛絲馬跡去檢查她的內在世界。結果我們七個人一致認為她有受到性暴力的痕跡。我們給予判斷性暴力的題目，再次請她畫畫，確定她果然受到過性暴力。第三天，我們沒有對她做任何的治療，也沒有任何的諮詢，就找一個帥哥，陪她去柏林大森林散步，請她去餐廳吃好吃的，讓她享受人生，享受生活，充實的過了一天，這是療「育」的一個重要步驟。第四天，老師再跟她諮詢一下子，然後又請另外一個帥哥，再陪他出去散步，

聊天、吃飯、再回家，又過了充實的一天。，當天晚上，老師召集了七個人，我是其中一位，要我們扮演一場療癒她的一個譚崔式的課程。療程的第五天，她起床後幫她把浴缸鋪滿了玫瑰花，讓她入浴，非常有氣氛，又有愛心的呵護她、款待她，沐浴完，把她抱起來，輕輕地幫她擦乾，披上浴袍，再請她去吃德國非常豐盛的早餐，享受有花有蠟燭的浪漫時光，還配著輕柔的音樂，吃完早餐陪她聊天一下，讓她的身心完完全全的放鬆，進入更深更慢的內在，使她真正享受在她的生命裡。然後老師說，十點鐘進入教室。

她把門推開，一進教室，嚇了一大跳，我們七個人已經在裡面，她看到那個場地嚇一大跳，那個場地就是我們把它佈置成，她在畫畫裡面所顯現出來的，她當時被暴力的場景，我們原地原場重現。她一進來著實嚇了一大跳，而我們七個人瞬間衝過去還沒等她真正踏進來就把她抓起來，把她摔倒在地，她是穿著衣服的，我們就開始扯她的衣服，拉扯她的衣服，當時我被分配在左手，有的分配右手，有的分配左腳，有的分配右腳，我們都事先分配好我們的工作位置，就直接去搶她與她搏鬥，她開始掙扎，一直掙扎一直吼叫，她使盡全身的力氣要掙脫，她與我們搏鬥與掙扎將近 40 分鐘之久，那是很久的時間。最後我們把她的衣服全部都撕光光，然後有一個人，被指派要去強暴她的樣子，這是她當時被強暴的現場重演，時光情景再現，當她整個人哭到不行，然後我們全部把她壓著，做出要侵犯她的樣子，壓著她，直到她不抵抗，後來她又開始掙扎一下，又壓制，又掙扎，又把她壓制著，就這樣直到最後她動也不動，她就回復到被當時強暴的當時的情況，放棄了、不掙扎、不抗爭了，

讓它去吧！讓它發生吧！結果她就死死的躺在那裏。但是那個指派要去強暴她的人並沒有真正的插入，只是做這種動作而已，我們按著她，正是要逼她回到當時受性侵的原點，既然原點已經到，我們躲在旁邊的老師，突然間放輕音樂、柔和的音樂，我們所有的人本來是強制、暴力的手壓著她的，後來我們的手都鬆開，而變成愛撫她、緩緩的摸她、輕輕的觸碰她。人的身體是非常敏感的，你會感覺到每一隻手的壓力、按摩舒服度不同，你會靠上那個你比較喜歡的那一隻手，或是你會去碰觸那一隻手，我們就觀察她的整個變化以及她的感覺。

因為我們七個人十四隻手，撫摸她是非常複雜、非常雜亂的，她沒辦法真正靜下來享受被撫摸的喜悅感，我們七個人講好，如果是被選中的人，之後要留下來，其他的人必須離開，大家都非常誠心、誠懇、有愛的去愛撫她。結果最後，她慢慢靠向一位德國男生，他就更溫柔地去摸她、擁抱她，我們其他的人就慢慢的退場，剩下他們兩個繼續愛撫、繼續摸她，最後他們兩個進入性行為。也就是以愛心來取代暴力的行動，真正療「育」的力量是愛的力量和性的喜悅，因性受的傷也由性的喜悅來拯救，這就是譚崔的神祕方法和力量，這個個案治療就這樣子結束。

結束之後，老師請她分享，她已經可以說出當時的情況，有次她爸爸帶領六個軍官在她家喝酒，喝完酒之後，六個軍官在她家客廳的沙發上對她施暴，整個場景在她的畫裡面全部都顯示出來。她說她本來是放棄，結果來了那麼大的愛，那個愛就是我們去愛撫她、

去慢慢的去摸她、那個愛使得她整個人突然間從被性暴力的過程中，翻轉成世界是美好的、是有愛的、被支持的、安全的，最後她跟那個男生做了一場有感覺的做愛。最後結束的時候，老師說：「我們的療程已經結束，妳現在感覺如何？」她說她真的被療癒，因為她透過這樣的一個突如其來不預警的情境回到原點的療癒，她的心真的推回到當初的狀況，又被驚嚇到。最後的愛撫和有情境的性行為使得她的心的放下，後來她非常、非常的高興、喜悅滿足，我們老師告訴她說：「恭喜妳，妳又有了一個全新的自己，妳可以回家。」回到慕尼黑之後，大概隔了兩三個禮拜，她又搭車回來柏林找我們老師聊聊天、擁抱一下，她為了感謝我們老師療癒了她，讓她從被父親帶領軍官對她性暴力的事件中解放，遠從慕尼黑搭車到柏林，只為了擁抱一下，說謝謝。

現在她非常的好，非常的快樂，改變了職業，最後跟那位德國男生結婚了，過著幸福滿滿的生活。受暴力之後，要翻轉你那個受暴力的內在痛苦情況，它最大的療癒力量就是愛的支持，當你用愛的力量支持的時候，就能夠把它真正的翻轉過來。只不過德國老師的那一種療癒方式，不適用於每個人。因為我們的社會環境沒有辦法直接與個案發生性行為，假如不成功的話，是會造成更嚴重的二度傷害，我們老師受過訓練，判斷她是可以接受這個方式、她有足夠的成熟度，而且她真的準備好要接受嚴苛的療癒過程，所以就聯繫我們七個人去演出這樣子還原現場的一個譚崔式的療癒情境。

3．受性侵者內在狀態的途程

(1) 擔心健康。

比如說會有受孕的問題、感染性病，一般成年女性被強暴之後，大部分害怕的是性病的感染，特別是愛滋病，再來是受孕等等之類的狀況，是受暴力之後最害怕的事情。

(2) 害怕司法。

因受害者不敢去報案，會擔心外人的眼光，如果在報案的偵查過程當中，受到態度不佳警員的影響，質疑事件真實性等等，都會使得受害者更受傷，對外界產生非常多的不信任感。

曾經有一個男生，受到女生的性暴力。當他去報案時，那個警察反而在那邊開玩笑說，我們所有的男人都希望發生這種事情，你怎麼會發生那麼好的事情還來報案，因此他更受傷，特別是男生，會被說成得了便宜還賣乖。所以說這是整個社會對整個性暴力所產生的誤解與成見。

(3) 罪惡感跟自責。

性暴力之後就是產生罪惡感。先前提到在德國上課時，在中間跪著講出她被父親長時間性侵的那個女生，之後又在另外一個場合說道，她覺得她的陰道是髒的、她是有罪的，產生出罪惡感，這樣會讓她的整個生命型態發生改變，甚至積壓成疾病，可能引發一些子宮頸的問題。這位女生就是有子宮頸的問題，她就是因為罪惡感與

骯髒感使自己抑鬱成病，覺得自己對不起家人，對不起自己的男朋友，對不起自己的先生等等之類的罪咎。被亂倫者的心理影響，這是另外一種性侵的型態，指血緣近親裡面的不願意之下的性行為，如果是在血緣近親底下的願意的性行為算不算亂倫？也算亂倫！但是它不是性暴力、不是性侵的亂倫。

亂倫它的影響會取決於當時的年齡，跟他所體驗到的程度，這跟他產生的焦慮及罪惡感，是有直接關係的。那位被她父親性侵的個案就是屬於亂倫的性暴力，這種亂倫的性暴力的受傷程度，會遠比被外人性暴力的受傷程度還要嚴重。

不過有部分的小女生，在受到父親的性侵的時候，不認為那是不正當的，反而會認為那是正常的，等她長大之後，才發現那個是不正當的、是不對的，才感受到受傷害，在她長大成人之後才受傷的，被侵犯當時是沒有知覺受傷的，有很多很多的案例到現在都釐不清的。

我曾在台北上譚崔課時，一下課一位女生就在門口擋住我，想請教我問題，我帶她到休息室後她說：「我跟我兒子睡在一起。」我說：「那有什麼關係嗎？」「可是我跟我兒子有性行為。」「哇！妳想要解決這個問題嗎？」她說：「對！」，接著說她與先生在兒子國小的三年級的時候離異了，她先生離開她之後，剩下她跟她兒子睡在一起，兒子都抱著媽媽睡，睡一睡，他就亂摸，那女生就讓他摸，結果有一天就摸到乳房去了，她也沒有把他的手拿開，她就讓他繼

續摸，因為她也有那方面需求，結果那個小男生一直到國小四年級的某天突然間爬上去，騎在她的身上，做出做愛的動作，是穿著衣服的，她也沒有阻止他，就讓他在那邊磨蹭，到他小學五年級的時候，小男生突然跑進來跟她一起洗澡，洗完澡兩個人都沒有穿衣服，就到床上去，那個小男生又做出爬到她身上去做那個磨蹭的動作，最後插入，而她不但接受，甚至有喜悅的感覺，結果從小學五年級一直到國二，整整三年的時間都一直有性行為，她兒子覺得很高興很爽，跟媽媽做愛很自然也喜悅。直到現在她兒子已經高三，青春期，對男女關係有一點懂，反而覺得他是受到媽媽性侵的。他小學的時候是很高興的，自己主動的，後來他長大之後，受到學校和社會不完全的性教育之後，覺得他自己是受到大人性侵的，他開始受傷。那她問我如何解決？我說妳這個問題是非常嚴重的，是因為自己沒有分際。當初會發生這個事情，最主要就是因為妳沒有把劃清界線，妳沒有告訴你兒子說這是我的乳房，我不准你摸你不要摸；妳沒有告訴他這是我的陰道我不准你摸，所以你不要摸；你沒有讓她知道這是你的身體你有身體自主權、情慾自主、性自主，因為妳沒有劃清界線，妳讓他越界得逞，是妳允許的，是妳造成的，妳如果當初劃清界線的話，就不會有這個事情發生，所以現在你要回去告訴你兒子，這整個事件的發生，當時妳的想法是什麼？妳要跟他講得清清楚楚，他才能夠從這裡面去解放他內在的世界已經建立的性觀念的東西。重點是你對這件事情的態度，妳只要回去跟你兒子好好的把這個事情談清楚，把你當初的感受一一表達講清楚說明白，它就能夠解開你們兩個的心結。

　　亂倫，它在社會上是非常普遍而嚴重的事情，被亂倫者在成年之後跟異性關係也會出現一些障礙，會增高很多性議題。近親亂倫也會造成很長遠負面的影響，在心理方面、在羞恥感方面、在自我概念上都會扭曲，會與一般人不同的，諸如其他反社會的問題，還有很多自我混亂，跟他的家屬關係的障礙等等。

　　在身體健康方面，也會有自殘的行為等等，在性問題上面會有傳染病的問題，甚至近親跟近親之間如果產生後代的話會有基因的問題。根據現代性學調查報告，大概有二十萬分之一會產生蒙古症，因為基因太接近，如果基因有缺陷，再加上雙方基因是相同，那個缺陷就會被放大加強，就會產生一些問題，比如說父親家族有癌症的基因，女兒也有癌症的基因，他們兩個亂倫所產生的後代，一定也會有癌症的基因，那個基因就會加強，它會產生這些基本生物學上的遺傳問題。

　　一般對於性侵者與性侵受害者的性療「育」，絕大多數都是運用社會學、心理學和醫學的治療方式，很少更進一步去採取更深沉更徹底的方法。在人類靈性發展的過程當中，譚崔是一個非常強而有力的入手方法，如果我們可以開啟人類靈性的窗，好好的進入他靈魂深處，運用譚崔的觀念和方法實施療「育」力量，性暴力的問題就可能會消解。因為目前的社會環境，對性的制約、性的執著與性觀念、性態度的不友善，產生我們無法從根本的、最底層的、最徹底的方式去解決性慾氾濫的性侵問題。性慾是無所不在的，我們無法消除它，既然無法消除它，我們何不順著性能量的方向，真的由

人類最深層的靈魂底層，去走出一條對性自由、身體自由、情慾自由、性自由寬廣的道路，讓我們可以在這條寬廣的道路當中，解決性所帶來的摧毀，甚至可以扭轉這個摧毀力而形成一個強大向善發展的創造力，運用這個創造力而達成在靈性成長上的開悟覺醒狀態。

(4) 性壓抑

性壓抑是指：對自身性慾望的制約與嚴厲的自我控制。把應該發生性行為的機率控制住，降低其發生的頻率，或甚至斷絕使其不發生，用特意的方法，將注意力轉移到生活上的其他事物上去，以隔絕對性而激發出的熱情，使其冷卻或遺忘。將對性伴侶的極度渴望，製造種種原因，或依循社會的道德世俗規範，而不敢接近性伴侶與發生性行為。

造成性壓抑的成因有種種的因素，包括童年的不正當性教育、原生家庭的傳統影響、社會道德的壓力、自我健康的錯誤觀念、宗教信仰的影響，與靈性成長的自我壓抑。

對於童年時期的不正當性教育方面，在體制上的性教育都還不完善，教育單位尚不敢真正面對性教育的問題，不敢正視性問題普遍泛濫的現象。抱著此事與我無關，事不關己的態度！以致絕大多數人，在童年時期，都沒有真正得到正確的性教育，在懵懵懂懂中，以為性是不重要的，直到青春期，性漸漸成熟，開始大量分泌性荷爾蒙，產生性慾，需要性伴侶，性慾需要有出口，但對於人體構造的無知和對性系統的愚昧，造成首先用壓抑的方式，去抑制性慾的

產生！而性慾壓抑得了嗎？那蠢蠢欲動的驅使力，在身體內，在器官上，在心靈裡正在發動著，那是天生自然內建在我們體內的人性模式，無法抹滅，也無法摧毀，一直到往生的那一刻！

同是性研究所的同事，他們研究性教育課程，安排必須到國小、國中去試教性知識，有一次他們到小學四年級的課堂上去教保險套的知識，也就是安全性行為，課堂上學生反應熱烈良好，後來被學生家長知道了，馬上聯絡上家保中心，提出猛烈的抗議，說教壞幼童！並告到法庭上去，而且網路出現非常多攻擊與謾罵的聲浪！值得深思的問題是：教孩子安全性行為，需保險套防性病、防懷孕，這會教壞孩子嗎？小孩不被教育說明，沒有性病的意識，因而導致性病得病成長率一直上升不滅，得病年齡下降，未婚懷孕少女如此之多。而真正的排斥性教育的人不是孩子們，而是不明事理的家長，他們本身就是長期性壓抑和道德主義掛帥。真正需要性教育的是過去童年時期沒有得到正確性知識的成年人 --- 家長，首先要解放性壓抑而得人身自由的是那些擁有主控權的成人們！

關於性壓抑受到原生家庭的傳統影響是最深且最巨的，是家庭中父母對子女的性教育，也就是孩童時代父母親對小孩子的性啟蒙，不但是父母對小孩的影響，甚至是家庭中的親族關係。小時候的生長周遭環境對性的看法和態度，在在都在形塑著孩童的性觀念。

在母親受孕時，小孩在媽媽肚子中，即開始受父母在性關係上的影響，有如胎教一般，假如胎兒在肚子中時，父母是感情和諧良好

的，出生後心理較正向健康，因為母親會在懷胎十月中分泌正常的性激素，胎兒身體的養成與性器官的成長，接受到愛的滋養，特別是在受孕的前六個星期，整個細胞的分化將受到重大的影響。假如胎兒在媽媽的肚子中時，父母親對性是壓抑的、批判的，或他們生活上不愉快、吵架、貶低性價值，寶寶出生後將可能在心理上造成長大後對性的壓力與罪惡感，甚至可能導致未來婚姻不美滿，或終生找不到伴侶，這個影響層面是很深遠的。一對夫妻在性的開放與自由程度上，對下一代的直接影響之大，卻使人不易察覺的現象非常嚴重。如果你是抑制性能量的，你的下一代也會在無形之中抑制性能量，因為小孩子在兒童時期的感知力特別強，他會將父母親所散發出來的所有能量資訊照單全收，做為他往後生長過程當中的資糧。

早期的家庭環境是趨向保守的，常常父母看到小孩子在玩弄自己的生殖器官，會馬上給他兩個巴掌，並嚴厲的罵說：不知羞恥！在玩那個髒東西！小孩無辜又不懂事，他哪知道什麼東西是什麼東西，他只是在探索他自身的快感，不知有何不對之處，但聽到你的責罵，於是他得到摸生殖器是件覺得羞恥的事，和生殖器官是一個髒東西的結論。這樣子對性喜悅的探索，變成是一件負面的事，他以後遇到有性慾時，只有性壓抑一途，因為他已被種下性行為是一件負面的行為，不可做！

本來是一個快樂自在的自由生命，由於性能量長期的被壓抑，只教導他要在經濟上、事業上成功，卻忽略生命當中最寶貴的一塊靈

魂的喜悅，也許有一天家財萬貫，卻如槁木死灰，毫無對生命感知與喜樂的熱情，這樣的生命型態是成功的嗎？

因此家庭正確、正知的性觀念教導；正向、正面的性態度的疏通，為最迫切的家庭性教育！不再阻撓性驅力、性能量的自然發展，使其展現人格的健康壯碩之美！

而性壓抑在社會道德傳統的制約部分，其影響力也不可小覷。性慾本能與社會的道德傳統之間，存在著諸多的衝突，文明社會不容許性本能衝動的任意滿足，因為執政者深怕太過活躍的性衝動所帶來的性行為，會大量擾亂社會的平穩與安全，因此性慾需要受到壓迫和壓抑，並服從社會中的生活規範。用以去製造人民對於性的恐慌與擔心身家安全的最好方法，即是去製造性壓抑的控制手段。傳統的社會道德觀念中，認為男人必須彬彬有禮，如紳士一般，生活檢點，對性有一定程度的控制，負擔起養家餬口的責任。而女人更應該節制性慾，否則成了淫蕩、蕩婦，被安下極其嚴苛的生活教條。自我必須遵循現實社會法規尺度的實踐原則，限制性慾本能的需要，並推遲這種靈肉合一的滿足。

另一個引起性壓抑的錯誤觀念，便是認為過度性衝動，將耗損生命元氣，妨礙身體健康，這個錯誤的命題是東方人特有的，立基於傳統文化與舊社會習俗，為了有效地控制人民，特意將性本能的生理需求之衝動，與生命健康劃上等號，使得人民不為他人，至少為了自身的健康，而非常自然願意地去遵從壓抑性慾的手段，更有甚

者是，太高頻率的性行為，不但有礙健康，更有折壽的疑慮。再加上傳統中的觀念，認為太多的性行為將造成日後的腎虧、面黃肌瘦、無精打采、或招致性功能障礙。普天之下最大最有效的恐嚇莫過於訴諸權威醫學的規章，一般人對身體原理與性系統的運作，大都不甚了解，只能聽任信之，導致造成幾千年以來固化的思想，人必須節制性慾，壓抑性慾的。以現代性學研究的觀點，認為頻率高的性行為，不但不影響身體，反而對精神發展的身、心健康有促進的作用，太多的研究例子表明，通暢的性慾流動，往往會降低罹患慢性疾病或減少得癌的風險！以國民健康而言，歐美人沒有太活躍的性會影響健康的思想，因此他們的性行為普遍比東方人還要來得頻繁，卻也沒看到歐美人都病懨懨的，有很多德國的醫生鼓勵人們多做愛，增加生活樂趣，快樂美滿！因此傳統的性慾與健康的關聯之說是一個對性的謬誤。自然狀態總是最好的，不必特別去強求增多、增強、增加次數與時間，也更不必去刻意壓抑控制自發的自然性勢力，只要不犯法，不影響他人，合理的性慾流動是一種人類正常的行為，何必以健康和道德的牢籠來綁架它！

人類是群居的動物，有生活的追求、生命層次的追求，也不免有宗教的信仰。以目前全世界的各大宗教，絕大多數都是反性的，很多宗教上的修行人士，一提到性，便驚恐萬分，不知所措。也許性高潮帶來的喜悅，遠遠超過辛辛苦苦的信仰成果，性高潮是人體的直接反應，靈肉合一的表現，是最接近神格的境界和行為。而宗教界人士，或許不想讓你太過接近神格，太不勞而獲，使得他們的主張和理論將一文不值，為了便於操控人民，不得不制定戒律，從字

面上可以看出，他們對性是如此的貶低，將它安上一個相當強烈的貶義詞『淫』字，並說凡犯者，必獲大罪（這個罪不是法律的罪，是生死生命永存的業障之罪），必下地獄。以如此極端的方式，去規訓人民對原始性能量的自我控制，才不至於犯下滔天大罪。

與宗教信仰平行而發展起來的現代心靈成長課程與團體，其族群的影響範圍相當龐大，也左右著現代的社會發展。在上性學課的時候，我請學生們分享他們現在目前的性生活，有位學生站起來說：『由於現在修煉的靈性課程中所學習的情境，我現在不需要性行為！』。我一聽馬上知道，他在靈性上根本沒有入道！怎麼可以學靈性成長學到去排斥性！靈性成長是接納與寬容，去接受生命在我們身體上和精神上的所有現象，包括慈悲、愛、情感、情意活動，你如果在排斥性，你就是在排斥神的無上創造，性是神創造給人最大的喜悅之恩典，其實你更是在排斥你自己，把自我深發出來的性能量視為是有礙修行的，而排斥、壓抑，殊不知，當身體和精神上的能量被壓抑、不流暢、阻礙，你想證入任何境界都不可能，更遑論進入三摩地。唯有身心輕安、放鬆、自在自由、能量流暢，你才可能証果。現代有非常多的心靈成長課程，在有意無意之間，都不希望學員們有太活躍的性能量，並且將性能量詮釋成是有害的，如洪水猛獸，有打亂清淨的心，性是下等的、不潔的、髒的、不恥的、有罪的，不可以接近，要革除！導致現代很多夫妻伴侶，只要有一人在心靈成長課，他們馬上就成了無性夫妻伴侶，只求一心清淨！

對性的過分嚴格壓抑，會導致諸多不良的後果。佛洛伊德指出：

當性驅使力受到過份嚴苛的阻抑後，可能導致神經官能症或性功能障礙，有時甚至影響社交功能的運作。人們對原始性本能的壓抑，是實現人類最高利益與理想所付出的不可避免的代價！人類必須去犧牲由性所帶來的本身之情慾幸福，來換取社會經濟上的片面利益。而人類文明的進步，往往是透過剝奪性喜悅快樂的心境做為代價而獲得的。難怪傅科 Foucault 在他的《性史》的書上說，人類的性史，是一部性壓抑史。

去解放性壓抑的觀念，並不是鼓勵性放縱，這是兩個完全不同意境的客觀課題！你可以在觀念上完全開放、不壓抑，在行為上在合法合理的可能性下，你無須抑制個人的性驅力與生理上的性需求，好好享受因性而帶來的歡樂與幸福滿足感。

很多中年男性、女性為了事業忙進忙出，到處奔波。因此對性不再重視，將它晾在一邊，由於長期的抑制，而帶來精神上的耗損，憂鬱和身心疾病，不但影響著個人的人生幸福，更會延伸出不少的社會問題！性壓抑的結果，會使得一個人在心理上造成無精打采，死氣沈沈，對芝麻小事斤斤計較，抱怨成性，脾氣暴躁易怒，無法忍氣吞聲，常帶著挫折感，對生活不滿足，鬱鬱寡歡，對事情總愛挑剔，指責別人的不對，造成注意力無法集中，並常常沈溺於性幻想中，若遇有關性議題，胸中沸騰不已，久久不能自己，甚至做出語言或行為上的攻擊、批判！

性學研究表明，性壓抑對人的身心危害很大，

（1）性壓抑的結果，會使得生活變無趣，對工作不熱心，失去生命的意義，以致影響身體跟精神上的健康。

（2）在身體上會出現病狀，如果性慾被經由性意識壓到了最後進入潛意識的時候，會出現失眠、惡夢、頭暈、注意力渙散和神經功能失調，久而久之變成性荷爾蒙分泌下降，性慾低下，產生性功能障礙，男性有陽痿或早洩，女性會性冷感、性慾缺缺。

（3）在婚姻中的性壓抑，往往造成婚姻不美滿，產生生活瑣事的矛盾與心理上的衝突，或造成婚姻破裂，家庭失和。

性壓抑的解決辦法

性壓抑所造成的個人問題和社會問題，需要有一個好的解決辦法。一般性學家會建議，多參加社交活動，與他人多接觸，讓生活更活潑有朝氣。或是去戶外踏青，接近大自然。大自然具有很大的平衡力和療癒力，會使得身心得到一定程度的舒展。性學研究表明，在性慾來臨時，若沒有合理合法的正常性伴侶，自慰是一個不錯的選項，不要讓性慾積壓，使它有一個正常宣洩的出口，因此自慰是一個科學上被認定為正常的舒壓管道，不但不影響他人，也能自我得到性滿足的喜樂。

然而性壓抑最佳解決辦法是性能量在靈性上的修持和昇華。藉由譚崔的修持方法，經過特定的呼吸法，身體上性能量的鍛鍊，不但不以洩慾為目的，更不是逞獸慾的性交，而是將原始的性衝動，本

能的性能量，經由譚崔功法，可以有伴侶的互相配合，也可以獨自一人，將性能量循著身體的百脈，周流全身，使全身細胞活躍，更可讓精神與靈性登上更高層級的昇華，不但不浪費性能量，發洩掉，反而使之達成身體與精神上的健康！

第二章

譚崔的靈性療育力

1. 譚崔療育性功能的正向性
2. 性功能的疏導與轉化

一、譚崔療育性功能的正向性

有關男人性慾與性功能問題

學譚崔的人，不但要了解自己的身體系統、情慾系統和性系統，也要了解別人的，女性朋友更需要了解男人，很多女生不知道男生的性功能，男生的情慾是什麼，所以先介紹有關男性方面的性功能跟情慾系統。

二十一世紀性學研究表明，男生一般在性意識上最怕的三件事。太快、太軟、太短，這三太對男生來講影響力甚至摧毀力相當的大。

一般來講，若男生投資一百萬做生意失敗，失去一百萬，大概三個月到半年的時間，他的心情就會恢復，他會想辦法再把錢賺回來。但是當妳批評他的性能力，特別是做愛後，評論他性器官太小、太軟、做愛時間太短。對他來講那個傷害是很久的，他會把這件事情記得，形成心理的陰影，這個對男生來講是非常重大的傷害。就算男性身體長得很壯、很有社會地位，但是他陰莖好像不能受到一點點的侮辱，不能受到一點點的摧毀，這是男性的基本心理，因為陰莖是他的命根子、是他能力的象徵、是他人格尊嚴的基礎。

我們要接受自己就是這樣的自己，媽媽生下自然的自己，我們天生的樣態就是長這樣，自己首先要愛自己、接受自然狀態的自己。男生也可以是小的，男生也可以是軟的，男生的陰莖也可以是其他

顏色的，做愛時間也可以是短的，每個人都有自己的特質。譚崔教導我們，回歸到自己自然的本性。所以說，任何一個男人，不管你的做愛時間長短、強弱、快速慢速等等，你就是你自己，你不是別人，你就是這個樣態的自己。重點就是你的伴侶也要理解你的這一點，如果你的伴侶不理解，要求另外一個面向的你，結果做不到，那就會造成關係上的傷害。

那男生怎樣稱做短？什麼叫做長呢？二點五公分的陰莖可不可以滿足女人的高潮？可以！因為女生的高潮不一定要透過陰莖勃起大小或長度，女生的高潮大部分是透過她對這一場做愛的氣氛，有沒有完全融入愛的感覺，你給予愛的氣氛夠不夠。第二個是在肉體上的高潮，女生的陰蒂是高潮的重點，不需要那麼長，可以摩擦到陰蒂就可以達到滿意的高潮。第三個是陰道高潮，陰道裡面的G點只有大概兩公分左右的深度，兩公分大概我們的這個手指節一半就可以碰到女性的G點，要碰到G點這個陰莖已經足夠，非常足夠滿足女性的高潮。陰莖再怎麼小都不會比二點五公分更小，所以說這是一個極端，因此男人不需要自卑。

陰莖的長度是怎麼量的呢？會影響陰莖長度大概跟種族、胚胎期的男性賀爾蒙有關，最重要的就是種族，每一個種族的基因不一樣長出來的陰莖就不一樣，胚胎期男性荷爾蒙的分泌也是很重要的，就是你在媽媽的受精卵形成的七週以內荷爾蒙的分泌，因為這七週正是在分化性徵的時候，如果媽媽的荷爾蒙的分泌出了問題的話，你的發育就會受影響，所以說媽媽一定要健康。

　　勃起的時候，用尺量在上方，跟用尺量在下方的話，長度會不一樣，正確陰莖測量的方式是，平常消軟的陰莖長度，你把它拉到最長，然後從側面去量它。它的有效陰莖長度跟勃起的長度是一樣的。

　　肥胖者的陰莖包含在脂肪層相對較多，露出的陰莖就相對比較短，比較胖的人，因為脂肪比較厚，他脂肪厚了三公分，陰莖就短了三公分，脂肪厚了五公分，陰莖就短了五公分，有很多陰莖增長的手術就是抽脂。陰莖勃起向前拉長就好了，為什麼還要翹上來？因為我們恥骨的左邊跟右邊有兩個韌帶，勃起的時候，這兩個韌帶就把它一拉，它就翹上來。我們做的很多瑜珈都會跟這兩個拉力有關。它一翹上來，一拉，那個陰莖就會被拉短一點點，因此另外一個陰莖增長的手術，就是把這個韌帶剪斷，它就會突出去，它可以突出三到五公分那麼長，把韌帶剪斷，陰莖就可以向前伸長。問題是它就不會翹上來，它就不會翹高。不要把韌帶全剪斷，德國的醫生是把韌帶剪掉三分之二，留三分之一，它就會還有拉力，還會翹上來，但是拉力已經沒有那麼強，還是會向前伸長。使用睪固酮刺激微胖小弟弟，這樣子是不對的，這樣是揠苗助長，最好的方法就是用放大鏡，就可以幫它變大，便宜不傷身又立即有效。有很多人去吃睪固酮來刺激胖胖的小弟弟，事實上它是沒有用的，睪固酮吃多了反而會對身體不好。

　　山不在高，有仙則名，水不在深，有龍則靈，斯是陋室，惟吾德馨。這是因為我們的存在，所以這邊就變得很有靈氣很有名，陰莖的長度類似身高，陰莖是拿來用的，應該是以功能好壞取向，不是拿來

看的，就像一個人的價值不能從他的身材大小來判斷一樣，你能從他的身材判斷一個人的價值嗎？不行！你能夠從他的陰莖大小來判斷他的性功能好不好嗎？不行！所以說陰莖不一定要大，而是要怎麼樣？好用！能用！會用！很想用！用得好！這才是重點！不用的時候要把它收藏起來，因為是我的存在而陰莖變得珍惜貴重。

男性的性反應分為勃起、洩精、射精、高潮、消退期五種。洩精就是說你還沒有高潮，它就已經有流出精蟲來，叫洩精。一般我們會有前液，我們的前列腺所形成的前列腺液，男生的精子在睪丸製造完之後，它就被放到存精囊裡面，存精囊裡面就會分泌腺液。你所射出來的精子不是一個一個的小蝌蚪，而是液體的，那液體就是前列腺液，男生在陰莖勃起的時候，做愛大概沒有兩三分鐘，就會有液體流出，這個叫做洩精，為什麼呢？因為你流出的不是純粹的前列腺液，裡面可能會帶有幾隻精蟲在裡面，所以說不能以還沒有射精在陰道裡面，可以避孕，是不對的，因為你已經有流出液體，液體裡面帶有精蟲，還是會受孕，避孕不能因為不在陰道裡射精就能夠避孕。

射精是前列腺跟輸精管同時壓縮，精液噴射出去伴隨著爽感，稱做高潮，這邊的高潮 Orgasm 是肉體上的高潮，還有另外一種的高潮叫做 Ekstase 是精神上的高潮，在性學上的高潮是肉體的，平常男生自慰所體驗的高潮，就是這一種的，到最後它就會消退，到消退期，軟下來，大部分男生射精完成，進入消退期。健康的二十幾歲男生大概二十分鐘到三十分鐘就可以再勃起，到了三十幾歲之後，

可能要經過二小時到四小時才會再勃起，四十歲以上，可能要經過五小時到六小時才能夠再勃起，六十歲以上可能要經過一天才可以再勃起，有些人可能甚至要等一個月之後。再次的勃起就要看每個人的身體健康狀況而定。

男性的「性反應週期 Sexual Response Cycle」是 Masters and Johnson 他們的性學研究裡面把它區分出來的，分別為 1. 興奮期 excitement 2. 持續期 plateau 3. 高潮期 orgasm 4. 消退期 resolution，但是男生的整個過程就只有四種而已嗎？當然不只，這每一個每一個的中間還有很多更細密的東西，那是我們要去體會的，我們一開始要做緩慢的行禪，就是讓你體驗那個緩慢，當你做愛速度很快的時候，你就會略過，當你緩慢的時候，這個勃起跟洩精中間還有很多細密豐富的覺受，洩精到射精的中間，還有更多源源不絕的內在感覺，當你做愛的時候是緩慢的，慢慢的，很慢的，那些感覺就會浮上來。現在的性學家沒有去研究那麼多細密的感覺，只有譚崔的行者，因為我們在做愛的時候，是插入慢慢地旋轉，慢慢的旋轉，就會體驗到非常多、非常多細密的感覺。我們在譚崔上希望你們不要急、慢慢來，整個週末的午後時間都是你的，你和你的愛人擁抱著插入，慢慢的移動加上美好的氛圍，所有天地都是你們的，緩慢地享受它，使覺受豐富起來，使生命豐盛起來。

依一般在性學上的研究，男人的勃起有三種的方式，一是心理的、另一個是反射的、跟夜間的勃起三種。心理的就是想到、看到，它就勃起，若把一個男生綁起來，講一個黃色笑話給他聽使他勃起，

那就是心理的。若把男生綁起來，請一個美女裸體站在那邊給他看，使勃起，那叫心理的勃起。同樣是綁著狀態，把他眼睛蓋著，直接去觸摸他的陰莖，不管是男的女的摸他或任何其他東西去碰觸陰莖，使其勃起，那一種叫做反射性的勃起。有一些男性被女性強暴的案例，最後控告女性強暴他，女生會反駁說：「我沒有強暴他，他自己勃起來跟我發生性行為的。」法官會認定這是不成立的，因為男生他心裡雖然不願意，可是，一碰觸到他的陰莖就會勃起，那就是反射性勃起，不能說他勃起是他願意的。再來就是夜間勃起，男性睡到一定的深度的時候，陰莖就會勃起，熟睡為什麼會勃起，到現在還沒有研究出勃起的機轉，還不知道原因。我個人是覺得那是因為我們的自律神經的交感神經跟副交感神經造成的，當我們的自律神經高亢的時候，副交感神經就比較低下，它就無法勃起。若是要副交感神經上升，交感神經下降，它就會容易勃起，睡覺的時候剛好就是我們安靜的、安定的，而且是全身完全放鬆的狀態，交感神經下降，副交感神經就上來，它一上來就引起勃起狀態。還有打坐，打坐打到很深層的地步的時候，你根本沒有想到什麼性慾、情慾也會造成勃起。為什麼打坐的時候會勃起的另一個原因，那是跟我們的氣場有關、我們的拙火有關、你的性能量是有關的。所以說，還有第四種勃起，這不是性學上認定的勃起，第四種勃起就是譚崔瑜珈中叫做寶瓶氣的訓練（必須是我們教的寶瓶氣訓練，不是外面所流行的，差距很大），當男生練寶瓶氣把你的氣，壓到恥骨的地方，你的陰莖就會充氣勃起。第四種勃起在性學上沒有被承認，性學研究者也不知道這一件事，只有以前練功的譚崔行者才會知道這個，這就是我們一般的陰莖勃起所形成的一些情況。目前有很多的研究，

男生的勃起最主要的機轉就是，首先是心理上的視覺刺激或身體上的直接刺激，比如有一個裸女或觸摸他陰莖的行為，這個視覺與觸覺刺激到他的大腦，下視丘腦就會經過神經傳導，到我們的腰背這個地方，肚臍對過來，脊椎這個地方，這裡中醫叫命門，從勃起中心傳到生殖器官就勃起了，男生女生都一樣，都會勃起，如果你的腰這個命門的地方受傷，你這一生就不用勃起了，很多脊髓損傷者都無法勃起，就是因為他的勃起中心受到了損害，那這個傳導呢，它是靠神經傳導，神經的什麼傳導呢？神經的一氧化氮，它靠一氧化氮在神經裡面傳導下來，它速度相很快，觸摸到陰莖，幾秒鐘它就傳導下來，勃起中心傳到生殖器官，它就勃起了。這個一氧化氮就留在我們的陰莖的那個海綿體裡面使充血，這一氧化氮會消失掉，一氧化氮消失掉它就軟掉，所以說男生插入的時候，他要一直動、一直動，是因為他要一直催促他的大腦分泌更多的一氧化氮到他的陰莖上，威而鋼就是去克制這個一氧化氮的消失，吃下威而鋼之後，一氧化氮跑到陰莖後不會很快消失掉，就會保持勃起狀態。

我們訓練你們做譚崔的性愛，請你慢慢的做，不是停下來，你如果停下來的話，一氧化氮就會完全消失掉，你就完全軟掉，如果你慢慢的動的話呢，就會刺激它，會有一氧化氮下來，它不是猛戰的那一種的勃起，如果是猛戰那一種的勃起，便會消耗掉你的體力，就會想射精，進入結束階段。慢慢的動，陰莖有勃起的現象，就不會有猛戰想射精的感覺，於是乎整個譚崔儀軌就可以拉長，這是一個非常重要的重點。

　　經過猛烈陰莖的抽動不斷的激活反射性勃起，陰莖的硬度與海綿體內的壓力不斷的上升，性興奮累積到達到臨界點就會觸發洩精，神經的興奮作用，提睪肌、攝護腺、貯精囊與射精管同時收縮，將精液擠到尿道後段，會陰部有飽脹感，膀胱頸收縮，防止精液逆流入膀胱。這一句話非常的重要，膀胱頸會收縮，防止精液逆流入膀胱。有些男生很喜歡在快要射精的時候，卻把它抑制了，你如果在快要射精的時候把它捏住的話，你的精液已經跑到射精管這邊來了，這些精液會逆流進入膀胱。輸精管跟輸尿管在攝護腺這個地方互相連結在一起，這個相交接的地方，當你想射精的時候輸精管這邊就打開，精液從這邊出去，當你要尿尿的時候輸尿管這邊打開，尿液從這邊出去，當你的射精是從輸精管要出去，卻讓它止住，它就會逆流進入膀胱，會受太大的壓力被弄壞掉，當你弄壞掉，你連開刀都不易好，你就會有遺精的現象，你的精液就會鎖不住，很多男生會做愛做愛到最後的時候把它捏住，這是不對的，這是防止逆流入我們身體，一個很自然的機制，一定要注意，如果想要延遲做愛的時間，想要控制精液射出的時間，在精液還沒有要射出的時候，你就要先停止，如果射精是 100% 的話，你大概到達 90% 的時候就要停止，你不能一直催促到 99% 那個精液已經跑出來，你再把它止住，那就會逆流。所以說男生一旦已經射精，你就讓它射，不要還要把它停住，如果你還要抑制的話，就會產生這一種身體上的危害。

　　緊接著就是射精、尿道、骨盆腔一致收縮，整個間歇性的將我們的精液排出體外，然後伴隨著高潮的快感，射精的時候伴隨著高潮的快感，他為什麼射精的時候不伴隨著苦痛、痛苦、哀傷呢？為什

麼要伴隨著快感呢？性學家也研究不出為什麼原因？很多人就說，那是神賜給人的禮物，要你們多做愛，才能夠傳宗接代，因為有這個快感，你就會想做愛，就會想傳宗接代，到現在在科學上還研究不出來為什麼射精要伴隨著快感。我養過三十二條西藏獒犬，每年要配種，那個獒犬射精的時候有沒有快感？我看可能沒有！動物牠們射精沒有什麼快感的，動物如果射精有快感的話，那就糟了，它就隨時想做愛。動物只有在母的發情的時候，激起公的性慾，它才會交配，如果母的沒有發情，它是不會交配的，獒犬交配它沒有快感的。我們家一隻大隻的公獒犬，很多外面的母獒犬也要來配種，配到最後，它根本不想來，它看到有母獒犬來，它轉頭就走，因為它沒有快感，是辛苦的工作。

人類射精的時候伴隨著高潮這種快感，高潮的快感是大腦皮質的作用，那個爽是爽在哪裡？爽在大腦裡面，你感覺到是器官在爽，事實上不是器官在爽，是大腦在爽。男生變成女生的變性人，把男生的陰莖切掉，造了一個人工的陰道，人造的陰道是他的身體的其他的肉移進去的，已經不是這個生殖器官的敏感的皮膚，而當他們做愛會不會有快感？他那個肉，就像我們這個肉一樣，你在這邊抽插，會不會有快感，會！是人造的陰道，他靠的快感就是靠做愛的感覺，那種情境、那種愛意、情意綿綿，產生大腦的快感。我曾經找過一些變性者到我們性學所來做分享，SAR 性態度重建的課程，他們都會講說他跟他男朋友做愛爽的要死，反而比一般人更爽，為什麼？因為他沒有陰莖的阻礙，沒有陰莖的枷鎖，沒有陰莖的執著，他是完全大腦那個愛的感覺。女生變成男生，女生多造了一個假陰

莖的女生，會不會有快感，也有快感！他們那個肉是從大腿切過去的，它還是會有大腦的快感。

所以說快感是大腦皮質的作用產生的，不是器官，以前曾經受到不如意的性行為的人，不是他那個地方髒了，是他的大腦告訴他自己有這個事件，要把大腦這邊解放掉，認知器官沒有髒，都是我們的大腦造成的聲音。

譚崔的教導也在運用大腦的喜悅感而不是性器官的肉體之爽。摩擦生熱，摩擦會產生能量，陰莖與陰道的做愛就是摩擦，經過摩擦而產生能量，如果你的注意點只是在生殖器官上，則你的能量只會是表層的、器官的。如果你的覺受放在大腦的喜悅上，則你的能量將是內在的、心靈的、超意識的。譚崔要我們不要只停留在淺層的器官上，而是進入更深的靈魂層次，達到與宇宙萬有會合的境地，因此它不只是器官的爽，而是腦下垂體精神上的喜悅，與宇宙合一的喜悅。

龜頭，它富含很多的神經末梢與接受體，對於疼痛、溫度與觸感特別靈敏，它大概有這三種的功能，這個迷糊的帶頭大哥是軟的還是硬的？有些女生不知道，因為沒有捏過它，看到它好可怕，把電燈關掉，就做吧！有些人從來沒有真正的看過男人的陰莖，有些女性甚至更沒有看過自己的陰道跟肛門，黑漆漆的做愛。

當男人勃起時輕輕捏捏看，事實上它是軟的，不是硬的，因為它要感應觸覺的刺激，要吸收勃起硬度的能量，然後圓形的外錐，它要減低陰莖插入陰道的阻力，因為陰道的阻力很強，你是軟的話，它會不容易插入、深入。

射精可以多遠呢？我們小學的時候，男生廁所都是一排，大家比賽，看誰尿尿的比較高，尿到上面的窗戶那邊，現在老了尿尿就直直下去。男生在高潮的時候，我們射出的液體也會有一個距離，很多人對這個很在意，事實上他可以離尿道口三十到六十公分之距，後半段就會間歇性的用流的流出，大概前三到五次會噴射，然後再來就是慢慢的流出。許多老年人抱怨無法射精，因為年紀增加，射精肌肉收縮力道逐漸減退，高潮強度也會逐漸地衰退，而要去尋求加強射精的藥物和治療，但目前仍無增加射精強度的藥物，看到很多這種廣告，告訴你一吃下去，你的射精狀態會怎樣、怎樣，其實沒有這種東西，到目前為止沒有這種藥物，威而鋼會延長勃起的狀態而已，沒有什麼射精強度的藥物的。但是你若是練譚崔瑜珈和各種的功法，它就會激活你的骨盆腔的肌肉，你的會陰部，射精管、前列腺和 PC 肌都會有所增強，特別是你的氣會變的很強大，也就是性能量完全加強變大，高潮的感覺就會變得敏銳，射精的情況就會變得更有感。

男生跟女生的生育能力會隨著年齡增長而降低，男生老的時候精液的品質下降，女生的卵子數會減少，男生罹患疾病會增加，容易造成勃起功能障礙、射精問題、行房能力降低、精蟲染色體突變機

率增加、精蟲受孕率下降。女生罹患病也會增加，包括高血壓、心血管疾病、糖尿病、卵子品質下降、染色體異常的機會也增加、生產的併發症也會變多、懷孕後她的記憶力也會減退，就是說我們在性學上，在優生保健上會希望女生和男生要在年輕的時候生育就是因為這個原因。

男性的性反應會隨著年齡每況愈下，年紀越高你的性慾就會越來越少，較長的時間才能夠勃起，以前年輕的時候一被碰到就勃起，年老的時候要被碰了很久、很久才會勃起。直接性器官的刺激才可以勃起，有些男生年輕的時候，摸摸他的胸部、肚子、大腿內側他就勃起，老年人的時候沒辦法，一定要生殖器官直接刺激才會勃起，要更的長時間、更強的刺激才能夠到達高潮。快感跟射精的強度會減弱，那時候就不會噴出去，只有流出來而已。甚至有一些人，就直接就流出來，沒有高潮的感覺，他的精液已經流完，也沒有爽的感覺。所以說形成大腦跟性器官的分離，不反應期會增長，正常消退之後，有的二十分鐘、有的半小時、有的一小時、有的兩小時，就是老年人的話，有些人要等一個月才會再勃起，因為他的性功能減退。我的德國譚崔老師今年八十歲，他現在和兩個女朋友在一起，三人行，今年去德國上課的時候，在課程中他還非常勇猛的勃起，為什麼他那麼老了還跟年輕人一樣主要是因為他還每天做譚崔瑜珈和練各種譚崔功法，這些功法使得他的身體狀態保持在最佳的狀態，這不是瞎說的，幾乎歷代的祖師都是如此！

二、性功能的疏導與轉化

　　正常要多久做一次，一次要做多久，才是正常的做愛呢？一般在社會狀況上，性行為的差異很大，每一個人都不一樣，沒有所謂正常多久要做一次，一次要做多久這一種的問題。

　　應所行，宜所止。許多人相信，勃起或行房時一定要射精，否則精液留在體內日子久了會造成攝護腺炎。這種想法是不正確的。我們說譚崔不射精，有些人如果不射精，那個精液留在體內會變成什麼？台語說：過時的精液會蝕骨，會不會這樣子？不會的！在性學上認為你的老的精子，已經老掉老化沒有用，存在你的存精囊裡面，會被你的細胞吸收掉，所以說沒有射精是沒有關係的！很多男生會騙女生，我已經勃起，一定要做愛，我已經做愛，所以一定要射精，射精一定要射在陰道裡面，女生都不知道，都接受，事實上這樣是不正確，騙人的，勃起不一定要做愛，做愛不一定要射精，射精不一定要射在陰道，不要被騙了。並非每一次的勃起，就得按表操課，全程演練直到射精結束。行於當行，止於當止，才不會對身體有任何的傷害，你想做的時候做個兩分鐘，你想做的時候做個一分鐘，你想做的時候做個十五個小時，對身體沒有造成任何的傷害，不會影響你的任何功能，身體上任何的功能，不會因為什麼精液腫脹引起疾病之類的，不會這樣子。

　　古代譚崔提倡男人永不射精，它是一條戒律！這條戒律主要是要

戒除你的貪念，因為一般人做愛會貪著那個爽感，而譚崔的重點不在那個爽感，而在更高的覺受。其次是射精的同時會伴隨著能量外洩，所謂的明點外洩！明點是我們肉身和天身最重要的東西，例如心間明點，它含著我們的命氣，這個心間明點一離開身體，人就死了！職是之故，古代譚崔主張不漏明點，也就是不射精。所以長期不射精，在正常的情況下是不會有什麼問題的。

睪固酮對生理的作用很重要，一個正常的男人在三十歲之前，胚胎期我們的睪固酮可以是胚胎期性別的分化，你生出來的時候，你為什麼是男的，她為什麼是女的，就是因為當時睪固酮的分化去決定的，因為胚胎的時候男女是不分的，後來變成男生、女生，就是因為有 XX 和 XY 染色體經由睪固酮的分化產生作用的。其次是成長期促進生長，成長期它會修正我們的生長跟增加蛋白質的同化作用，使得男生看起來身體很強壯，到成熟期，男性的性特徵，有些人特別明顯，就是因為他的身體裡面有明顯的睪固酮，使得性別看起來完全不同。生育期的時候，它可以促進我們生育的功能，你的生育能力強不強，也在我們睪固酮的作用裡面。在三十歲以後呢，睪固酮會維持生殖功能跟性功能，維持肌肉的力量跟體力，維持骨骼的強度，維持精神健康跟情緒的穩定，這就是睪固酮對男人作用。所以說，睪固酮對男人非常重要！你的身體裡面如果睪固酮低下，你會產生什麼狀態？性慾低落！你會沒有性慾，你會不想做愛，女生也是一樣，男生的身體裡面有睪固酮，女生的身體裡面也有睪固酮，男生身體裡面的睪固酮是由睪丸跟哪裡製造的？跟腎上腺皮質製造的。女生沒有睪丸，為什麼女生的身體裡面會有睪固酮？是女生的

腎上腺皮質也分泌了睪固酮，會產生性慾，有些女生在月經來臨前的時候，睪固酮分泌旺盛，就會很想做愛，那就是睪固酮引起的性慾，如果睪固酮低下的話，妳就不會想做愛。所以說睪固酮對男生跟對女生非常的重要，睪固酮會保持我們身體那麼多器官功能的運作。

譚崔有很多的功法，會促進睪固酮的生長，深蹲、起來、深蹲，練這兩個大腿的大肌，就會產生身體的睪固酮的分泌。再來，我們譚崔裡面的大禮拜，之後章節會教導大禮拜，這個大禮拜不是外面寺廟的那種禮佛的大禮拜，而是雙身法用的特殊大禮拜，做大禮拜功法練習就會分泌大量的睪固酮，為什麼一直要強調大禮拜，大禮拜是一個大法，它合成很多的東西在一起。

有位女性李上師，定居在佛光山的山腳下自己獨修，當時我們與一百零八歲高齡的她一起去爬佛光山，佛光山的階梯很多，她居然健步如飛一下子就上去，我們在後面爬得很喘，我問她為什麼可以這麼輕盈上去，她說他這一生只練一招，就是大禮拜。她每天只做一百零八次的大禮拜，身輕如燕，好似非常年輕，身體很強健，精力旺盛，因為她的身體裡面充足睪固酮，身體裡的能量充足。很多人做愛時間不持久，主要就是能量不足，身體的重量超過能量的負荷，所以做愛很快就精力耗盡、累了。因此補充睪固酮的濃度很重要！

我們的性、性慾，受到周圍及環境上的影響，社會的、文化的宗

教的影響，我們的時間、地點、還有我們的文明，也影響我們的性慾，我們的傳統、我們的道德、我們理想的倫理，都影響我們的性慾，所以說影響性慾的東西太多了。只是讓你們把衣服脫掉而已，那麼簡單的一件事情，為什麼會有遇到一些艱難的情況，為什麼有一些人會喜歡，有一些人會覺得艱難，是因為這些東西影響到我們的身體、精神、靈性。我們生下來不是那麼簡單的生下來，一生下來就背著五千年文化的重擔，背著這整個社會集體的意識。來上譚崔的這個課，你不是在上你自己的課，你是在上這整個人類的課，也在為整個人類在上課，我們在為這整個人類開啟這樣子一個性自由的一件事，因為我們這一群人，再下一群人，再更多群人，集體的去形成很大的意識，我們的性才會真正走上自由，讓那些負面影響我們生命的能量轉成是正面正向的。

社會屬「性」是最隱晦、主要影響性慾的因素，在隱晦裡面，我們都被社會的集體性意識對我們的性慾所支配。性別，也會影響我們的性，它是最有挑戰的因素，如果你在街上看到女生牽女生，男生牽男生，並且接吻，這是性別問題，那就會影響到你骨子裡對性的觀念和對性的認知，將是非常挑戰的因素。年齡是最顯著的因素，年紀越高的性慾，性功能越下降，年紀輕的性就越高一些。健康則是最常見的獨立因素，當你的身體有受到哪個地方不健康的影響，你的性就會被關掉，很奇怪，你一旦感冒，就不想做愛，你一旦哪裡痛，就不想做愛。性首先是第一個被關掉的功能，所以你一定要全然健康的，性才會激起。

伴侶間的情慾落差，情慾的高低，個別差異非常的大，事實上那都是正常的。伴侶當中，其中有一個很想做愛，另一個人根本不想做愛，那個不想做愛的人會覺得自己是不正常的，那個很想做愛的人也會覺得自己性上癮，性需求太多了，不正常。因此雙方都覺得不正常，事實上怎麼樣？雙方都是正常的！那只是一個人需要吃五碗公的飯，一個人只需要半碗就飽了，就是性的需求量的問題而已。譚崔教導我們去認識自己的本質，生活在自然自由的狀態中，不但接受自己就「如所是」一般，也要承認別人就「如其所是」一樣，不要去要求任何一個人來符合你的要求。

不管性的念頭讓你覺得興致勃勃或哈欠連連，都算是正常。你會期望你的伴侶每次都跟你一樣飢餓，一模一樣的食量嗎？不會吧！性也是一樣，所以說，你的伴侶跟你的性慾的落差，這些都是被視為正常的，基於此，伴侶間的情慾落差必須不能以「我可以，你應該也可以」，來看待。有些人來性諮商，就是因為情侶之間的性慾高低不同而跑來諮商，他以為他自己是有問題，諮商師跟他說：「你是沒問題的，你也是沒問題的。」可是回家之後，為什麼落差都那麼大！事實上那都是正常的現象，它只是一個量的配合度的問題而已。情慾的落差把它視為是夫妻關係的挑戰，而不是夫妻之間的災難！你們情慾的落差，就當作是挑戰就好了，生活當中的挑戰，撮合、磨合、挑戰你們的問題和生命的質量，不要把它變成你們的大災難，如果是災難，愛就被切割掉，就沒有了，離婚了，破滅了。

女人三十如狼，四十如虎，是不是這樣子？女人年輕的時候，好

像還好好的，像一隻綿羊一樣，到了三、四十歲的時候，一天要做十次還不滿足，是這樣子嗎？為什麼會造成這樣子？沒有什麼理由好支持三、四十歲的熟女對性特飢渴。不是飢渴，是一樣的。較合理的解釋是性慾在兩性之間的差異產生的，女性真正認識和享受性，大部分從二十五歲到三十歲的時候才開始，當她們正開始覺得興味無窮的時候，年紀較大的男生已經開始走下坡，相形相較之下，女性有點像餓虎撲羊的感覺，讓男生招架不住，所以說，它是比較出來的，是男生三十歲已經開始走下坡，女生剛剛好才起步而已。所以，男生要保護、保健自己，要讓自己身體、精神健康。

早發性射精，男生剛插入陰道之前或剛插入後無法控制射精，而且是在個人想要以前就射精，就叫做早洩，也稱為早發性射精。此種性功能障礙對個人和兩性間造成極大困擾，年齡、新的伴侶、新的環境、最近的性行為頻率，也會引發早發性射精，如果是新的性伴侶，就會特別興奮！比較容易引起早發性射精！特別是與新伴侶的第一次性經驗，男生為求表現，會產生壓力，無法放鬆，容易造成早發性的射精。做愛的環境也會影響，如果在車上就容易草草做愛，導致早發性射精，因為那個環境對一般人而言很新鮮、很刺激。如果是在比較舒適的飯店等環境，你就會有溫馨的感覺，很享受，有很多時間可以慢慢來，性愛的時間就會延長，這個也都會有關係。

另外，跟做愛的頻率也有關係，若已經三個禮拜沒做愛，或是三個月沒有做，突然做，也會引發早發性射精，因為男人的龜頭會太過敏感。如果每天做、天天做，它本來是十五分鐘變成二十分鐘、

三十分鐘、四十分鐘時間會越來越長，這跟做愛的頻率也有關係的。
從這裡可以看出，若要去療「育」一個早發性射精的方式是性，也
就是以性療育性，直接在性中做治療，當然其中要包含著很大的愛
心和耐心。運用譚崔的方式，充足的性能量，豐盛的愛力，性將不
是生命的課題。

第三章
性愛煉金術

1. 性的層次與靈性的性行為

2. 性愛煉金術的內在系統

性愛煉金術從德文直譯做情慾的煉丹，把情慾拿來煉丹的一種方法過程和結果，情慾的煉丹聽起來很聱牙，不太好聽，因此翻譯成「性愛煉金術」。那把性愛拿來煉金，事實上它有非常多各種不同的煉丹方法，從古到今，各種不同的修道方法，有道家、有佛家、有婆羅門教、印度教、非洲的等等非常多種，今做系統上的詮釋。

一、性的層次與靈性的性行為

（1）純粹的性行為：

單只有性行為的，除了性之外裡面沒有其他內在情感，比如說拍A片的、性愛派對的、自慰的。性裡面沒有參雜情感的在裡面，他只有自己對自己純粹的性行為。參加性愛派對，事實上進去最主要是參與感，不一定要跟他們做，進去感受那些氣氛，是沒有任何的情感，這個找那個做，那個找這個做，對象換來換去，事實上都搞成一團，同時有三個人、五個人一起的，甚至十幾人在一起等等之類的。這個單單只有性行為，沒有深刻的心對心，情感對情感，靈性對靈性的交流。

（2）微情的性行為：

性行為裡面有一點點的少許的情感。比如說一夜情，就只有一夜的情感；約炮的，就只有做愛的時候有情感，朋友之間的隨意的性行為、交際應酬的性行為，我們地區較少朋友之間的性行為，就是

朋友與朋友之間，想要做個愛就約一約。德國常常有這一種，例如彼此都是朋友，禮拜天大家來做一場愛好嗎？有時少一個人，或再多找第五個人。這叫朋友之間的性行為，它有一點點情感在裡面，但不是那一種的很強大愛的情感。還有一種是為了交際應酬而產生的一些性行為，有特別目的的，生意往來或是利益交換的。

（3）有感情的性行為：

比如說情侶、夫妻、伴侶等等。這些都是有很強情感的，有濃情蜜意的情感及性行為，他們在心理上或精神靈性上是有交織流動的。

譚崔主張的是以愛為基礎，當你的性行為沒有愛為基礎的話，你的能量無法發展到最大最極致，最多你們兩個如果是個陌生的，一起有日月交抱，譚崔修行的話，最多只算是一種鍛鍊，它不會真正爆發出那個內在強大的力量。你如果內在有一個強大的愛跟情感在裡面，它就真正能夠爆發出那些與宇宙合一的能量。愛就是一個無限能量的基礎，它會觸發身體裡的氣結脈輪，產生大量的能量開發。

自己一個人跳「動態靜心」，能量在跳跳跳中，慢慢自己就啟動了。當你跟別人做愛的時候，因為他是一個陌生的，你們還不熟悉，甚至對這個對象還有一些排斥感，你對他還沒有完全放下，你的能量就不會發展出來，不會顯現出來，因為還有卡點，還不順暢，你們之間還沒有能量融合的基礎。當他是你愛的對象的時候，你對他不但放下放心，能量熟悉有順暢，甚至愛他愛到不行，能量就會張開、就會顯現、就會展現、就會真正爆發，能量正負極融合，會直

接衝到頂輪，開啟身體裡的各個脈輪。

　　所以說真正的譚崔修行者，剛開始的時候，他需要一些的經驗，跟各種不同人有經驗去收集各種不同體驗，是廣的發展。當他修到某種深刻程度的時候，他只需要一個伴侶，而且終身不換，是深度的發展，他們的性、情感跟能量，會越走越深，會越來越高，因為它會一次一次的向下鑽，一次一次的向下建立，建立到很深很深很深，建立到很堅強、很堅強、很堅強。後來會變成一個很強大的業力，使得你下一世投身，你們兩個必須要一次一次再見面。如果今生你遇到一個你很愛的人，你為了要下輩子再跟他見面，你這一生一定要建立一個強大的業力緣分，這個是業力法則的促成作用。

　　你如果很恨他，恨到骨頭裡去，下一世你們也會再又見面，恨跟愛它同時是一個很強大的力量，所以說在譚崔裡面，就是要把那個恨轉成愛的力量，才不會造一個負面的業。

（4）靈性的性行為：
　　有靈性團體的性，像門徒們是一個靈性團體的，在一些靈性的社區裡面，就常常發生這一種的性行為。

a. 超感情，為法而性的。
　　在道家的煉丹裡面，為了煉丹，找很多的伴侶，而產生有煉丹、練功的性行為。性能量的鍛鍊，例如印度教，印度教很多的性能量的鍛鍊，我們譚崔瑜伽，還有哈達瑜珈，它也算是廣義印度教中的

一種，哈達瑜珈比較算是一個中立的，各種教都會使用它，但是印度教用的非常的多，在鍛鍊的過程中，都會產生堅固的性能量。

b. 為了開悟而性的。

譚崔課程，為開悟而性的，我們不只是為了喜悅，也不只是為了享受，更不只是為了那個過程的高潮而性的，我們的目的是為了開悟而性的，為了開啟頂輪，打開法界體性智，而有的日月交抱，讓性能量由海底輪昇華至全身各處，爆發強大的開悟能量。

c. 性的有執存有論。

這是我的特別學說，在意的、有研究的、知識的、抓取的、控制的、堅持的、有生滅相的性行為。我們人對性一般都會有以上這幾種的情況，你會非常在意你跟那個對象，到底選的對象是對的還是不對的，你會去研究那個性的整個過程跟行為，你會去對這個性產生一些你們之間性知識的建立，你會對你們的性會有很大的抓取，想要擁有它、佔據它，你會對這個性想要控制它，使得它變成你唯一的、獨有的，你會對這個性相當的堅持，一有想要再有，再有之後想要三有。事實上這些東西生生滅滅的，它叫做有執的、執著的，也就是性執著。

d. 性的無執的存有論。

無執的，就是沒有執著了，它是放鬆的、自由的、任運的、本心本性的、真常心的，任運的是什麼意思呢？任運就是讓他自由自在自然發生，而不是故意去做什麼，教你們中脈、左脈、右脈，教你

119

們打坐，要你觀想一把火，剛開始的時候，你會很在意它，希望那個火生起，一輪一輪的上升，然後到達頂輪。你越去在意，它就越不會升起，一個訣竅就是，觀想它，卻不要在意它，要任運它，它就會自然升起，打坐也是一樣，打坐的時候想要入定，它就不會入定，不要去想入不入定，它就入定了，它就是任運的，這是大手印的精隨。我們性能量的升起，跟這個也是一樣的，而是本心本性、真常心的。

e. 性的超越的存有論。

黑格爾辯證法的結構，有也自在，無也自在，是不生不滅的。圓融的，也是這樣，也不是這樣，這叫中觀論的。也是好的，也是不好的，也不是不好的，也不是不不好的，就如如而是，那是屬於中觀論的觀法，就是有也可以，沒有也可以，不執一邊。

常講到，男生常常會精蟲衝腦，就會一直亂鑽、到處想鑽，那是被性慾所控制。而當你有對象跟你做愛的時候，你也可以，沒有對象跟你做愛的時候，你也很自在。這就是有也自在，沒有也自在，正如不生不滅的，這是比較屬於性的超越的存有論的部分，不做太長的理論敘述。

性愛跟忠誠無關

性愛跟忠誠無關，這一句話相當的批判，相當的反叛，可是事實

上就是這樣子。你會希望一個人對你無比忠誠，不跟任何人接觸，只跟你做愛，但卻在跟你做愛的時候，他想著別人嗎？忠誠就是他的整個身體行為不犯你認定的規範，叫做忠誠。他遵守了這個忠誠，他不犯了，可是他的整個腦筋想的都是別的，因為他對你的忠誠是你要的，不是他自己的想法，這是你要的嗎？所以說，性愛無關道德、無關忠誠，性愛有關的是什麼？性愛有關的核心就是「愛」，是他自心中自然對你產生的愛，而不是去遵守一個外在的壓力，真正性愛有關的東西就是愛，如果性愛違法了愛，才是真正的問題，如果性愛沒有違反愛，它就不是問題，所以說不是忠誠、不是道德的問題。

開放的關係

有很多的開放關係、多元關係、無關係的愛。

一對夫妻結婚了，彼此卻同意對方在外面也有另外其他愛的發展，這個叫做開放的關係。在德國，有很多這種開放的關係。他們還把各種關係分開來，諸如，愛的伴侶、聊天的伴侶、遊戲玩樂的伴侶、性伴侶等等。另外一個叫做多元的關係，就是關係中包括異性性戀、同性戀和跨性別，或所有關係中每人都又有其他關係，就是多元的關係。

我的一個學生說老師你們講那個家庭關係，好像跟我們家不太一樣，她說：「我爸爸帶了我大姐跟二姐來跟我媽媽結婚，媽媽生下我跟弟弟，而媽媽跟另外一個警察局曾經的局長，也生兩個小孩，

兩個小孩也住在我們家庭裡面，而且也跟爸爸姓。」她媽媽的那一
個警察局的局長，跟他太太也生兩個小孩，他們全部都互相認識，
而且常常聚餐吃飯，警察局長的太太跟另外一個男人也生了小孩，
這個叫做多元關係。我讀了那麼多的性學，居然不知道在我的周圍，
我的學生他們發生的事情比我還前衛，真是非常的多元。

無關係的愛

什麼叫無關係的愛，這是一種境界。例如我很愛她、她也很愛我，
可是我們兩個不是男女朋友、不是夫妻，可不可以這樣子？可以啊！
我很愛一位明星，對不對？問題是這位明星有沒有很愛我？如果這
位明星也很愛我，但是我跟她又不是男女朋友，因為我們沒有關係，
這個叫做無關係的愛，無關係的愛，就不會受到法律的拘束。我們
兩個就是很相愛，就這樣子，我們兩個也不是情侶，也不是夫妻，
我們兩個就是很相愛，這叫沒有受到關係束縛的愛，這個就完全穿
越過所有法律的規定跟限制，因此，你們要把你們的關係撤除，剩
下純然的愛，我很愛她，她也很愛我，卻沒有社會上的關係裡面的
各種條件的壓力和綑綁，所以說，重點在那個愛本身，彼此的純粹
的愛意。

德國七人家庭生命共同體

我在德國譚崔中心上了他們的年度譚崔訓練課程，一共分成四階，
加上跨年的五階，之後又上過他們的譚崔按摩、性按摩、伴侶陰陽

按摩、男性金剛杵按摩、女性蓮花按摩、還有大師兄所開的譚崔性
愛煉金術的課程。在受過他們那麼多的課程之後，老師覺得我的資
質非常不錯，於是他在暗中安排我、輔導我、教育我，去成為一個
譚崔的老師，這是後來我才發現的。

　　在上德國譚崔的過程當中，他請我去當他們的助手。所謂的助手，
就是老師在上課的時候，你必須要跟著課，當課程需要你的時候，
你就要下去幫忙，比如說在課程配對的時候，往往它不是偶數，會
是奇數，常常會剩下一個人，如果剩下一個人沒有對象的時候，我
就必須下去跟他配對做練習，這種的練習不是只是一般的互動練習，
而是有金剛杵入蓮花的練習。所以剩下跟我配對的那個人，不管他
是誰，不管他是男的還是女的，是長得美的還是醜的，老的還是少
的，金髮的還是黑髮的，不管他是任何樣的一個人，我都必須要下
去跟他配對，而且要跟他做得很好、很棒，至少自己不能出狀況（比
如說不能因為太緊張或壓力大或身體心理不適而造成無法勃起或早
洩，一切都要在最好的狀況），於是乎在這樣的一個鍛鍊之下，真
的把我生命當中的分別心完完全全的打平，不管他是我喜歡的對象
還是我不喜歡的對象，不管他是我批判的對象還是接受的對象，必
須在這個過程當中完全的接受，把心融入，真正做到眾生平等，對
象是誰不影響成道，把能量提起好好的跟他完成一場完美的練習甚
至儀軌。

　　當助手的過程中，我一共待了好長的一段時間，後期老師會利用
機會離開課程，把整個課程交給我來看顧，不是帶領，是看顧。當

老師回來，我問老師你為什麼會突然間離開把課程丟給我，他說相信我可以，因為在人的生命當中，必需要利用某種的情境，來讓他做一些自我內在自我展現自信的鍛鍊，後來我才知道他是在訓練我當一個譚崔的師資，之後我正式成為跟他一起上譚崔的老師。

在這個過程當中，他們所居住的生命共同體譚崔中心的成員一共有七個人。這個七人小組的成員是什麼意思呢？是七個人變成一個家庭。一般一個家庭就是一夫一妻、兒女、有上一輩的祖父母，這是一般的家庭結構，德國老師認為這樣的一個家庭結構是不完美的，因為裡面欠缺太多愛的模式、成長的元素、關係的模式跟性的模式，由一夫一妻組成的家庭成員必須要增加，它適當的數量就是七個。如果這個成員是四個六個或八個的話，它會兩兩成對，因此，它必須是奇數的，比如說三個、五個、七個、九個、十一個，但是你的配對若是三個的話，那人數太少，因為它就是只是一般的 3P 的行為而已，它不是女女男，就是男男女，裡面還是一般的世間上的情愛關係而已，如果五個的話，它結構就不錯了，因為它比較豐富多元，然而它要是一個男多女少的配對方式。因為在自然的女性性需求的規則下，一個女人天生的性能量與性需求需要配兩個男人才能夠會達到性能量的平衡，所以，如果是五個人的成員的話，必須要是三個男人、兩個女人。這樣子的數量還是有點顯少，因為我們一般的世俗上的開放關係或多角關係、或劈腿關係，它就是你跟你先生，你再劈腿另外一個人，就是一對二一樣的一個關係，或你的對象是男的還是女的，就是一對二，這五個裡面就會有形成這樣的一個格局，於是乎人數必須要再增多，變成是七個人。七個人的時候，就

會是四個男的、三個女的，就會形成一個男的對三個男的跟對三個女的，一個女的要對二女四男，所以說在數量上，在性經驗上，它就會豐富很多，更加的多元完備。這七個人它可以會有同性的性行為，或是異性的性行為，你可以你對 A、你對 B、你對 C、你對 D、你對 E、你對 F，都有可能的性行為，而且它是公開的，在這個七個人當中是公開的，不被隱瞞的，你可以是你們兩個一起做愛其他人知道，你也可是你們三個人做愛其他人知道，你也可以是你們五個人做愛其他人知道，你也可以是七個人同時做愛，在這個七個人成員的小組裡面，它就是形成的另外一個更高規格的家庭關係，這樣子的一個更高規格的家庭關係，德國老師認為比起一般的一男一女的婚姻關係，在情感、關係、性愛上會豐富很多，它就不會形成所謂容易情感外移劈腿的現象，因為在這邊已經是一種開放關係的結構，你已經可以在任何時候一對多的性關係，跟一對多的愛的關係，跟一對多的情感交流的關係。

在這種七人關係的家庭結構中，人類的靈性將得到充分的鍛鍊，其實我們的靈性結構是非常複雜細密的，複雜的結構與構造就需要複雜的成員來加以鍛鍊，我們的靈魂需要非常多細密充份的情感和愛的滋養。如果只是一對一的單一伴侶，他的滋養量將太少與不足，所以造成很多靈性上的匱乏而會往外追求形成外遇的現象。七人關係的結構中，它使得性能量的展現、愛的需求與愛的付出跟情感的密切交流，將是非常豐富廣泛深刻的。而人類的大腦他有足夠的運載量去承受複雜大量情感的運轉，因此基於靈性的豐富性與生命廣泛的成長，它需要七人關係結構的家庭來使得人性得到真正充份的

展現與創化，它也因此避開了一夫一妻制中的非常多的情感上的弊病，也滿足了人類需要多重性伴侶的需求，更豐盛了愛的大量灌注與滋養，讓情感更加流動與擴張。

　　在這種的架構底下如果人數增多變成九個人的話，它就會變成更複雜了，如果變成九個人的複雜度，在人的一般的忍受度跟應對能力上，就會形成了應接不暇，就可能亂了套。所以德國老師認為七個人是最適當的、最適合的一個情況。這個七個人當中住在一起、一起生活、一起吃飯、一起煮東西吃、一起洗衣服、一起買菜、一起接個案、一起做性療癒、一起帶課、一起做所有的事情。被分配在洗衣服上，幾乎家裡面的所有的衣服、衣物、窗簾、海綿墊、地毯、床套、被套、沙發套等等所有的東西，再加上接個案用的成山堆的毛巾，都要我來洗。除了這個洗衣服的時間之外，還有非常多的性按摩、譚崔按摩、性療癒、關係療癒的個案，我們都要去接這些個案。就在這個接這些個案當中，被訓練成為一個非常專業、專精、專職，對於性問題直接真實面對的一個行為實踐者。這樣的七人關係家庭，是一個比較創新前衛的家庭觀念，有助於改善社會上的一夫一妻制的諸多弊病，結構比較大，力量比較強，生命比較豐富不單調，更有助於靈性上的鍛鍊和成長。

二、性愛煉金術的內在系統

性愛能夠煉出什麼呢？大概有感情的和諧、子孫的健康跟豐盛我們的健康、我們的長壽等等，性可以影響這些東西，這些是在一般性學上的教導，也就是做愛能促進以上這些好處的出現。

（1） 修習的意境

一般的愛是世間業力的愛，得到自由、喜悅。更高的性愛能得到特殊的能力等，這個是大家比較喜歡的，比較追求的，事實上它只是我們追求開悟過程中的一個附帶現象而已，不要去執著它。有一些人非常迷戀第二隻眼的開啟，能夠看到你的過去、現在、未來，於是他就去迷戀這些東西，而步上開悟之道的境界就停了。因為你在意它的時候，是一種執著，你的境界就不會成長。我們真正要的境界在更高的地方，一般說我們會去為了這個的這能力而去努力追求，這是錯的。一般打坐的人，到了出了慾界，進入色界之後就會有神通現象，這不是什麼神奇的事，它會出現六種神通現象，視你的境界而定。會有天眼通、天耳通、他心通、神足通、宿命通、漏盡通。一切漏，皆盡漏，就是有缺憾、有缺點的。當你達到漏盡通的時候，才是真正出三界，所以說你出了欲界、色界、無色界，出三界，這個叫做豎出三界。

橫出三界，橫出三界就是你打坐打到出慾界，進入色界的時候呢，你要起觀，而不是只是入定，起觀它就橫出三界，它會直接跳過其

127

他的五神通得到漏盡通，其他的五通它不需要了，它就是橫出三界。這個在後面章節會提到，會專一講解禪修過程跟譚崔它的整個修法的路徑。

修煉是一個固定、有效的可以把握的方法，其他那些生活上的事件是你把握不住的，所以說，有很多修煉的方法，像我們從早上一直操一直訓練，其中可能有一個瑜珈姿勢或一個呼吸法，例如趴下去的其中一段唱「啊」的時候，你突然間就開了，每一個人機緣都不一樣，都不一定，就像禪宗一樣，杯子一打破就開悟了。但在杯子打破之前，你要長年累積一定的能量，直到天機一到，「蹦」一聲就進去了。譚崔也是一樣，平常要鍛鍊，刻意學習，積累能量，才有開悟的契機。

像是請你們打坐的時候，現在不動，如如不動，像一座山一樣，不管風吹雨打都不影響你，大喊一聲『精進』（大力踩腳！碰！）就在那個剎那，有些人就開悟了，在那個一下子裡面，就進入了空的境界。這是禪堂裡面常常用的棒喝的一個招數，有些人在那個剎那裡面開悟，因為是初期，還不知道其中的玄機，那個嚇一跳就是進入空的感覺。但是時間太短暫，還抓不到那個東西，所以沒有進入它。

(2)性愛煉金術的內在系統：

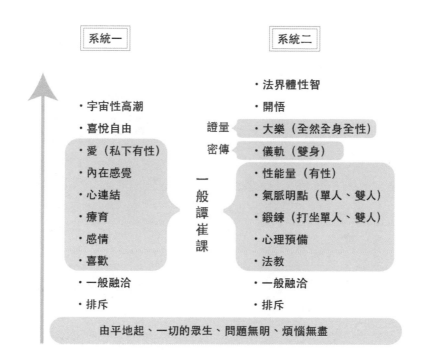

```
        系統一                    系統二

                              ·法界體性智
          ·宇宙性高潮            ·開悟
          ·喜悅自由       證量   ·大樂（全然全身全性）
          ·愛（私下有性）  密傳   ·儀軌（雙身）
          ·內在感覺            ·性能量（有性）
          ·心連結       一     ·氣脈明點（單人、雙人）
          ·療育        般      ·鍛鍊（打坐單人、雙人）
          ·感情        譚      ·心理預備
          ·喜歡        崔      ·法教
                      課
          ·一般融洽            ·一般融洽
          ·排斥               ·排斥

        由平地起、一切的眾生、問題無明、煩惱無盡
```

第一個系統：

由上而下的順序，就是宇宙性高潮、喜悅的自由、愛、內在的感覺、心的連結、療育、感情、喜歡、一般的融合、排斥，由平地起、一切眾生、問題無明、煩惱無盡。這是一個系統的順序。（如上圖）

a. 一切的眾生諸多問題、一大堆的無明、煩惱無盡：

你們剛進入譚崔的時候，就是在這個階段。我們發誓說煩惱無盡誓願斷，佛道無上誓願成，就是從這邊開始的。剛開始要練習的時候，可能會挑剔，做不下去，嫌伴侶胖、長得老、醜之類的，一大

堆的問題。

一般都會有這個開端，大部分是無明、煩惱無盡。我們都從問題開始，當你的問題以負面、悲觀的方式處理的時候，你會變成很痛苦，怎麼會這樣？你沒有能量，沒有解決之道，會非常痛苦，如果痛苦又悲觀的時候，你就算了！不理它，那就解決不了。

當問題以正面、樂觀的方式處理的時候，會改變成一個正向性的，有可能曾經是一件重大的事情，當那個事情再繼續往正面的處理方式走，它會形成一個正能量。當再繼續往上走的時候，你就解開問題，變成能量，我們為什麼一直在強調能量，就是希望你在平常生活的時候，面對問題的時候，都是往上、往正面走的，讓問題變成事情，讓事情變成熱情，讓熱情變成天堂。而不要讓問題變成痛苦，痛苦變成滅亡。這就是一般眾生在我們的問題、無明、煩惱無盡裡面所產生的，基本的複雜面向，誠摯希望你們正面思考，不要往負面的方向走。

b. 排斥：

生命是有選擇性的。習性會使得只愛固定類別的人，甚至有人只尋找所謂的靈魂伴侶。我們一般都會這個樣子，不是說需要一個新的伴侶，不管圓的扁的、老的少的、美的醜的、黑的白的、胖的瘦的、男的女的皆不影響成道，事實上，就是要去實踐這一句話。常常會排斥他人的出現，這個人就是不喜歡，可是他偏偏來到了面前。我們常常會吸引那一種你很排斥的人，你們一定要注意，因為排斥

也是一種力量。請你們找伴侶的時候，你的內心跟內在的心扉要打開，注意去看你自己，當那個對象是你不喜歡的人來找你的時候，你的內在所起的那個無明是什麼，而那個無明的升起很重要，當你去理解它面對它的時候，它就會穿越。我們常說，療育最好的方法就是再次去面對一次那個黑暗。當你去迴避它的時候，那個問題就會一直被壓抑著而存在。因為我們還在排斥當中，還在不喜歡當中，就是這一種分別心的排斥的心理現象，你們要明瞭，引以為戒。

平常都會去找一個自己喜歡的，那一個自己真正所喜歡的，所愛入骨髓也同樣愛我的人，也許我們稱之為靈魂伴侶，靈魂伴侶是用找的嗎？絕對不是！靈魂伴侶是用非常多複雜的機緣與業力因果，宇宙的能量創造你們兩個必須要在那個情境下相遇，在那種條件之下相認識，在那種條件之下相互在一起，你看到他的時候，你就感受到頻率能量的振動是共同的。這種人在世界上多不多？可能就只有幾個而已，因此很難去找到的。譚崔的精神告訴我們，你要自己去創造，你要自己把自己創造成靈魂伴侶吸引的具足條件，吸引他／她來到你面前的那種能量，他／她就會出現在你身邊，你要自我創造，引生自身的能量。

從哪裏開始創造起？從所有的人開始創造起，我對他不批判、我對她也不批判、我對祂更不批判，於是乎，我對他可能是靈魂伴侶，我對她也可能是靈魂伴侶，我對祂更可能是靈魂伴侶，就會吸引來一個真正的靈魂伴侶，這是一個非常重要的觀念。你要自己去創造一個自己能吸引你靈魂伴侶的能量，他／她才會出現，一出現你就

將感應到。否則的話，在茫茫大海裡，你是找不到的，所以要自己創造，從眾生平等開始，從所有人都是相同的平等價值的開始。

c. 一般的融合：

彼此能夠互相理解，可以談天，不排斥了。互相都可以溝通，會喜歡上對方，感覺到，我們兩個情投意合，喜歡上她，並被她的一些行為舉止所左右，比較在意對方，在選伴侶的時候，他去選了別人，會覺得有一點在意那一種感覺，會出現吃醋的現象。因為你已經喜歡上他，常常會有這一種幻想產生。在譚崔課程裡面，因為整個肢體動作都是非常的緊密、親密的，常常會產生一種喜歡的感覺，往往那一種喜歡的感覺，可能只是暫時的，你可能感覺那一個人好像在喜歡我，或者是我好像很喜歡那個人之類的。事實上這一種感覺，都是在一種氛圍底下被營造出來的，它可能不是真實的，但是你會喜歡上他、你會愛上他，像真的一樣，這是一種融合現象。

在德國的譚崔課常常會有進來的時候是陌生人，出去的時候變成一對情侶，三個月之後就分開的例子。所以說這個就會有喜歡的成份產生，有感情的投入，彼此交心，發現共同的興趣，會有一些訊息往來等等，越談越交心，就在過程當中，療育我們以前個人的故事，以往事件當中的障礙，會慢慢解開，層層剝落，你會有一些過程一直走，一遍又一遍，新事舊事浮出，浮出一個舊事綿綿，解決掉之後，又浮出另一個舊事，再解決掉。在你的人生過程當中，好像是因為他來救渡你的那種感覺，為什麼？因為他就在這個歡喜、喜歡的過程當中，出現了這種療育的能量。很多療癒師、治療師，

他最常用的方法就是用喜歡、愛的力量。愛，彼此會有心的連結，心靈開始開啟，會聽彼此的內在聲音，投入對方的心靈裡，你們兩個就投入到內在的、更深刻的、更細密的感覺裡，產生內在綿綿密密的感覺，極細微的感覺的互動，那些互動事實上都是言語無法說明的。就在兩個人眉來眼去當中，肢體語言的互動當中，產生微妙的內在變化，內在本來是強韌有稜角的，它會變成柔軟的、接受的，會敲動過去世的因緣，被連結上。於是，你知道了，你們這一次的見面，不只是這一次的見面，而是兩個古老、兩隻古老靈魂的再次見面。那種感覺，就是在這個內在感覺裡面出現的。這個要走得非常深刻，它才會到達這邊。

d. 愛的關係：

在愛的關係裡面，你心輪會打開，產生慈悲心大愛開展。最後就去傳愛，你不只是大愛，你還傳愛，那個力量就更大，你不只是知道法，還傳法，你不只是享受法，還把法分享給別人，因此這樣子的愛，已經不是那個情人之間的那個小小的愛了，它已經是很大的慈悲的愛，菩提心的大愛。

e. 喜悅跟自由的境界：

得自在。得自在是一種境界。人是完全自由的、無拘無束的，於是你知道你生命的歷程、生命的責任，你知道你這一世的承擔，你知道你過去世、現在世、未來世將要做任何事情的使命，就會在這個階段裡面自然的由最內在浮出來。

f. 宇宙性高潮：

宇宙性高潮是如癡如醉的狀態，到達你跟宇宙連結的狀態，達到極樂與宇宙身心合一，也就是狂喜的境界。

身心宇宙合一沒那麼簡單！要層層遞進，層層進入，到最後才會達到。但是有一些人天生就會，你跟她做愛做到某種程度的時候，她突然間就自發了，能量自發氣動之後，就算給她巴掌，她還在那邊不省人事的發動，一段時間，她才回神，那個狀態就是宇宙性高潮的同頻，已經進入狂喜的邊緣同頻。可是她又回來了，她還沒有真正跑進去裡面，她到了那個宇宙性高潮的同頻的邊緣，這種情況大概人類當中有少數的人會自己這樣。

這個跟宇宙性高潮的邊緣幾乎是平行的，很多女生跟男生不同，她們只要抓住那個點進去就好了，可是男生就是不行，男生的身體就不是那一種結構，自然的高潮時間很短，大概五或九秒，就是沒辦法。但是女生有一個障礙她開悟的，就是情執，好像宇宙就是公平的，女生的身體比較容易進入類開悟的狀態，但是女生的心理就不容易，因為她有一個情執在那邊障礙著，男生比較沒有情執、比較脫落，可是他的身體就是很大的限制，他就是要勃起，就是要射精，要等等一大堆的條件，因此要常靠練功來補足。

男生也有機會宇宙性高潮，我們一開始會做放鬆的練習，放鬆甩一甩之後全身抖動，這個練習如果繼續抖四十五分鐘，就進去了那種起乩的感覺，就是類似宇宙性高潮的感覺，進入如癡如醉的狀態不省人事，會產生一種新的能量，像乩童起乩的樣子。

宇宙性高潮它是會有節點的，它是會結束的。法界體性智是沒有的，它一進去就退不來了，宇宙性高潮是遇到的時候會發生，沒有遇到時候沒有。

宇宙性高潮不一定是每個人都會刻意去追求的，可是在這個做愛過程當中，你可能會遇到。宇宙性高潮能量上來的時候有點不一樣，有些人的點可能是在喉輪，有些人的點可能在心輪，所以每一個人宇宙性高潮的時候所上來的能量到達的點不一定，端看氣脈開通的狀況。

我在德國，曾經遇到一個個案，他已經訪遍德國很多的心理學家，都沒有辦法給他滿意的答案，最後找到我們中心來了。他說：「我跟我女朋友，有一天在公園散步，手牽著手，公園是一片的草地，有一些樹木，就這樣子平緩的延伸著，我們走著走著走著，我突然間感到公園的樹不見了，草地不見了，只剩下我一個人，不一會兒，我醒來了，回神了，告訴我女朋友說，我剛剛的經歷。結果我女朋友說她剛剛也經歷一模一樣的過程，也是樹、草地同時不見了，我們兩個同時經歷那個感覺。」又有一次，他們兩個因為剛初戀沒多久，一起泡浴缸洗澡，泡在裡面，他躺在這邊，女朋友躺在另一邊，看著天花板，不一會兒天花板不見了、空間不見了、浴缸不見了，剩下他一個人躺在那邊，之後他醒來，回神了，告訴他女朋友他剛剛的經歷，他女朋友也告訴他，剛剛也經歷同樣的情況，不只一次，他們經歷了十幾次這樣的事情，他覺得非常納悶，到底是怎麼回事？他是病了呢？還是神經出了問題？還是精神出問題？還是哪裏怎麼

樣了？訪遍所有的心理學家，都問不出來結果來，跑到我們中心來諮商。我們師兄聽了也覺得無法解答，就來找我討論那個個案的情況，我問他說：「你有沒有問他，他們是怎麼做愛的？」結果再次詢問到他們就是雙抱身，日月交抱做愛的。無巧不巧被他們遇到了，那個做愛的狀況正是我們譚崔儀軌做愛的姿勢，啟動了他們的能量，兩個互通，整個精神互通，能量心靈互通，感受一模一樣的東西，他就是這一種的感覺，是一模一樣的。他們兩個無心插柳，柳成陰，不小心撞到的。而我們是有古老傳承下來方法去練，按照儀軌的程序去做，走到最後必然進入的。他們則是無心遇到的，所以人很難說，非常的奇特，五花八門，什麼樣的情況都有可能發生。

Ekstase 是不是也是跟宇宙性高潮是同一個意思？對！大概是這個意思。其實也不一定要做愛，或是畫畫音樂偶爾也可以，金賽博士電影裡，有一個人說他有一次的高潮，這一生只有一次，就在他彈鋼琴的時候。所以說不一定要陰莖插入陰道才會有性高潮、才會有宇宙性高潮，聽一首歌曲都有可能性高潮，看一幅畫也有可能會有性高潮。

第二個系統：

一般的眾生跟我們剛剛那個是一樣的，排斥感是一樣的，一般融合是一樣的，然後接下來就不一樣了，開始要聽法，心理做了一些預備，開始鍛鍊我們的身體，開始訓練我們氣脈明點，產生性能量，最後一個大樂、開悟、法界體性智，跟我們講的譚崔儀軌有一點不一樣。這是兩個不同的系統，剛剛的那一個系統是一般的，我們會

遇到的或是現在比較大部分的譚崔課程在上的內容，一個普遍的一般系統。

現在這個第二個系統，就是我在德國所學習到的，再加上我所學習到系統整合起來的特殊系統。從一般無明眾生開始，一直到開悟法界體性智，這個是譚崔系統的部分，有時候還會把經典拿出來跟你們一起讀，這是法教的問題，然後心理預備。

a. 排斥:

來自不同家庭、不同領域、不同背景，它會形成一些排斥感，它會產生一些感動力，彼此互動。

b. 聽經說法:

各種的戒律，各種的開示。我以前，從聽《菩提道次第廣論》開始，我是聽由藏文翻譯成德文版的，回來台灣買中文版看卻看不懂中文版，因為它是非真正的文言文，也不是白話文，是民國時期的那一種半文言文半白話文，很難看懂，可是我聽德文版的卻很容易理解。開始聽經說法，各種的戒律，它要給你戒律，教你這個不能說，那個不能說，有很多重要的東西不能說，比如，譚崔儀軌，這個儀軌如何進行的內在秘密，絕對不能說，儀軌過程當中所傳的咒語，絕對不能說出去，儀軌當中所叫你觀想的樣態跟本尊身絕對不能說，這三項東西不能說，他是密者從密，絕對密裡面的密。你們以後要養成這個習慣，咒語不能在群組裡面亂傳，咒語不能在你跟其他人聊天的時候亂說。因為那個咒語就是你生命的種子，教你觀想的那

個對象是你的內在壇城，教你做的那個姿勢是身大手印，整個儀軌過程，就是你的生命歷程，譚崔儀軌就是你的本初生命歷程，裡面的咒語就是你的語，裡面的觀想的方式就是你的壇城，內在壇城，要聽這些內在法教。

之後呢，你會有一種心理準備，在說法當中，會涉及一些譚崔的言教，它會讓你慢慢的內在熏習，就像我們現在講課一樣，會講到什麼是雙身法，什麼是譚崔之類的，慢慢的熏習。我以前的那個老師教授，他們受到這種雙身法的熏習十二年，完全沒有做，只有聽法教。

c. 鍛鍊：

我們的身體就是一個法器，要把它練成那個譚崔的法器，你才能夠成就那個譚崔的法。我們的心理也要鍛鍊，要做很多、很多的動功跟靜功，它最主要就是要讓我們去除一些內在的性的執著，跟去療育你心靈內在、心的那些障礙的故事。

我們現在譚崔為什麼非常難推行，推得很吃力，就是因為我們卡住太多過去個人的故事，那些故事，一直放不掉，於是乎，我們一直要在這個方面用力用心去做。可是德國的譚崔又不去直接療育你的這些問題，所以它就形成了一種的跳躍。所以說前面的這一段心理歷程的療育，要用其他的課程來補足，要參加其他的心靈課程去跨越。另外還有一個東西就是，心要定，心定的一個最好的方法就是打坐，我是長年打坐、常年做大禮拜、長年去讀這些經典，這是

我的一般生活上的一些工作，那你們在一生當中，也要養成一個習慣，就是你一起床的時候，刷牙洗臉就是你一生的習慣，你這一生當中，也要養成一個習慣，可能是做兩個瑜伽式，跟做一個大禮拜，或打坐。你若只是做一年，沒有什麼分別，看不出來，你做了五年，就不太一樣，你不斷的做十年下來，它變成一個生活模式，它就開始產生力量，你看起來一定不一樣。

d. 氣脈明點：

本尊相應法是非常重點的部分，本尊相應法就是你要跟本尊無二無別，不是要你去觀想 Shiva 濕婆神，你要把你自己變成濕婆神，這個叫做本尊相應法。如果你還是你，你還是這個人間俗世的這一個你，你就不會成為道上的它，你要把你自己變成濕婆神，在意識上，你就達到那個境界，意識上達到了那個境界，在實相上，它就會達到那個境界，這叫本尊相應法。

還有中脈呼吸法、中脈功等等之類的，非常多的功法。明點觀想法，因為太細、太密了，需要有一個很穩固的基礎，教了之後才會有效果。初期練的瑜伽，會教你們觀想一個倒三角形，中間有一個引起你性興奮的性器官，大多數人就已經觀想的模模糊糊的，譚崔瑜珈叫你們觀想的部分，就是在練習，想得越清楚、越仔細越好。當有一天，教你這個明點觀想法的時候，你一下子就觀想的清清楚楚，像真實的一樣，那就會容易成功成就。

各種脈輪的功法，在後面章節會說明就是屬於氣脈明點的範圍。

e. 性能量：

性能量的鍛鍊，是在整個譚崔裡面最重要的部分，分別是大禮拜跟火呼吸，還有一些男性金剛杵與女性蓮花的鍛鍊的方法。因為我們台灣還太封閉，不可能叫男生們在女生面前把金剛杵亮出來，在那邊鍛鍊，也不可能叫女生把蓮花亮出來在那邊鍛鍊，主要是學員們還會有道德的禁忌，異樣的眼光，還無法把譚崔法看成是無上的神聖大法。這些方法都必須要在更成熟、更高階的時候，才會上去這一些課程。

f. 儀軌：

儀軌非常重要的東西是四大灌頂。第一灌：做一個基本譚崔儀軌會發生的前行，第二灌：練譚崔儀軌會發生的性能量的觀想鍛鍊，第三灌：直接陰莖插入陰道去練譚崔儀軌會發生的事情，第四灌：真的進入譚崔儀軌去做以驗證你的成就，就是四大灌頂。

它會有很多譚崔法的程序，每一種譚崔法不太一樣，它有息、增、懷、誅四種的不同儀軌，這個四大類型裡面都有小項。比如說息法，就是平息，如台灣每年都會有很多颱風、龍捲風，我們就在四月的時候，做一場譚崔儀軌，讓颱風不侵犯台灣，平息下來。

增就是增加，好比智慧不夠，做譚崔儀軌一場，以增加我們的智慧。或財富不足、貧窮，做一場，讓財富增加，叫做增法。

懷法，就是沒有的東西，勾召過來，懷法也叫做勾招法。勾招法

用最多的是用在關係伴侶上面。以前有非常多的高僧大德們都在西藏的喜馬拉雅山上閉關修行，他們修行到某種程度的時候，需要有一個伴侶跟他們修譚崔法，可是在山洞上面沒有這種伴侶怎麼辦？修一個自己自灌頂的譚崔儀軌，修完之後，就會有個空行母現身，這叫勾招。它也可以用在人間世間的桃花上面，沒有桃花的人，修一場勾招法，就會出現一個你的伴侶之類的，這叫勾招法。

誅法，誅殺，把你的論敵除掉，事實上，不是讓他真正死掉，而是把他的靈魂牽識，讓他先回到佛國去，把他的意識遷走，從他的心輪調離，讓他射到阿彌陀佛的身上去，這個叫誅法。誅法主要是用在斬愚痴、斬魔難、誅殺往昔所造的業障。

g. 大樂：

會產生這個四喜，初喜臍輪、二喜心輪、三喜眉間輪、四喜頂輪，四種大樂，每一種大樂都在不同的地方，就是每一種高潮，高潮的點都在不同的地方。你會成就大樂身、智慧身。

h. 開悟的境界：

會回到本來的面目，進入如來清淨心、真如心等等之類的。

i. 法界體性智，五智之終極的智慧。

我在德國所上的譚崔課，是從底邊開始上起，上到性能量這邊，就停了。在私底下，秘密的，老師再給我譚崔的儀軌跟證量的認證，証量的認證不在譚崔課程裡面，譚崔儀軌是德國老師特別開啟了傳

遞譚崔儀軌的方法。

所以說，從法教開始到儀軌這個地方，是德國譚崔課的整個重心的地方，再下來，就是一般融合、排斥等等的問題，都在我們其他的課程裡面就可以去把它平息掉。

這大概就是譚崔的兩個不同系統的性愛煉金術。

我覺得最好就是這兩個系統能夠把它融合起來，再加上下面這一個其他性學哲學的課程，它就形成一個很強大的系列系統的課程。我的課程所上的內容比較屬於這方面的兩大系統的融合，也是我在台灣為華人獨創的譚崔課程。期望我們大家能共創這個時代的使命，提升性意識、性觀念，轉化性行為與更高的心靈境界。

第四章

趨向圓滿的性能量

趨向圓滿的性能量，身心悅樂的驅動力，身體跟心理悅樂、喜樂的驅動力。最原始的驅動力就是性和愛！我們的生命就連著性一起被生出來的，你只要有生命就會有性的問題，只要有性的能量，生命就會成長，因此圓滿的性都是大家在追求的，也希望你們在這一生當中，或是在下一輩子的性都可以是圓滿的。但是性要圓滿，事實上不是很容易，不是碰到這個問題，就是碰到那個問題，另外一個，性不只是你自己一個人的，還包括你伴侶的。那你的問題，伴侶的問題，大家集體意識的問題，都形成性在社會上各個層面的不同問題。大家的穿著清涼半透明，社會上的眼光看起來就是覺得不對，可是有真正淫亂嗎？沒有！這是很神聖的！但是在整個社會的集體意識，對性是相當的批判，相當的蔑視、相當的壓抑它的。

人生的終極目標有各種不同的答案，每一個人的境遇不同，答案也會不同。為什麼我會跟他認識？怎麼不是別人？為什麼是他？而且就是他能挑起我那麼多的問題，我換另一個人會不會比較好一點？你這一生為什麼會跟他結婚？為什麼會跟他變成男女朋友？為什麼會跟他變成一對的？為什麼你會是孤單的？你是孤獨的？為什麼會是這樣子？為什麼相愛之後要結婚？為什麼要走向那個最後的那一張綁住我們一生的結婚證書。為什麼要走向這一些際遇？我們為什麼要活著？為什麼要活在這個社會上？你不能一個人在山上就好了嗎？孤獨修行就好了嗎？為何要生下來？你怎麼會被生下來？去理解和知道它！

我們不是自己要生下來，是被生下來的，是被動的，不是主動的。

什麼叫主動的？主動就是我要投生到那邊，她就生我了，那叫主動的。問題是我們現在是被動的，誰可以主動的？誰？開悟的聖者、西藏很多喇嘛，他們就可以，轉被動為主動，我要投身在這一對夫妻的身上，我就投身下去，自由主動選擇父母家庭，他們就把我生下來，那叫主動的。可是有絕大多數的人都是被動的，被生下來，是父母親想要你的時候把你生下來，或是父母親做愛的時候一不小心把你生下來。另一個原因是被業力牽引，被我們所造的業所決定，而投生到六道中應該去的地方，我們沒有選擇權。因此人生就在這幾個問題當中產生非常多的糾葛，非常多的問題。

在現實世界中人生的起源是性愛開始的，是你的父母親相愛，你的父母親做愛之後，你的人生就開始了，那在你的父母親相愛的時候，你可能在很多很多輩子之前，跟他們結緣，然後機緣成熟就投生在他們的家庭。

「存在主義」是一個很大的哲學思想、哲學主義與哲學思潮，它在西方非常的重要，存在主義就在談人如何被生下來？如何相識？如何相愛？如何生活？我們的愛的起源是什麼？這些東西就是西方的存在主義在談的主軸。存在主義的開創者就是齊克果，丹麥人，他出生的時候，生命中不可承受之輕，如同你是被生下來的，你是有自由人權的。可是有些人生下來的時候，是不被像人一樣來看待的。好像早期台灣的女人生下來之後，要被背上傳統的責任、傳統的道德，於是乎我們早期台灣女人絕大部分出生之後，是在生中死著的，因為你們沒有自主權，沒有性自主，沒有身體自主，沒有自

由自主，這個叫做什麼？在生中死著。那個在生中死著的，就如生命中不可承受之輕，我們把它翻成不可承受之輕，那個輕事實上就是苦痛的意思。生命當作無法承受的苦痛，有多苦痛？苦痛到每天都想自殺的情況！生命完全是黑暗的，沒有被愛。因此苦痛它變成一個存在本質的問題，為什麼我會生著？我會存在在這個世界上？我存在在這個世界上的目的是為什麼？我為何而生？為何而存在？形成生命中非常大的一個最本質的課題，這個本質的課題就會產生這個是不是人形的樣態。

在柏林上課時，聽到一段激勵人心的稗官野史，以歷史人物為虛擬主軸，非真實故事：

相傳齊克果出生的時候，長成滿臉糜爛的、長滿麻子，他媽媽是阿姆斯特丹的妓女，跟某位恩公有性行為之後懷孕了，不知道對方是誰。結果她去墮胎，第一次沒有成功，已經懷胎三個月了；第五個月再墮也失敗；第三次墮也沒有成功，已經懷胎半年，不能再墮，墮了三次胎都沒有成功。只好回丹麥生產，小孩出生後丟給小孩的外婆照顧，就又回到阿姆斯特丹去繼續做她妓女的工作，繼續以性為營生。齊克果被外婆帶大，在他在幼稚園、小學到大，整個的生命歷程都被歧視。他出生的當時媽媽得梅毒，他垂直傳染，一出生面目全非，全身腐爛，不是正常的孩子，加上媽媽是妓女，整個幼稚園、國小、國中的同學，完全歧視他，生命中不可承受的苦痛在他的身上完全的展現出來，他要自殺也不對，不自殺也不對。每天自問，天何生我？為什麼我會被生下來？而且墮不死！讓我墮死就好了！為什麼會墮不死！為什麼我全身潰爛不像人樣還要把我保留

下來？

當時在柏林，正是叔本華在柏林洪堡大學講哲學的時候，剛好講的就是生命的本質。叔本華開哲學課的時候，跟黑格爾開同時的時間，同樣的題目，隔壁教室，學期初黑格爾跟叔本華的課堂都爆滿，到學期末的時候，黑格爾的學堂還完全爆滿，窗戶邊還趴著了人在聽課。叔本華的課堂，只剩下三個人，其中一個就是齊克果。開了四個學期的課，兩年的課情況都一樣。叔本華憤而離開柏林，他覺得柏林不是真哲學的地方，我要離開這個污穢的地方，於是他便離開，還寫了一篇論文，說明為何離開柏林而去法蘭克福。

齊克果也離開柏林回到了丹麥，把叔本華講課的內容、筆記本編織加上他自己的生命歷程，而創了存在主義。它的存在主義的問題，就是我們為什麼要被出生，我們是為什麼會在這個世界上，就像我的生命為什麼當時沒有被墮死，天何生我，我們生活在這個世界上到底是什麼目的？就像一朵花一樣，人生的終極目地是什麼？它無非就是自我綻放，非常純然的，純潔的，毫無任何的目的的，任何特別價值的自我綻放。也從生命的苦痛中去證明我的存在。

宗教對這個人生終極目的是什麼？宗教的回答，在佛教上認為人生是苦，解脫悟道，然後離苦得樂。在宗教上人生的終極目的大概就是這個東西，它無非就是為了要正法圓滿，到最後的終極目的就是要一個圓滿的人生，不管哪一個宗教，它最終的目的大概是走向這幾個重要的要點。

　　達賴喇嘛認為，如果愛是一件容易的事情，就不會有這麼多迷惑的眾生。愛是簡單的嗎？愛是非常不簡單的！不但不簡單，而且相當的複雜的，比任何的數學方程式都複雜的。因為愛，每一個人的內心深處最溫柔的渴望，是珍貴且脆弱的。然而愛要超越小小的自我，並愛上別人，它就需要智慧跟方法，你的愛，不只是愛上你的愛人，還要愛上你不愛的人，那個人甚至是你的敵人。這句話跟尼采所講的一樣，尼采說：「我要非常感謝我的敵人，因為他使得我的弓能夠拉滿，並射向他。」跟這個有點像，我要愛我的敵人，用另外一種方式來愛他。

　　那人生的終極目標在科學上的追求，就是實事求是。科學家就是實事求是，要了解那個事情的真相，做很多的實驗，知道那個事情的原委是什麼，最後，他也要達到一個圓滿的解答。量子力學是什麼？它最後也要解答人生的問題，現在的量子力學跟我們的靈性成長的問題都幾乎是合一的，量子力學解答了很多靈性的問題。當初為什麼人會練「卻且」跟「脫葛」到了「虹光身」，怎麼人的身體會不見，現在都是用量子力學在解釋，量子糾纏，比光速還快等等，所以說整個科學的終極目的，它最後也需要達到一個圓滿的。

　　像愛因斯坦的相對論，他所提出的東西也在解決科學的問題，也在解決人生的問題，我覺得愛因斯坦的偉大，在於他不只解決科學問題，他也在解決人生的終極問題，他講了很多跟人生有關科學的話。

那人生的終極目的在哲學上的回答是什麼呢？真善美的合一。哲學就是有真的學科、有善的學科、有美的學科，在談美學之前，還要有善行，就是我們的道德哲學，在道德哲學之前，你還要有一個理論基礎，叫做形上學之類的。所以說哲學思辨，也在追求一個達到絕對精神的境界，以開萬世太平的境界，也是一個圓滿的人生境界。所以說不管我們的人生用什麼樣子來回答，它都是一樣趨向圓滿的。

在政治、社會、經濟的活動上，它的整個面向，也在去惡向善，離苦得樂，因此它都要我們離開負面的東西，不是一個鬥爭的，希望我們是究竟一個正面的東西，然後達到一個悅樂跟圓滿的。不論我們的經濟發展、社會發展、經濟活動等等，都是為了這個最高的目的在進行。當然這個過程當中，會有一些政客會去搞一些不一樣的東西，但是它整個終極目的都是在走向圓滿的。

什麼叫做圓滿？像右圖這棵樹，它長在石頭旁邊，石頭跟樹是不同的東西。但由於石頭就在樹木的旁邊阻礙它的生長，它居然把石頭包起來了（圖二，樹吃石頭）！你看到它的力量吧！這是包容！包容敵人，愛你的敵人，愛不同面向的人，接受與你不同面向的人，也要接受你的苦痛。唯有接受包容與共榮才能共存圓滿。

我們人的生活方式也要這個樣子，在各種練習當中，去體驗接受與包容。有一些譚崔練習，你會感覺到害怕、害羞，當內褲被撥掉那一剎那，多害羞啊！那一種感覺，你也要去接受它，當你接受，

圖二,樹吃石頭 （簡上淇 攝）

你就變成那個圓融的。當你排斥的,你就會生活在恐懼的地獄中了。這是我們人生各種不同面向的體驗。

　　要達到以上的目的,有很多種方式,有一些方式是在我們生命當中無法迴避的問題,特別就是**愛、性跟關係**。這三個問題,在你的生命當中無法迴避,當你迴避的時候,它就壓抑,最後壓到你的潛意識的最底層,甚至壓在你的「阿賴耶識」把你帶著往生到下一世,會再遇到同樣的問題。因為我們就是從你的父母的**關係**來的,就是因為你父母的**性**來的,就是因為你的父母產生的**愛**而來的。

150

關係是什麼呢？我們有沒有清楚的想過什麼叫做關係？這是德文Relation，這一句話是德文，Ich bin ein Man我是一個男人，我就是媽媽生我的這個人，我是男的，長了一根陰莖在這邊，我是一個主體，男人是一個主體，**我跟男人**是不同的概念名詞，但**被等號**了，這個叫做**關係**。所以說，關係是在哪裡？關係在這個中間這邊，是在這個我和男人中間的這個謂詞，叫做關係，我是我，男人是男人，現在我跟男人被等同被關係起來，這個等同叫做什麼？叫做關係！我絕對沒問題的！男人也沒問題的！我就是生物、物理的，男人也是生物、物理的。但問題出在我**是**男人這個中間的關係上，所有一切的哲學問題，所有一切世間的問題，都不是個體，如果是個體的，就是物理問題、生物、化學問題。我跟他中間的關係，才是真正問題的所在。

所以說，這個關係在哲學範疇裡面，哲學有非常多的概念，幾乎所有的名詞都是概念，比如說，這一匹白馬、這一匹黑馬、這一匹花馬，這幾匹加起來都叫做馬，所以馬，就是一個概念。這一個鍋子，這一個瓢、這一個盆，鍋碗瓢盆加起來叫做餐具，所以餐具就是一個概念。幾乎所有的名詞都是概念，馬車再加上會跑的紅色的車、白色的車、轎車等等就叫做車，馬車跟這種車加起來都叫做交通工具，都是概念。

這個概念一直往上推，推到最後推不上去了，會剩下十二個純粹的抽象純粹概念，這十二個就叫作範疇。這十二個東西分成四組，質相、量相、關係相、程態相。每一相底下有三個，三乘四等於

十二，這範疇的其中一個第三項，Relation 德文叫做關係，所以說關係是整個範疇裡面第三項，最重要的三項，每一項又有各小相，關係相的底下有本體偶然、原因結果、主動被動這三項。所以說，我跟他中間的關係是什麼？是愛。愛裡面藏著什麼？藏著本體偶然、藏著原因結果、藏著主動被動這三項純粹的東西，這三項之外的才是其他衍生雜項的概念。愛因斯坦的相對論德文原文翻成中文應該叫做**關係理論 Relations Theorie**，不叫做相對論，它是關係、它是研究東西跟東西中間的那個部分，這個叫做關係理論。

但是我們現今華人把它理解成相對的，當我這樣的時候、你就那樣，當你那樣的時候、我就這樣，這叫相對的，它是研究相對中間的那個關係理論。我跟他是個體的，我們各自是獨立的，自主的，當我跟他中間有關係的時候，那才是重點，那最重要的東西就是**愛！**所以說，愛才是我們真正的關係，如果愛沒有對象的話，你的愛就沒有辦法完成。所以我愛你，不論是女人或是男人，我愛眾生，你們都是我愛的對象，愛是一個由內向外發展的一個能量。我們常說，我要更愛我自己，把自己變成是一個被自己愛的對象，這有一點怪。首先要把自己外在化，然後再去愛它，就是愛出去之後又返回來回愛到自己身上，對象是自己。一般而言，因為缺少愛才需要被愛，因為沒有愛才需要被愛，現在愛你的人是你自己，而你自己本身就缺乏愛，它如何再愛自己？你就是一個匱乏的沒能量的。而我們應該是要擴展自己，加強自己的能量，使自己自我滿足，而不是自愛，因為你已經是自我滿足、自我圓融，一切的豐盛你都有了，所有的靈性都自存於你的內在，你就不會缺乏愛，不缺愛就不需要再去愛

自己。

　　所以說，你愛，一定要有一個對象，讓他到達個人跟對象的中間，就是關係，比如說 A 跟 B、男跟女等等之類的，中間的那個等號就是關係，它最重要部分就是愛，人類在這個愛的過程當中，卻不是很順適的，常常會有這個跟那個的翻轉。於是乎，我們人類的整個文明的發展，就是從野蠻趨向文明。在野蠻的時候，我們製造了很多的工具，鋤頭、鐮刀等等之類的來對抗外來的潛在困難。到最後，發展炸彈，這個都是工具，這些野蠻趨向文明，我們需要利用工具。作為人類最高的工具，就是理性。我們用理性製造了工具，使得我們能夠由野蠻趨向於文明，中間帶著我們的愛在行走。可是問題來了，在阿多諾的啟蒙辯證法裡面卻說，我們人類因為由野蠻趨向文明，應用我們的工具，最後卻用了我們的工具，毀掉了我們的理性和文明，使得我們走向絕路。人類製造了核子武器，用理性、最高的科學，科學家想了很多的數學公式，想了很多的物理原理和化學，組成原子炸彈，人類最高理性的代表，結果最後這個理性產生的原子炸彈，被爆炸了，這個原子彈一爆炸，摧毀了前面所有的工具跟所有的理性，於是乎，**人類的愛跟理性，也在我們的工具裡面被摧毀掉**，這是我們要的嗎？不是！我們要的是愛！愛卻要在這個理性裡面摧毀了。

　　有位德國藝術家的行動藝術作品，是租了一個教堂，找一大堆的工作人員，穿著用畫布織成的衣服跟褲子，趕了一頭牛，進入那個教堂。德國不能隨便殺動物的，一定要有屠宰牌照的人才可以殺，

他便雇了一個有牌照的屠夫，在教堂裡面當場把那一頭牛給宰了。整個過程被記錄下來，那一群穿著白衣服的人，就去搶食那頭牛的內臟，一副非常飢渴的樣子。他用此以批判德國人的殘暴，一次世界大戰、二次世界大戰，到現在還每天要殺一萬頭牛來吃。我們的愛哪裡去了？我們的性哪裡去了？最後，他用這個牛的內臟，放在兩個人的身體中間，他們兩個在做愛，中間放了一坨這種的內藏在上面，以表示我們做的愛已經沒有愛，只剩下一團肉。暗指德國人的理性，摧毀了這些整個世間的一切文明的軌跡，我們剛剛講的，宗教的回答、哲學的回答、科學的回答、各方面的回答，都在理性的摧毀之下，體無完膚。用非常強烈的行動藝術的表現手法，來譴責，我們的現實生活沒有愛，我們最喜歡的做愛，裡面卻沒有了愛，只剩下一團肉，用以驚醒人們對圓滿性愛的重新評估。

事實上我們的生命有一個最原始的性的驅動力，那一個原始的驅動力就是佛洛伊德稱的力比多（libido），他的力比多理論在講我們的生命的原始驅動力，就是性驅使力。我們的性跟我們的生命同時被誕生出來了，人一被誕生出來的時候，男人跟男人之間就會權力鬥爭。

佛洛伊德跟尼采有一個非常經典的故事，這個不在書本上有的，是在洪堡大學哲學系的老師講的稗官野史。尼采比弗洛伊德大了將近十五歲。尼采在威瑪的時候，從蘇俄來了一個蘇聯美女，這個蘇聯美女，叫做莎洛美。莎洛美在蘇俄小的時候，她就立志要嫁給德國日耳曼民族上流社會的紳士，到十八歲時她沒有忘記這個誓言，

她就從蘇俄到德國威瑪去，威瑪是當時德國的整個政治的中心、文化的中心，尼采當時也在威瑪，還有好幾個文藝的朋友。而莎洛美有一天進入一個咖啡屋，晚上的咖啡吧燈光昏暗，一堆人非常安靜，兩個、兩個在那邊聊天，結果她就看到一個，哇～非常顯耀的、閃亮的、孤獨的靈魂，一個男的，坐在角落獨自的在沉思，她覺得那個精神性好崇高，就靜靜的看著他，一直到晚上十二點打烊了，客人慢慢離開了，她就賭在門口，等那個孤獨的靈魂出來的時候，她就跑過去跟他說：「我想交你為男朋友可以嗎？」尼采還在沈思當中，一抬頭一看，對方長得那麼漂亮又有氣質，當然非常的願意：「請問妳叫什麼名字？」「我叫莎洛美。那你呢？」「我叫尼采。」「啊～尼采，你是那個大哲學家。」「對，我就是那個哲學家。」瞬間天雷勾動地火，兩個人就變成一對男女朋友。尼采是一個瘋狂的哲學家，他的愛擁有無限像巨濤大浪一樣的湧向莎洛美，莎洛美被他的這個狂風暴浪衝擊愛的力量衝擊到不行，半年之後就分手，那個愛太偉大、太多了、太大量了，承受不了就分手了。

之後莎洛美又孤獨的跑到那個咖啡吧裡面，此時又看到另外一個孤獨的靈魂正獨自的沉思著、閃亮著，等到燈光灰暗打烊的時候，她又賭在門口等他出來，劈頭就告訴他說：「我願意交你為男朋友，你願意嗎？」那個人還在沈思當中，抬頭看到那麼漂亮又有氣質的女生便說：「當然願意啊！請問妳叫什麼名字？」「我叫莎洛美。那你呢？」「佛洛依德。」「你是那個大心理學家？」「是啊！我就是那個心理學家！」再度天雷勾動地火，兩個人又變成一對男女朋友，這個莎洛美非常屬害，她立志要嫁給德國上流社會的人，一

下子就認識了兩位,尼采、佛洛伊德都是鼎鼎大名的。他們兩個在一起時佛洛伊德的愛就沒有那麼大量,比較小一點,但是還是很愛她。

重點在於,他每次跟莎洛美做完愛的時候,就問莎洛美,哲學家比較厲害,還是心理學家比較厲害?莎洛美就一五一十的跟他說尼采的整個性行為和精神狀況,講完了,他就內心就有點吃醋,然後把它記錄下來。半年之後兩個人分手了,因為相處不融洽。

莎洛美再度到了同樣的咖啡吧去,燈光昏暗中,又見另一個孤獨的靈魂閃亮著,等到關門的時候,又去堵他,這個人是德國的另外一個大文豪,他們兩個就廝守終生了。莎落美真是女中豪傑,不忘小時候立的志,終身奉行,還真的拿得起,放得下,知道什麼是自己想要的,並追求自己想要的,而成功之。

男人跟男人之間,無比的權力鬥爭,是原始性驅動力產生的,這叫做原始的性衝動,我們人的本性跟本質,事實上是喜樂的、快樂的、安逸的。在人生當中,它會走向各種不同的面向。

在性學上,要了解一個人的性的指標,大概有這六項。

a. **性幻想**。你可以幻想你跟大明星做愛,你可以幻想各式各樣的,這是永無止境的。我們所有的東西都可以幻想,但不是所有的東西都可以真的去做,你可以幻想跟一隻狗狗做愛,你可以幻想跟名人

做愛，但是你事實上要不要這麼做？台灣的法律沒有規定男人跟女人不可以跟動物做愛，但是當你跟動物做愛的時候，被人家看到，會取締你觸犯動物保護法，因為你欺負動物、傷害動物。

b. 性行為。性行為是另一項指標。人類的性行為有幾種？美國有一個性學家，叫做 John money，列了三千多種性行為，你們可以想出三千多種性行為嗎？三百六十五天，一天一種就三百六十五種了，他想出三千多種。隔了兩年之後，再版翻新，出了 12000 多種，連那個眉來眼去，都算是性行為，所以性行為多否？多也！世尊！世尊會說，不多，應該要像，如恆河沙數之恆河沙不可數，才算多，只是一萬多種而已。

c. 性觀念。我們對性有什麼觀念，就會影響對性的態度，性態度跟性觀念的區別在哪裡？觀念是一個想法，頭腦裡面的東西，像觀念老舊保守，或觀念前衛新穎。

d. 性態度。態度表現出來你個人的觀念、立場行動樣貌。例如媽媽對著小孩說：「快吃啊！等一下要遲到了！要上學遲到了！」這是不好的態度；或者媽媽對小孩說：「慢慢吃沒關係不要急，媽等你。」這就比較緩和的態度。態度表現他裡面的東西，態度是表現出來的個人的立場。很多關係中的吵架，不是對錯的問題，往往是為了表達愛，卻選用了錯誤的表達態度，而使得兩方激化！

e. 性心理。是內在的東西。心裡所想的跟觀念有沒有一樣？有一

點不一樣，觀念是頭腦的，心理是感覺的、感受的、精微的、美妙的等等之類的。

f. 性教育。大家都知道我們現在正在推行的東西就是這個。每一個人，從在媽媽的肚子裡開始直到往生之前都有受性教育的權利。

我們一般性的目的有兩種，有目的的性跟無目的的性。

有目的性就是階梯式的，像階梯一樣一層一層的向前，它的整個流程大概是先接觸，然後擁抱、愛撫、接吻，最後插入性愛，最終達到高潮結束，這個是階梯式的，叫做有目的的性，它的目的是什麼？目的就是朝向高潮，我們一般人做愛，都是有目的的，目的就是達到高潮。有些男人甚至若沒有達到高潮，好像這一場沒有結束那種感覺一樣，為什麼？因為他的內在被鍵入了一個有目的的性，很多女生也是這樣，但是女生比較沒有那麼嚴重，男生比較嚴重。男生一看到就會勃起，一勃起即要插入，一插入即要射精，即要高潮，這是男人的模式。很多的性愛，都是原始本能的情慾的做愛，發洩，催促高潮，不達高潮誓不罷休。

譚崔的性愛，就是希望你要破這個生下來的這個模式，不要被掐著走。就是因為這個有目的的模式，使得你能量好像無處流動，一定要把它發洩出來，一定要達到目的，就像無頭蒼蠅一樣到處亂鑽。

一般來講，這些模式，會不斷的催促消耗我們的能量，它比較屬於本能的發洩，最後達到終點，就結束，然後轉過去，抱著你自己

的身體睡著了，不理會你的伴侶，你的伴侶就誤會你，你根本不愛我，因為你用完了就丟，就那種感覺很糟。

事實上這裡面有非常多複雜的心理因素，它的重點在於，男生女生一般都會有這一種的階梯式的有目的的性。這種的高潮，剛開始是 0 的，可能慢慢的刺激它，刺激它從 0 到達 70%，每一個人的時間不一樣，有的人從 0 到 70% 只要三分鐘，有的人要一小時，然後再突然間上升到 100%，達到高潮，結束。

女生從 0% 到 70% 的時間很長，要很慢、很慢，至少要三十分鐘到四十五分鐘，女生才熱機，可是男生三分鐘就可以了、就上去了。這一段時間就是我們在享受性喜悅的時間。一般男生會很快速、受不了這一段時間，就進入高潮結束掉。

所以說男生跟女生高潮的點，都無法會合在一起，最好的方式就是，男生的這一段時間要延長，女生的這一段時間要縮短，讓這一段時間合在一起，最後兩個高潮點碰在一起，達到融合交心的結果。想要達到這個效果它需要經過很多的時間的磨合、磨練，認識對方，把整個對方的性跟整個情愛都完全了解之後，才有辦法修正和把握到一模一樣的時間點。

因此我們會比較希望它是一種圓形的性行為模式，圓形的性行為模式就是任何一個點都可以開始，任何一個點都可以結束。你可以

一開始就插入，再慢慢的接吻，再慢慢的擁抱，再慢慢的愛撫，最後達到高潮。也可以一開始就接吻，再慢慢的擁抱，慢慢的接觸，慢慢的情話綿綿等等之類的，它沒有一個固定的、特別的目的、結束的時間，不受有沒有高潮的影響。這一種較屬於是享受過程的！

過程，就是你的目的！它沒有一個終點一個高潮，這一種**無目的性的性行為**，比較屬於是遊戲的、輕鬆的、喜悅的、沒有壓力的、放心放鬆的、任何時間都可以的：自由的不急躁的。比較符合我們譚崔所提倡的性行為的方式。因為我們在譚崔的儀軌過程當中，沒有射精的狀態或是沒有高潮的狀態，我們要把那個能量保持住，以便於你能夠把那個能量送上宇宙跟宇宙合一，這是我們較高的目的。所以目的不在高潮，在於你的能量跟宇宙的合一。因此，我們在譚崔上是這一種緩慢輕鬆放下自由的性行為，你可以整個下午，整個禮拜天，兩個人在那邊擁抱，在那邊接吻，慢慢的做愛，慢慢的旋轉，慢慢的海呼吸等等，不一定要催促高潮。這一種的模式就比較是圓滿的性行為模式，進入自己，進入愛人，進入宇宙能量然後合一。

當你在做愛的時候，你去想要用哪一招，要如何使得她更快達到高潮，當你去**思考它**的時候，你就會變成**無能**的！你會馬上變成性無自己的，因為思考是一個先天頭腦的，它是邏輯思想的，你去想、思考，是頭腦在運作的。然而性不是去想的，不是去計劃的，不是去寫好草稿，按表操課的。

我以前在德國讀哲學系的時候，有一個女生跟我說，她先生做愛很無聊，都按表操課，先生有一本筆記，第一先怎麼樣，第二再怎麼樣，第三怎麼樣，第四再怎麼樣，第五再再怎麼樣，每一次都按照這五點在做，她覺得很無聊，每一次都按部就班有一個固定的公式在做，然後像運動員一樣要一直衝刺，最後達陣。

應該是感覺它真實的情況、感覺那個肉體的喜悅、皮膚的覺受，感覺那個生命，跟那個活生生的境界的感覺連結。比如說女朋友問說；你愛不愛我。你回答說；我想一下。她馬上就給你啪啪兩巴掌，我愛你，你還要想？愛跟性不是想的，它是感覺的、直接的、真實的、直覺回應的。性愛，就像藝術創作一樣，它是感覺的，如果你是思考的，就會變成第二個層次，第二個層次就比較是二手的，不是當下的。愛是當下的直覺反射，本能反應。

性的創造行為，它是全然的，不是用頭腦的，是以**全身以入**，你的整個身體，從你的頭髮到腳指甲，全部要投入。然後，你是**全性起修**的，毫無保留的，把你的整個人、整個生命，投進去在性裡面，投進去那個愛的行為裡面。『印度愛經』裡面的一張圖，把整個人畫作是一匹馬，人騎在馬上面，就可以駕馭它，我們要駕馭性能量，而不是被性能量所駕馭，一般人是被性能量所駕馭。我今天沒有做愛，身體好不舒服，一切都不暢通，就被性能量駕馭了，很多男人精蟲衝腦，隨便鑽到處鑽，想盡任何辦法到處找機會，就是被性所控制。

我們要反過來，是要我來控制這個性，我要的時候，它就可以全全然然的發生，我不要的時候，它就是零，它什麼都沒有，我才是做主的，性是被我駕馭的，像騎那一匹馬一樣。**完整的行為！** Ganzenheit 德文叫做完完整整一丁點都不缺漏，像一個完整的大餅沒有被切了一角的。性行為它是完整的行為，它在品質上是無心的，使你完整起來，忘掉所有有關愛與不愛的所有的面向。

性行為的時候，連那個愛都沒有了，都忘掉了，裡面愛的痕跡都沒有，因為它是**全然完整的行為**，它沒有社會的理論、沒有教育、沒有教團、沒有老師、沒有各種方面的制約。你們嘗試看看，把你整個人用完整的方式去做愛，用全然的方式去做愛，用無心的方式去做愛，它的整個品質就會變成怎麼樣？無上的，連愛都沒有了的一個行為。

原初的行為，什麼叫原初的行為呢？不要匆忙，保留在原初的階段，奧修說**保持在原初的火**。因為你如果一開始進入有中間，你就會結束，終究會結束。當你做愛的時候，沒有保持在原初的火，而進入中間階段，你就會進入結束，就會停止。當你保持在最初的火，就沒有終止，沒有停止，它會一直在那邊很旺，練寶瓶氣，就是在練那個原初的火。觀蠟燭練習時，會要你們將面前觀想的蠟燭放到你們的內在進去，那就是最原初的火，當你那個火被點燃的時候，陰莖插入陰道，那個火就開始旺盛，不要讓它進入中間，因為一進入中間，就會有進入結束的危險，在做愛的過程當中，把你的注意力放在這個眉心輪這邊，你就不容易射精，不要催促性高潮，它不

是獸慾方面的發洩，如果你在發洩、要求達到目的，它就會進入中間，就會進入結束。我們譚崔不要有一個射精的高潮的結束，而是要有一個相當浩瀚能量的圓滿。最後藉由譚崔儀軌，就會體會到、享受到最原初的溫暖跟能量的那種感覺。

　　圓滿的性愛是圓形的，自己是一個圓，對象也是另外一個圓，兩個圓套在一起，變成是一個全然完整的，會合成一體，你在我的圓中，我在你的圓中，兩性的真愛，是沒有時間、沒有空間，它兩個圓都套在一起，轉來轉去都是那個圓，就沒有角落，沒有爭吵，也沒有什麼東西可不放下，變成一個完整的、圓融的，裡面就沒有時間跟空間的問題。世界上存在的問題，都產生在時間跟空間上，當空間時間跟被解決了，就沒有問題了，金剛經就在講這個，當有我相、人相、壽者相、眾生相的時候，你就會有問題，我相就是空間的、人相是空間的（我執、眾生執）、壽者相是時間的（法執），所以說金剛經在破除時間相跟空間相，當時間相跟空間相被破除，你們就是圓的，是一個完整的。就變成是一個愛的圓融，那愛的圓融呢，它的高潮曲線就會變成這個樣子（圖三）。

圖三，愛的圓融 （高潮線）

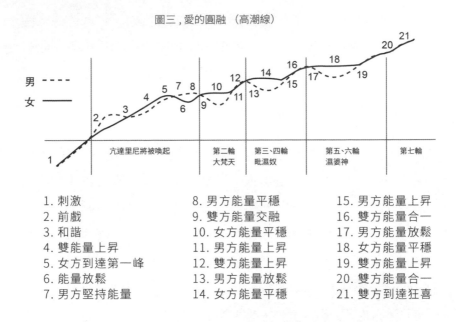

男 -----
女 ——

| | 亢達里尼將被喚起 | 第二輪
大梵天 | 第三、四輪
毗濕奴 | 第五、六輪
濕婆神 | 第七輪 |

1. 刺激
2. 前戲
3. 和諧
4. 雙能量上昇
5. 女方到達第一峰
6. 能量放鬆
7. 男方堅持能量

8. 男方能量平穩
9. 雙方能量交融
10. 女方能量平穩
11. 男方能量上昇
12. 雙方能量上昇
13. 男方能量放鬆
14. 女方能量平穩

15. 男方能量上昇
16. 雙方能量合一
17. 男方能量放鬆
18. 女方能量平穩
19. 雙方能量上昇
20. 雙方能量合一
21. 雙方到達狂喜

　　這個高潮曲線圖是我的德國老師安德 Andro 給的（圖三），實線的部分是女生，虛線的部分是男生，男生的高潮曲線要攀緣在女生的高潮曲線周圍起伏，不要起伏太大，如果從開始就突然衝上去，就高潮了；突然間衝下來，就結束了。要攀在女生的旁邊，女生是主體，男生是附體，因為在譚崔經典說，女性是智慧，男生是方便，男生不要太自大，性的問題，男生的問題比較多，女生幾乎隨時都可以，要多久、多長的時間，她幾乎都可以配合，男生就不行了，男生是方便，女生才是智慧的本體。

　　這一條線裡面，告訴我們，女生是本體，男生依附著這個高潮曲線的方向走，第一個階段、第二個階段到第七個階段，剛好配合七個脈輪在行走，剛開始做愛的時候，是性器官的喜悅，後來是二輪

的喜悅、三輪的喜悅、心輪的喜悅、喉輪、眉心輪的喜悅，然後最後到頂輪的喜悅，每一個點 1、2、3 到 21，每一項都有它特殊的能量。我們這個曲線圖跟一般不同的地方，就在高點的地方，再上去就 100% 就射精、就高潮結束了。我們的曲線圖是到高點的時候，不但不下降，是一直上去、一直上去、一直上去，當你要射精的時候，再猛烈再上衝，它就會高潮的感覺而沒有射精的現象。那個高潮就會一直過去，它會連在一起，就會變成這個曲線圖。這個曲線圖最後會變成圓滿的性，所以說，我們最高峰的，最頂端的性是這一種圓融的高潮的曲線圖，沒有止境的、無限的、無上的。

在古典瑜珈、古典譚崔裡面都主張男人不能射精。男人怎麼可能不射精，男人一定會射精，因為我們是生物就是長那個樣子，我們就是有前列腺，有性系統，前列腺就是會壓縮，於是就會把精液排出來。

可是，當你常常練譚崔功法的時候，你就會產生前列腺不壓縮，沒有精液射出，只有那個性的喜悅的感覺，卻沒有射精的狀態，就不會軟掉，你就會一直上升，這個就是我們德國老師所談的「最高圓融的性」。要跟你們分享的古代的密法也是在這個地方。19 上去之後，再繼續往上衝，女生怎麼辦？更沒問題，女生可以高潮一次、高潮兩次、高潮三次到高潮四次，這個高潮跟這個高潮中間可能隔兩分鐘，它可以縮短連在一起，她就變成高潮、高潮、高潮，一個大高潮，它會把時間縮短，女生可能高潮，經過十分鐘又高潮，經過十分鐘又高潮，會把它縮短，變成高潮經過五分鐘又高潮，再把

它縮短，高潮經過兩分鐘又高潮，又兩分鐘再縮短，高潮一分鐘，高潮一分鐘，在縮短高潮兩秒，高潮兩秒，它們就連在一起了，大概就是一個長時間的大高潮。在長時間的大高潮之下，你的整個人會進入超意識狀態，或成為三摩地的境界。

三摩地是指，內心專注於對境上的一種狀態或是一種集中精神的狀態。從字面上來看，三摩地有令心寂靜安住的意思。是透過專注力和覺知力，幫助行者的內心不被外境所牽引，讓自心清晰和穩定，平衡的安住在對境上。而譚崔所要安住的對境和所要專注與覺知的對境就是**爽感**，我們要使爽感清晰和穩定，並持續不斷。

男生就有性的喜悅，沒有射精的狀態，女生就是高潮全部都連在一起，它的整個樣態是一模一樣的，就是高潮連連，在那個時候，你去許願，你去顯化，它就有足夠的時間完成。否則的話，只有五點六秒，一句話都還沒有講完就結束了。因此就成就了性愛的無上悉地，圓滿的性。

非常多跟圓滿關係有關的議題，一般譚崔究竟觀點而言，沒有關係的問題。譚崔要的是能量跟開悟，透過性的能量和愛力達到開悟。但是你要進入開悟的時候，需要有譚崔的儀軌，若沒有譚崔的儀軌，就很難進入開悟的境界。要有譚崔儀軌之前，我們必須要是清淨的心、沒有問題的心性，可是我們常會卡到很多的心理障礙、心理問題、貪嗔癡慢疑等等。然後裡面有一大包的東西是關係的問題，所以說這個地方沒有清淨，你就難以進入儀軌。儘管你進了儀軌，在

儀軌的過程當中，還是會引起勾出你這一個關係裡面不清淨的問題，
於是乎你的儀軌還是不圓滿，所以說，就是要退下來，先把關係的
問題解決。

　　以譚崔的觀點而言，所有的關係都是最好的關係，都是美好的關
係，都是神聖的關係。不管你的關係是短暫的，還是三個月、十年、
二十年、一輩子的關係，對譚崔而言，都是完整的、都是神聖的。
在其中要激起最強大的能量，如果你的關係是五十年，卻激起不了
強大的能量，對譚崔而言，它就只是愛。如果你的關係只是短暫的，
卻能夠激起你生命當中最高潮的狂喜的能量，它也是一個很棒的能
量。所以說對譚崔的這個究竟觀點而言，所有的關係都是一樣圓滿
的，這是究竟、本質的。但是我們卻會有情感的**開跟關**的問題，因
為都覺得不是開就關，都不滿足於這個短暫的關係或者是這個長遠
的關係，我們都認為關係是有問題的。那是因為我們的頭腦在作祟、
我們的心在作祟、我們的意識在作祟。於是你所有短暫的關係和長
遠的關係都是有問題的關係，而要進入譚崔儀軌、進入開悟的境界，
就變成是一個很大的障礙。所以我在設計台灣的譚崔課程時，知道
華人的問題在哪裡，我把譚崔的整個脈絡系統重新整理並融入更多
元的議題，以便能解決學員們的諸多問題。

　　我去上德國譚崔課的時候，他的第一階叫譚崔與驚奇，第二階叫
譚崔與轉變，第三階叫譚崔儀軌，第四階叫性與死亡，這四階裡面，
會涉及到關係的問題、涉及到愛的問題，也會涉及到很多心理障礙
等種種問題，但是它沒有把那個題目凸顯出來，在華人的譚崔課程，

我特別把它顯現出來，把它整理出來、題目化，把它激化，讓你們能更明顯的可以去體會到。

對於譚崔來講，關係在本質上沒這個問題，但是我們的生活型態、生命型態、意識型態有這個問題。譚崔的上課方式種種，都是要轉變、轉化來適合我們現在的情況。有一個人，他去參加一個音樂會，旁邊坐了一位非常漂亮的美女，他們兩個就看對眼了，他自己是個吸毒被勒戒過的人，而且學歷很低，卻在聽音樂會的時候，跟身旁的人產生火花，音樂會結束之後，他們兩個就在一起了，不到一個月後閃電結婚。婚後花了很多錢佈置、裝潢了一間教室要出租，有個女租客想來看教室，這個男人就騎摩托車去接送，這樣子就不行了，他太太回來就開始罵他、抨擊他、批評他，歇斯底里鬧到不行，結婚不到三個月就憤而離婚了。問題出在哪裡？出在她無法容忍別人對她不忠誠，他是我的，我要完全把他霸佔住，一動都不讓他動。這個男的沒有做錯什麼，女的也沒有做錯什麼，是這個環境造就她必須要生氣、必須要歇斯底里，一定要捍衛她的主權、控制欲等等，那就形成他們那麼幸福的、高漲的愛，被毀掉，多可惜，也許這是他們生命中應有的歷練。

我們常常會因為個人一己之私、一己的情緒波瀾，而把你們偉大的愛、圓滿的最高的愛毀掉。所以說譚崔有一個非常強大的力量是使你的內心真的寬大了、容忍了、被撐開了，本來的能量只是這麼一點點的，後來被撐開了，撐大了、容忍了。

　　那些促進你強大能量的，就是你的好關係，會用很實際的課程的練習，把你先稍微撐開一點點，隔天再撐開一點點，後天再撐開一點點，最後一天撐得更大，但是不會讓你爆炸，因為我知道我們社會的道德底線跟我們對性意識的底線在哪裡，我們不可能把德國的課搬來這邊上，希望上過我們課的人，已經被我們撐到某個程度的人，就會有所得，不會只是驚慌失措。會驚慌失措是因為你在處理你的驚慌而不知所措，老師在講什麼你都不知道了，那個核心到底要做什麼，你都不知道了，因為你在處理你的內在爆炸問題，從來沒有看過那麼多的裸體，沒有聞過那麼多的味道。我們在這邊會有所轉化、有所轉變，會控制在你們的爆炸範圍裡面，但是你們會在這個情況，得到非常適切的衝擊感、卻不太過分衝擊的那種。也許你們有一些人對性的開放程度都不太一樣，有些人尺度稍微大一點點，就不能接受了，有一些人接受度很大，覺得不怎麼樣，這個都有，但是我們的課程重點不在性，我們會利用性、運用性的能量，讓你們越過、進入了真正靜心的品質，我們的**重點在於要走向開悟之路，進入靜心的內在品質**，因此會有靜態的靜心的練習，和動態的靜心的練習，最後**譚崔儀軌是靜態的跟動態的靜心方法融合在一起。**

　　如果沒有那一些靜態的練習的基礎，你進入譚崔儀軌會是虛的，那就只有做愛而已，沒有那一些動態的練習的能量的話，進入譚崔儀軌是沒有能量的，它也是一個虛的。動態是在鍛鍊我們粗糙的身體跟我們粗糙的意識，要把它鍛鍊、它回歸到你更內在的本質，因為動態的靜心的關係，引起了性能量。也就是說你要有很粗糙的動

態靜心的跳躍,那是讓你這個身體能夠進入一個開悟的方法,這就是**即身成佛**。另外一個叫做**智慧開悟**,智慧開悟是用我們的智慧,我們知道的知識、我們的意識、我們內在的品質、我們的靈魂,而進入開悟的境界。譚崔有兩種開悟的途徑,一個是**即身成佛**,一個是**智慧開悟**,譚崔儀軌是把兩個合在一起,讓它產生更強大的能量,更強大轉化的契機。那之前,我們情緒的問題、關係的問題,都要把它釐清、把它沉澱、讓它淨化,到達最純粹的狀態。

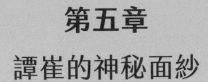

第五章
譚崔的神秘面紗

一、譚崔的本初源流

1.三位一體

在譚崔裡面的主角就是男人跟女人，世界由陰陽造成的，我們可以從男人跟女人的身上發現到整個世界上的所有要素，不管做什麼事情，都可以在男人跟女人的身上發現到它的本質。男人跟女人是構成這個世界最重要的東西，當他們結合為一體的時候，這些體驗跟要素可以把它精煉成現實統一的狀態。所以他們必須要結合一體。當他們被分開的時候力量減弱，結合一體的時候力量加強。它會產生一種很和諧的創造力。如果妳跟妳的男人在性上面不和諧，妳們就不容易產生和諧的創造力，妳們的事業就會好像不太穩的樣子，妳的金錢流就會不順暢；當妳們的性是和諧，結合為一體的時候，內在世界的能量就出現。

家和萬事興那是有道理的，家和在內在最重要的就是性的諧合一致，性是一個全息的整體，從性可以看到我們一生所有的景象。性是一個小區塊，但是從這一個小區塊裡面，就可以看到這一生所有情況的縮影。

性黏著我們的生命力，**我們的生命力就是性的能量，性的能量就是我們的生命力**，當你病懨懨的時候，你的生命力就下降，你的事業就會走下坡，這是自然法則。我們可以看到中國各個朝代的那些

皇帝們，當皇帝是健康的、性能量很強、生命力旺盛，那他的疆土就會很大，盛朝盛世。像什麼哀帝、憂帝之類的，他的朝代就已經快要結束了，所以說性就是人類生命裡面非常底層基礎的、又建立很高的層次的能量體。

人們對於解放性慾的恐懼感更勝於對神秘主義的畏懼。我們對神祕主義有一種傾向要去學習，但對於性的解放反而會更恐懼。我們社會大眾對於性是何等的恐懼、何等的排斥跟何等的壓抑，就算在性交合之中，神秘忘我的能量與向上提升的體驗會觸及到有愛之人。當你的性愛對象不是你的愛人的時候，幾乎那是一種無味的性行為，一種能量的消耗。你的伴侶是你很深刻的、很愛的、是你生命底層靈魂的那一個人，你跟她有性交合的時候，它才能夠爆發出你的中脈的性潛能，達到生命的極致。

這種忘我的經驗加深了一種使習俗自由，類似精神解放，以尋求其根源的精神知覺。我們在性裡面會去尋求一個更深刻的感知，更精神性的覺受，我們精神性的層面一般是不易表現出來的，除非你在自己安靜、靜坐、靜心的時候才會迸發出來。一般的生活上，我們會把這些精神性的東西覆蓋住。性經驗有兩種高峰經驗，一個叫Orgasmus就是我們所謂的肉體上的高潮。另外一種的叫做 Ekstase被翻成中文也叫做高潮，指的是一種精神性的高潮。這一種的高潮就是忘我的經驗。

現今的譚崔大師宣布愛與神秘主義結合性能量的時代來臨，我的

德國老師 Andro 早在 1970 年代就開啟譚崔課程。後來奧修大師也廣佈了！奧修在美國六年的時間，就講了從性到超意識，之後，美國為之瘋狂，譚崔世界就這樣子來臨。那同樣早一點的時間，我的德國老師已經在上德國的譚崔課，只是系統不同而已。譚崔所呈現的是一種自然的生活型態、哲學的思維高度跟習慣，它產生了一種忘我的釋放，這種忘我的釋放是全能量的。奧修非常重視的就是不要頭腦思考，常常說要進入那個舞當中、進入那個吻裡面、進入那個愛裡面，為了就是要進入那個忘我的階段，你如果一直在我、我、我，我的話，那個我執就很重，我執越重問題越多，故事越多，越解不開。所以說能讓我們進入忘我的境界，在人類的各種經驗裡面，最直接的就是打坐進入涅槃狀態，第二個就是做愛到了高峰階段。打坐進入涅槃狀態是一種空性的，做愛到高峰的那一種階段也是空性的，這兩個是平行的。

每個人都在追求三種真實的事物。第一個就是生命，第二個叫做超越，第三個叫做成功。生命就是創造。我們要追求創造，成功是保存。助人的事業會使得財產保持住，你若想要把你的財產保持住的話，慈善事業易使得你的財產增長增大，而且還保持住。我們要創造生命，還有超越這個生命，要把成功它保存下來。不要練了很強的譚崔之後，就變成自己私有把它佔據住，把它擴張出去，發散到很多眾生身上，你的功德事業就會和他們有因緣聯繫住，保持綿長。

從西方人的眼光來看，在古代的印度、尼泊爾、西藏、中國、日

本等等東方的國家，性愛被視為一種藝術。中醫主張性是正面的、不排斥性的；中國的道教也主張性可以養生的；中國的房中術也在主張性是一個正面力量的。印度、西藏更不用說，譚崔就是從印度、尼泊爾、西藏傳過來的，性在東方是一個很古老的正面思想，被視為一門生活生命藝術，也是一門科學。

大家都知道女人的陰道有一個點很敏感，叫 G 點。那個 G 是什麼意思？其實是一位叫做 Gräfenberg 的德國醫生論述說陰道內有容易引發高潮的敏感帶。古印度傳下來的譚崔經典早就提到過，女人的陰道裡面有三個敏感點，所以說女人的陰道，男人的陰莖有各種不同的敏感帶，這個論述在古代已存在，是一門科學，它值得深入研究跟學習。透過性愛的姿勢跟原理，生命超越與成功都可以在其中被學習。事業要成功、生活品質要改變，從性去改變。當你直接從性著手，在我們的脈輪裡面，它就融化掉，那些問題被卡住的點，事實上它都卡在我們身體的細胞脈輪的記憶裡面，我們身體內的記憶一旦被融化，你跟你父親、你跟你母親、你跟你的伴侶關係，你的一切跟任何人的關係的那些卡點，能被融化掉，於是乎你的整個事業、財富、各方面它都會增長。看一個人，他的整個氣息，與他所呈現出的性能量是成正比的。

性愛的解放必須要朝向積極、正向的方向去進行，如果你的性能量很強，每天自慰把它消耗掉了。性能量很強，每天去找人亂交、搞雜交、參加換妻俱樂部等等，那些都容易消耗你的性能量，都在耗散你的生命潛能，要朝正向方向去前進，否則一旦新奇的性愛經

驗被打開，毫無節制、放蕩形骸展現出來的時候，性能量遭到誤用，後果不堪設想！為什麼我們社會上的強暴犯罪率到現在還那麼高？有一個研究過台灣性暴力犯罪的調查，從二十歲到六十五歲之間的女性曾經被性騷擾或性侵的經驗高達到 49%，意思是說我們身邊有一半的女性，曾經有過被性騷擾或性侵的經驗。新奇的性愛經驗被打開誤用，會產生負面的影響。性暴力、性騷擾，是我個人非常排斥的一件事情，一定要打擊的，特別是對小孩子的性騷擾跟性暴力。所以我們要朝向正向的、靜心的、深入的、深層的建立一個新的性愛關係。

一旦新奇的性愛經驗逐漸減損熱情，產生空虛感跟無意識感，將成為不可避免的結果，你會覺得你是一團肉在那邊性交，毫無意義。性愛經驗減損對方的熱情，你的裡面沒有熱、也沒有情、更沒有愛。要跟你一個很愛的人做愛，才會產生很強性能量的升起。如果不是的話，對我們來講，最多他只是個練習而已，不會產生性能量有益的作用。社會上很多女生，生活在這樣的悲劇裡面。男人要改變、要覺知，經過譚崔練習之後會對女人徹徹底底、五體投地的禮敬，升起那個很深的愛意。不要把女人當作性的發洩工具。

我們必須藉著探索自身與他人的性愛潛能，才能夠意識到狂喜狀態的生命能量。你自己是個很狹窄的個體，每一個人的性能量、性關係、性結構跟性的模式都不一樣。當你去了解的時候，生命的能量廣度就會改變。在德國上課的時候，我們被分為男神班和女神班，一位女學員在女神班接觸到一位瑞士的女士，她本來是排斥女性的，

一直鼓勵她一定要去親吻女神的外陰部，她一直覺得排斥、不敢。後來她去參加課程，結果她告訴我那個女伴侶現在是她的愛人，為什麼？因為探索別人的性愛潛能，會激發自己更內在的潛能，你對他、你對她，這所有的人，都是你內心的一種展現，所有人的個性，就是你內在所擁有的潛能。「家族排列」的原理，利用一個外在的人來代表父親，那個就是內在的反射，任何相聚，它絕對不是偶然的，它一定在某種因緣底下產生的，你去研究任何一個人，事實上是在研究自己。

譚崔的精神在於性愛秘術，性愛秘術是什麼？譚崔儀軌。譚崔儀軌有很多種，有一種譚崔儀軌是增加智慧的、有一種譚崔儀軌是增加財富、有一種譚崔儀軌是增加你的人緣的等等，譚崔儀軌的精神不在摟摟抱抱親吻親密的感覺，不在這個淺層的。而這個性愛秘術它會變成是什麼？是一條船，這條船使得你從這邊到那邊，載著你渡過的那條船。性愛，性不是目的，對面的那個愛才是你的目的，性是帶著你從這邊渡向另一邊的那一條船。譚崔儀軌性愛的秘術是一條船，一個方法，透過這個方法讓你到達對岸，那對岸是什麼？是一個愛，最深沈的愛，或是慈悲、或是開悟、覺醒等等。

譚崔是一種學習哲學、科學、藝術、生活方式、開悟的能量，它是一種境界。性能量獲得有意識跟創造性的利用，我們要把性能量，做為靈性成長的資糧。不要因為練了譚崔、做瑜珈、做火呼吸、做練習之後，性能量變強之後可以縱慾，那就錯了。一般正常練譚崔之後，性能量變強，你反而會自然很保護那一股能量，你會很在意

它,你會很珍惜你的羽毛,你不會亂做,你的身體變得很貴重,你的身體變成很神聖的,你不會亂消耗能量。當性能量它被激起的時候,它會處在你的身體裡面,變成是寶貴的資糧、資產,它要變成是一種有創造性的利用,使得你從這邊渡到那邊一個最強的力量。

譚崔的精神論述包含了廣泛的實用技巧,可以強化性愛知覺與獲得超越的性經驗。有些譚崔理論講得非常的高,境界講得很飄渺,但是沒有次第,也就沒有達到開悟的具體方法,可以讓我們有所依。譚崔最重要的就是實用技巧,你要真的有實用技巧,學了之後在生活上才可以運用它。之後會教譚崔瑜珈、呼吸的方法跟其它一些基本的練習功法,學會之後就會變成你的自身的能量,它就是一個非常好的實用方法,可以強化性愛的覺知跟獲得超越的性經驗。

我帶去德國上課的男生,常常很難勃起,要不然就是一勃起即射精,為什麼呢?因為性能量不足!當你練了譚崔瑜珈、火呼吸、大禮拜,還有中脈入氣法、寶瓶氣、這種方法三個月之候,你做愛時間可能會增長。我們在德國的譚崔儀軌最短的時間就是兩小時,最長的九小時。聽到九小時做愛整個腳都軟掉,我上班八小時就已經很累,做愛還要一直做九小時。九小時一直做愛、做到你的性能量低下的時候,不要停,再繼續做,就爬上來,上來的這一波會比前面這一波還高,九小時時間你不能躺下來,不能趴在地上,要坐著,就是從後面上也可以,女生像狗爬式這樣子也可以,因為沒有倒下來。這九小時男生不能射精。我們練譚崔瑜伽練、火呼吸、大禮拜哪些東西它可以強化性愛的知覺,重點除了身體之外,就是那個知

覺，當你的身體負荷不了的時候，但你的知覺還很強，它就會越過那個關卡，你就會獲得超越的性經驗。

性行為所含的潛力可以說是所有創造力的泉源，我們的所有的創造力就是我們的生命力，我們的生命力就是創造力。像很多大藝術家、大才華的人都有很強的性能量。

通過譚崔的實用教育將可以開啟全新的生命體驗，如果你經過譚崔儀軌兩小時、三小時、四小時之後，去照鏡子會看到一個新的你、一個新的人產生。你整個人眼睛看出去的外在世界會變得不一樣、知覺會不一樣、對事情的判斷會改變，你的整個人生會轉化成一個新的樣貌。

譚崔強化了生命能量，我們本來就有生命能量，但是一般人的生命能量不足，若透過譚崔的方式去強化它，這種由性行為而開發的能量，可以有意識的引導並增進智慧與開悟。

中脈，如何引導它不讓它亂竄，一般男人性慾來的時候，一直想找地方鑽。女生性慾來的時候會怎麼辦？會壓抑！比較開放自由的人，她會自慰。那事實上它是可以被引導的，可以引導進入我們的中脈，進入脈輪，讓我們的脈輪一個一個的打開，最後到達智慧被開啟的狀態。它強化了生命的能量，有關海底輪、我們的性輪、橫隔膜輪、心輪、喉輪、眉心輪、頂輪，它的整個通道以及左脈右脈的關係，「中脈入氣法」的呼吸法，讓你的中脈、左脈、右脈暢通

的方法。

譚崔做愛的時候，有三個重點，叫做**身、語、意**。

身：身體的身就是所謂的手印，手印有非常的多種，道教也有手印稱「指訣」，最大的手印就是男女日月交抱，男生的身體、女生的身體日月交抱就是最大的手印，這叫做身。

語：就是要念咒語，把做愛的時候那種淫叫聲轉成咒語。

意：就是你要觀想一個對象，那個對象就是你的主尊。

在譚崔裡面有三個主尊，就是由創造、超越、保存來的。我們的人生，就是由創造、超越、保存組成。創造它對應的關係是生；超越它對應的關係是死亡；保存它對應的關係是生活。創造的神外觀就是梵天；超越的神外觀是 Shiva 就是濕婆神；保存它的神外觀叫做毘濕奴，就這三個主尊。譚崔如果沒有特別修一個西藏的密法的主尊的話，一般譚崔就有這三個主尊，你就要在做愛的時候，一邊唸咒語，一邊觀想他們就是你的主尊。梵天的佛母叫做婆羅氏伐底。濕婆的佛母就是時母，卡莉，她就是 Shiva 的配偶。保存毘濕奴的佛母是吉祥天女。事實上，梵天跟婆羅氏伐底他不是兩個，他是一個，是一尊，形成双抱。濕婆跟時母、毘濕奴跟吉祥天女也是一尊，形成双抱。所以那是一個人裡面的陰陽合一。

創造、超越、保存，就是你的一生，任何人的一生都有這三個部分。

2. 身體的廟堂

　　三大主神，梵天、濕婆神、毘濕奴。這三大主神，祂創造了一個新的東西，就是人的身體。我們對我們的身體一般來講非常的糟蹋不珍惜。你們會花一千萬、八百萬去買一棟房子、花一百萬去買一輛汽車，你們有沒有花一百萬在你的身上為了喜悅？所以說我們對這個身體都不會真的去照顧，那個房子跟那些汽車都是外在的，可是這身體是我們的廟堂，我們卻都不會去珍視它。

　　肉體可以說是靈魂的廟堂，我們的靈魂就住在我們的肉體裡面，當我們出生的時候，我們的靈魂跟我們的肉體就結合在一起，分不開，直到你往生，七七四十九天以內，你的靈魂就會離開你的肉體，一般人大概往生三小時到四小時以內，靈魂就離開肉體。男生在往生三小時以內，陰莖會勃起，四小時之後，血液凝固了陰莖就消掉了，死亡跟性是有關係的。也可以是說，我們的整個身體是宇宙的縮影，所以宇宙、星空、九大行星、銀河系等等的運作，跟我們的這一個小小的身體的運作，是相似的。中脈的氣脈，裡面的命氣，就在我們的身體裡面運行，那個運行的軌道跟規則與方式，跟我們的宇宙的運行是雷同的。有一本書叫做《源場》，它是一個美國的作家用科學、物理學、量子力學的方法，來研究靈性的，研究我們身體等等的問題。裡面最重要強調的點，就是宇宙與我的身體是一致的，是合一的，我們可以在這廟堂的中間找到所有宇宙的法則。

　　譚崔傳統認為沒有一間廟宇可以超越肉體的廟堂，印度的克久拉霍 Khajuraho 是間性廟，性廟裡面充滿性愛姿態的雕像，高達一千多種，這廟堂會不會勝過你的這一個廟堂？它有一天會摧毀，灰飛煙滅，會風化掉，就沒辦法存在。有一部電影叫做色戒，不是李安的色戒，是鍾麗緹所拍的色戒，裡面在講的一句話非常重要，「我如何使得這一滴水不乾枯呢？」**把它流入大海！**我這個身體就是那一滴水，要如何使得我的身體永恆不乾枯？丟到哪裡？把我丟到大海？我的身體對應到大海**就是宇宙，就是法界，就是眾生。**你要保存你的錢財，把它丟入財源的大海它就不會散掉。你的這個生命也要回歸到宇宙、回歸到那個源場、回歸到眾生、回歸到法界，它就不會消失掉。不管所有的元素，地、水、火、風、空，等等，都存在我們的廟堂裡面，人的死亡是先地崩解，地就是我們的肉身、骨頭，失去功能、失去作用；水崩解，我們的唾液、我們的血液、淋巴腺不流通；火，我們的熱氣、我們的熱量不見了；風，我們的呼吸、我們的風息不見；空，我們就進入了空的狀態。人就這樣子死掉了，醫生就判定你死亡。事實上我們還有一個命氣在，它可能還要再走個三、四天才會真正離開，所有的元素都存在我們的廟堂裡面，宇宙的元素能量也在我們的廟堂裡面被同等發現。

　　廟堂是一個供奉人膜拜的地方，也是一個供奉神祇的場所。根據譚崔的觀念，這個神祇是我們最自我的靈魂跟本心、本性、佛性、身性，我們的這個廟堂供奉的一個神，就是宇宙性高潮的那個本質。做愛的時候，不要把你的感覺放在那個爽上面，不要把你融入那個爽裡面，你會不夠真切。要把你融入那個**正在感覺爽的那一個本性，**

它才是接近佛性的，就是我們這個廟堂所供養的那個佛性。所以說如果把你融入那個吻，那個做愛的爽的話，那個做愛的爽、那個吻是生滅的，有吻就有吻，有做愛就有爽，沒有做愛就沒有爽，那是生生滅滅的，變化不居的，但是我們這個本心、本性、這個佛性是永遠不滅的，所以你是要接觸這個永遠不滅的這個本質，你在做愛的時候，不是把你融入那個爽，要融入那個使得爽的那一個本然的自己。

譚崔認為身體的廟堂一共有九道門，分為上部跟下部，下部就是我們的肛門、生殖器官，上部就是嘴巴、鼻子、雙眼、雙耳、頂輪一共有十大出口。人死掉的時候，不要讓祂從下部出去，也不要讓祂從中部出去，要讓祂從頂輪出去，如果你往生的時候從頂輪出去，會超輪迴。如果靈魂在其他的地方出去的話，祂就會誕生在下三道等等之類的，所以說我們要把這個九道門在往生的時候封住，只剩下頂輪。

頭部的頂輪在剛出生的時候是開的狀態，能夠吸收周圍所有的資訊，形成將來生命資糧收集的應用。出生的寶寶在 1 歲之前，頂輪是打開的，會跳動。我的老師做了一個實驗，他把寶寶放在這房間睡覺，他跟師母在隔壁房間做愛，他請一個人看著，在他們兩個達到高潮的時候，這個寶寶就喘了一下。不是一次這樣子而已，數次都這樣。寶寶剛出生的未滿一歲之前，雖然還不會講話，但是直覺力非常的強，夫妻之間不管你們兩個在哪裡爭吵、打架、互罵、互愛、恩愛，他全部把資訊都收下來，作為他將來生命成長要運用的

資糧。小孩子在一歲的時候的教育，非常、非常的重要，父母親一定要是非常有愛、很深度恩愛的，如果你們兩個在那個寶寶未說話之前，吵吵鬧鬧、打架、鬥爭之類的，那寶寶將來就會生活上有一些困難。

肉體的廟堂包含三條主要的河流，並衍生出無數的支流，哪三條河流呢？就是中脈、左脈、右脈這三個河流，這三個河流每一個地方的脈節，又發展很多的支脈，主要是一條稱為心靈路徑的中脈，從下部之門沿著會陰脊椎黏到達頂門，有時候稱之為偉大的軸線，神聖的須彌山，將個體與宇宙連結起來。我在做九小時譚崔儀軌，做到最後，把能量全部都吸回來的時候，我頂門突然間打開，跟整個宇宙連結那一種感覺，就是我們的中脈，它可以將整個宇宙連接接軌起來。

另外有兩條河流在心靈路徑的兩側出於同源，但是最後到達於左右鼻孔，就是左脈、右脈。這兩條河流分別與太陽跟月亮的能量有關係，管理著身體左右兩側的功能，就像纏繞著中央支柱的兩條蛇一樣。右邊是太陽，左邊是月亮，當你的陰氣很盛的時候，需要太陽的力量的時候，你用右鼻孔呼吸，當你的陽氣太盛的時候，需要陰氣能量的那個時候，用左鼻孔呼吸，中脈入氣法兩個一起呼吸，剛好會把它平衡掉。中脈入氣法是順暢中脈、左脈、右脈的功法，它在所有的功法之前先做。

肉體的廟堂侍奉著必須透過性愛能量來表現出創造性，我們的肉

體透過性愛的能量，它能夠表現出一個非常具有創造力的東西，一般如果草草的做愛，那種十五分鐘、二十分鐘的做愛，你很難創造出新的東西，你一定要有累積一定的能量的、很深刻的、心靈的連結、勾連、纏綿那一種的性愛，它能產生一個創造的力量。

　　經由這個進化的過程，可以體驗到愉悅的顫抖，從性器官逐漸上升擴展到整個身體的網路。有些人，做愛的時候會全身顫抖，像宇宙性高潮一般。其他的人則要經過訓練，它可以從性器官開始擴張到你的臍輪、你的胃輪、心輪、喉輪、眉心輪、頂輪等等全身的細胞，性能量的火焰融化了負面的物質，淨化的心靈的路徑，愛火在三條河流裡面流動，太陽與月亮的能量合而為一照亮了整座廟堂。當你觀想的能量、能力強的時候，褲檔上會放光。我在高中的時候，讀密宗上師陳健民的書，陳健民說他閉關十年，跟一位佛母在關房裡面，每天做愛修行，到最後的時候，他們是閉黑關，整個關房裡面是黑暗的，他的佛母可以在黑暗裡面看到陳建民整個身體是亮的。觀想一個倒三角形，中間一個生殖器官，你們會觀想得很模糊，真正強的人觀想前面一個倒三角形，別人也可以看得見，這個叫證量。這不是一天就可以做得到的，必須累積很長的時間，特別是用性能量去催促它，它更容易呈現，因此他會擴展到整個身體的網路，性能量的火焰它會融化掉我們身體負面的阻礙。

　　德國的譚崔課程，它不做個人往事、故事、療育過程。若以前曾經被傷害，造成今天的性功能障礙，它不會去治療這個。它直接從我們最源頭的中脈入手，當性能量火焰起來的時候，負面的障礙就

會被融化掉，從源頭把底下，查不清楚來源的負面能量全部解決、融化掉。因此，我們的太陽、月亮能量合一；我們的左脈、右脈，它會合而為一，它就形成一個整體的，照亮我們的整個廟堂。

我們一般人看不到你的身體放光，因為你的證量還不足，有一些西藏的高僧大德，他就可以看到你的身體放光。曾經有三個西藏喇嘛去佛光山參加佛光山的早課，在唸心經，那三個喇嘛就跪在後面那邊看著，唸到最後的時候，噹～～～～那個鐘一敲的時候，全體的人的注意力剛好在那個鐘聲上，他看到所有的人的身體都放光，在念的過程都沒有，都是散的，都是單體的，在最後那個敲鐘的時候，所有人的注意力剛好在那個鐘聲上面，全部都放光出來了。德國有一台照相機（克里安照相機），它可以拍出你的能量場，叫Aura，我們身體的能量圈，各種顏色可以判定你有沒有生病、身體的健康程度。一個病懨懨的人，他的暗色部份就很多，一個能量強的人，他是有紅光、白光等等，所以說，我們的身體是會被照亮的，當你的性能量起來的時候，你的內心光芒出來的時候，你的身體會是亮的。

透過這種方式，性愛經驗變得更加有力，本來是十加侖變成二十加侖，變成三十加侖越來越大，實踐譚崔這個性愛秘術，將可以使人體體驗到更高的高峰，更超越的欣喜。整個頂輪霎時與宇宙合一。它是被累積的能量，當性能量的強度非常大。曾經有一次在德國的譚崔課程上，我的右後方有一對在日月交抱，不一會兒我突然間聽到一聲巨響，轉過頭來看到他們兩個抱在一起，突然間浮起來又掉

下去，兩個人連續三次三聲，騰空又落下。

　　因此要把你們鍛鍊變成那個法器，敲起來才是那個聲音，才有能力擁有那些能量。所以說整個譚崔次第就是那些瑜伽術、唱誦、呼吸法、禮敬、儀式、儀軌等等，這些東西都是非常重要的，就是在把你鍛鍊成那個法器，讓你的整個身體這個廟堂受得住能量那麼強大的擴張。

　　肉體的廟堂天地合一的過程、自我膜拜的過程影響了各個層面。生理就是我們的身體，媽媽生給我們自然的生物的狀態，一直到我們的性靈比靈性還要高的層次，都會受到它的影響。自己的肉體是一間廟堂，非常重要，意識到真理與靈體的變化更是創造性態度的關鍵。我在樹德科技大學開了一個課叫做性態度重建。我開課就是要把一般我們對性排斥、壓抑、覺得羞恥的、骯髒、齷齪、下流的想法轉過來。它是創造性態度非常重要的關鍵，在那個性的課程裡面，我會談到我在德國的譚崔經驗，因為他們的性態度是壓抑的，這就是要轉變他們性態度非常重要的關鍵。

　　因此，肉體廟堂要保持清淨、健康跟和諧。尊敬你體內的神性，要有節制地提供你的肉體享樂，你的肉體明明很想要做愛，你卻一直在壓抑它，曾說你們可以花一百萬去買房子買汽車，你卻不想辦法讓你的肉體享樂，這是非常不對的事情。確保廟堂的神性完全的獲得滿足，讓你的本心、本性、佛性，得到快樂和滿足。我們一般會對我們的身體壓抑，產生很多心靈的壓抑。在我們的廟堂內，要

確保我們的內在神性的滿足，千萬不要去壓抑它，我們現在提倡性解放、性自由，但不提倡濫交、亂交，要把你的性能量導入正當的途徑，進入中脈達到開悟的一個資糧，在這個正確的方式上。

真正的侍奉是充滿自發跟愛意的。要很自發性的，而且不是空空洞洞沒有愛的，做愛的時候表現出對肉體廟堂的崇敬，將使所有的慾望得到滿足，那種官能之愛乃是偉大的神奇，精神潛力也是譚崔的主要成分之一。我們任何一個人的精神都有一種潛力，比如說電影《駭客任務》中，有位小孩子的精神力很強，他可以看著湯匙，那個湯匙就彎了，那個就是精神力。如果經由性能量，我們可以把我們的精神力強化，使得想像、觀想變現實，就在那性能量強大、高潮的時候，要去顯化一個東西，在你極度喜悅的狀態。

我在德國譚崔中心遇到一個克羅力教派使用黑魔法譚崔的人，（英國人克羅力是直覺式塔羅牌的創始人，他講述給他女朋友讓她畫下來，成為現在廣泛使用的直覺式塔羅牌。他也是傳統歐洲十字聖殿傳統下黑魔法的主持人。）我認識的那個朋友他到我們德國譚崔中心一起來上課，每次上完課他就很想跟我聊天，聊他的黑魔法。有次他邀我去拜訪某位友人，他到機場接我，那時候已經快中午，他便提議先去吃中飯，我說：「好啊，可是這邊不好停車啊！」「停車哪有什麼問題，等一下前面五台車的地方就有一個空位。」「你怎麼知道。」「我就是知道。」開過去真的有一個位置在那邊，我驚呼：「怎麼會那麼神！」「對，這是我創造的。」「你怎麼可能會創造一個停車位？」「他說你不信嗎？再試一次。」我說：「好，

迴轉二十公尺右邊有沒有位置？」他說：「有。」他迴轉過來二十
公尺就是有一個位置。「我不信，再一遍！再迴轉往前五十公尺右
邊還有沒有位置？」「有！開過去就是有一個位置。」他創造的。
我問他怎麼創造的？他說我回家表演給你看。隔天請來了三個德國
美女，是他的徒弟，房子的中間有一個橫樑吊著繩子，中間放著椅
子。他叫一個美女站上椅子去，橫樑上綁著一條繩子，綁在她的頭
上，站在椅子上，我就站在旁邊，他突然間拿一根木棒把那個椅子
打掉，那個美女剎那被吊起來，我急說：「會不會把她吊死啊？」
他說不會，就拿椅子讓她踩著下來。原理是，那個美女的頭被一拉
吊的時候，整個中脈瞬間變空，在那個空的同時，女就顯化一個東
西，她就在那個最極端的空的境界裡面，去顯化一個東西。他說車
位就是這樣創造出來的，在剎那空性中創造的。譚崔也可以，你在
性高潮的時候，你把你的願望射向宇宙，然後把他忘記掉，它就會
顯化。問題在於你的觀想能力強不強？真不真實？這是我遇到一個
最神秘的黑魔法，他說要教我東西，我覺得太危險了，便拒絕了。
他來到我們德國譚崔中心來學性的譚崔，想要用我們這一種紅譚崔
去加強他們黑譚崔不足的地方。

我們要對我們的廟堂做非常神聖莊嚴的禮敬，而女神，把她從一
般世俗的女人，在剎那間，禮敬成神性的，在廟堂裡面供奉的女神，
在女神的情況之下做愛，才不是人間的，是出世間的，這非常的重
要。當你的頭腦想這個，它就會變成這個，當你把她當肉來做愛，
她就是一團肉，當你把她當作妓女來做愛，她就是妓女，當你把她
當成一個女神來做愛，她就是一個女神，同樣你也會變成男神，是

一樣的。所以說意識的轉化，正面的能量是相當重要的，這「禮敬」
的儀式是整個譚崔的雙身儀式的前行要做的事情。

二、譚崔的流廣與傳播

譚崔，它是一個非常古老的傳統。做瑜珈的時候，唱誦的聲音非常的協和一致，主要就是因為當你的聲音跟別人的聲音互相融入的時候，它會產生那種共振，你的能量會跟別人的能量會連結在一起，而大家的能量會變成一體的一個集體的能量，在德國上課的時候，當上完課，下課一出去，再走進來，當你一入門的時候，那整個能量會把你往上、往後推一下的那一種感覺。

譚崔是一個非常古老的性能量修行的方法，一般宗教對性都是排斥的，都是有戒律的，是邪淫的，都是不能做的。但是呢，只有三個地方的宗教是正面的看待性，而且把性拿來做為修行的方法的。

第一個就是中國的道教，中國道教的南宗，就是以房中術修行為主的。第二個就是印度，他們那時候叫做性力派，也是以性為修行的，性力派就是 Tantra 這一個字的來源。後來婆羅門教、印度教影響了佛教，第三是佛教把它傳入了西藏之後便留在西藏，是修行非常重要的法門，空樂不二之法。

我在德國第一次看到這個字 Tantra，我不懂它是什麼意思，後來查字典，查找了很多資料，結果就發現到這個字不得了，是以前我在台灣聽到的，叫做雙身法的東西，就是用性來修行的法門，怎麼跑到德國去了？

　　字典可以查到這個字，古梵文直接把它拼成 t-a-n-t-r-a，用梵文唸、用德文唸、用英文唸叫做 tantra，它都是這樣子拼的。這個字，叫做有系統的成道之路。續就是有系統，有一個系統，這個系統不是一條線的系統，它是如網一般次第的系統，就像一個蜘蛛網，蜘蛛網的任何一個點，它都可以趨向中心，所以說它不是像中國的大乘佛教一樣，要經過一個直線系列的次第，變成是線性的來修行的，漸悟成道。

　　在中國唐代的時候，善無畏、金剛智還有不空，這三個印度人，將這些 Tantra 經典，從印度揹到中國去，把它翻譯成了中文，叫做坦特羅。在中國唐代就有這個傳承了，所以它不是現代的東西，而是有古傳承的，它是中國的密宗。

　　中國的密宗以《大日經》跟《金剛頂經》為主，所以在中國以前就有人在修這個法，這個以前在中國的法，叫做坦特羅，是佛教的密宗。中國密教傳到日本的空海，在中國就斷了，密宗在中國就幾乎絕跡。傳到日本去的那一個密宗，因為是在天台山所學，也因為日本是在中國的東邊，所以被稱為東密或是台密。一直到元朝的時候，有大寶法王被請到皇宮來，傳授西藏的法。在元順帝的時候，於宮中舉辦了一場大型的集體日月交抱修行的譚崔儀軌的法會，被衛道人士批評。後來中國也沒有公開弄這些東西了，變成在地下進行，連西藏的雙身佛像都秘密的不能被看見。

　　到了清朝，又有從西藏傳新的密法到中國了。是直接以密教的修

煉為主的，那時被翻譯成無上密，以前叫坦特羅，同樣這一個字叫 Tantra，也叫做密續。

在西藏的經典裡面，無上密有非常多的經典，其中比如說，時輪金剛本續，它叫做 Kalachakra tantra，Kala 就是時間，chack 就是脈輪，Kalachakra tantra 就是《時輪金剛本續》，這個本續，密續，就是無上密的層次。還有另外一個《喜金剛本續》，Hevajra tantra，He 就是高興喜悅的意思，Vajra 就是金剛，Hevajra tantra 就是《喜金剛本續》。現在這些續，都可以買得到。《時輪金剛本續》以及《喜金剛本續》有在講如何經由性達到開悟的方法的修行方式。比如說《大威德密續》還有所謂的《勝樂金剛密續》，《大幻化網金剛密續》，這五部密續是西藏裡面的密續。西藏人修法修了一生，可能要學習這五部密續中的其中一部或是其中兩部。

那譚崔儀軌的形式有很長的，有長達七天的、也有三天的、也有兩天的、也有簡版的，相當簡練的、簡短版的，一切的元素都在裡面，大概兩小時就可以完成，小而美，面面俱到。

台灣有人把奧修的書，由英文翻譯成中文，他將 Tantra 翻譯成譚崔，本來叫做坦特羅，後來是密續，無上密，現在變成譚崔。所以說我們現在所講的譚崔，是由奧修的書翻譯成中文的，我們現在普遍用的這一個字，是這樣子來的，但是奧修所講的由性到超意識的譚崔，不是中國跟西藏的傳統，而是古印度的經典。

在台灣，現在這方面就比較混亂，現代的譚崔是大綜合體的。在

德國，也是這個樣子，德國人幾乎所有跟性有關的行為、動作，都稱為譚崔，他們把中國的素女經也列入譚崔經典；把印度的慾經，也列入譚崔經典；把西藏的愛經，也列入譚崔經典。可是真正的譚崔經典，不是素女經，也不是印度愛經。

現在跟性有關的一些課程，也被稱為譚崔。擁抱啊、感覺你的感覺、性能量升起，也是譚崔。放鬆、自由、開放的性也稱為譚崔。因此現在的譚崔就是比較廣泛的被使用，任何牽涉到性能量有關的，現代都被稱為譚崔。

可是在台灣有真正的雙身法的傳承，從中國傳過來的，跟著蔣介石來台灣的時候傳到台灣來的，那個時候，把譚崔這個字，稱為雙身法。它是由西藏的貢嘎仁波切跟諾那上師傳到中國重慶、成都、南京、北京這些地方，當時是民國時期，要聽他們的課的人，必須是在社會上有相當高的地位才有辦法聽，而這也是秘密進行的。

密宗上師陳健民，湖南人，在民國時期也到了貢嘎仁波切跟諾那上師這邊聽法，對雙身法特別有興趣，特別入藏到西藏去收集了非常多的有關雙身法的法本，最後，找到一個女生一起到印度去閉關，閉關修雙身法。當他出關的時候大陸已經淪陷，退到台灣來了，他不喜歡共產主義，可是台灣那時候還很亂，就到美國去了。他在美國，有一群的華人朋友，他就對著那些華人講佛法跟講雙身法。

陳健民後來被請回台灣，台灣大學的佛學社請他來演講，他在台灣做了一場，如何經由性而達到開悟方法的雙身法演講，那時候引

起台灣非常大的震撼，結果被報紙大肆批評。後來他的弟子們將他的言談收錄成書，共二十二冊，叫做《曲肱齋全集》。我從《曲肱齋全集》裡面得到了非常多雙身法的知識跟佛學知識。他也是第一個將雙身法如此清楚公開的人。但是他沒有傳弟子，沒有直接灌頂，只講課。陳健民在雙身法的歷史上，是一個值得尊敬的人，他留下的那套書，應該影響不少人，我們禮敬他。

事實上譚崔它完全不同於道家的陰陽和合之道，以前叫做陰陽雙修或是房中術，那是不一樣的。但是，我們生活在台灣知道這個的區別。可是在歐洲是沒有區別的，他們全部把它混在一起，把這些東西全都稱為譚崔。你們一定要知道，譚崔的路、道家房中術的路、婆羅門教的路、西藏的路、它是完全不一樣的。它的修行方法和最高目的，也不一樣。

歐洲以奧修的學說是最大宗的，現在奧修門徒有非常多的奧修中心，光是在柏林就有五個奧修的禪靜中心、靜心中心，整個德國應該就有二十五個奧修中心。所在歐洲，你如果講，我在奧修禪淨中心學習，人家就馬上想到譚崔，所以說奧修跟譚崔在歐洲被連起來了。

我曾去過這些中心學習過，參加過他們的課程。我學習的鑽石蓮花譚崔中心，跟另外一個 Advaita 譚崔中心，在課程當中，有直接金剛杵入蓮花的練習，其他都沒有，我參加過那麼多課程，就是我去的那個中心還保留著古典譚崔的譚崔儀軌。現代有很多譚崔老師，

他們連譚崔儀軌是什麼,可能都沒聽過呢!

另外一個中心,他們非常強調的是 Bioenergy,就是生物能量的鍛鍊,他們上課七天,每天在鍛鍊能量,我曾被那邊操得快死了,我去三天就快受不了了,他們在那邊搞了到第七天,整個能量到了巔峰的時候,才開始男女交合。那時候整個人都沒力了,還要交合,能量都不知道竄到哪裡去了。我覺得他們的 Bioenergy 非常的棒,但是太嚴格了,一般人受不了,但德國人卻很喜歡,我問他們為什麼不打打太極拳?他們說:「那個對我來講太慢!動作太慢!」是種開玩笑的意思!

現在大概全世界的奧修門徒還是以印度的普那的靜心村為中心,幾乎大家都會想去普納朝聖,因為普那才是真正的奧修的中心。那在歐洲除了奧修的譚崔思想被傳遞外之外,還有西藏傳下來的法脈,融合古印度跟西藏成就傳法為一體的一些方法,在私下被傳遞。

西藏的很多喇嘛到歐洲去了,他們秘密底下也會傳。我在歐洲除了去鑽石蓮花譚崔中心之外,還跟了一個紅教的喇嘛學習,他傳我跟雙身法有關的東西,整個法的重點不太一樣,中脈入氣法、寶瓶氣、大禮拜的法,是西藏的東西。譚崔瑜珈,就是德國老師的東西,我把這兩個合在一起,來跟你們一起研究,這就是我的傳承。

譚崔可以說是一切修法的極巔,要修到那個境界,因為我們對性的制約、壓抑太大,還沒辦法打開,沒辦法自由自在的脫落,它幾

乎是一個所有法脈極巔的東西。

譚崔它是直接以性能量為入手，不能迴避性能量，直接以性能量為出發點。我們要了解性能量的來龍去脈，要去駕馭它、去超越它，也就是說，我們不能被性能量所控制。一般特別是男人，很容易被性能量所控制，因為當你的存精囊滿的時候，它就會告訴你的大腦，要找做愛的機會，人家從外面看你，就覺得你很好色，而事實上那是性能量在啟動，你如果善於引導，你就不會被它駕馭，反而你就可以駕馭它。

譚崔以打開各個脈輪，到開啟法界體性智為終極目的。這就是整個譚崔修行的真正目的。但是在譚崔其他的修行路徑當中，它會療育掉心靈上的種種的問題，比如說各種的壓抑、性壓抑、生活上的壓抑、性的創傷等等，還有性執著、不覺知、無意識、集體無意識等，會在我們這個修法練習的過程當中，當你的脈輪打開時，將這些問題融化掉了。

你如果運用佛洛伊德、榮格他們心理學的方式去療癒你的身心的話，是一生療癒不完的，因為你今天療癒了這個，明天又有新的問題產生，永無止盡。它會一直升起無限多的問題，而且你追不到源頭在哪裡，佛陀才稱它為無明。可是當你的脈輪打開的時候，它就從源頭被解決掉了，它會自動融化掉，你會感覺到你的身心開展了，因為我們的很多的東西跟脈輪有關的，你今天的身體跟你的心靈是連結的，為什麼你晚上做夢夢到被人追殺的時候，一醒來會全身冒

汗，就是因為身體跟心靈它是連結的，所以說，譚崔它會療育掉很多心靈的這些問題。

譚崔現在在歐洲已經被運用在非常廣泛的地方，我在德國讀書的時候，在心理學上已經有人在研究它、在醫學上也有人在研究它、在哲學上也有人在論述它、在文學藝術創作上更多。所以說譚崔在現代歐洲，一個很普遍的東西，每一個領域都在研究它。我們跟歐洲在這個譚崔的意識上，是有一點落差的。譚崔是東方的東西，我們現代的東方人，卻去向西方人學習譚崔，這是一個很好笑的事情，是不是？

譚崔它有很複雜的面向，系統也很大，但是它有一些精簡修行的過程。你若要修習譚崔，要常常發願，這些祈願文，它是發一個很大的願，在祈願文裡面有兩句是非常重點的觀念，這兩句最重要東西是「無慾大樂」跟「空樂不二」。什麼叫做「無慾大樂」呢？一般一開始你會有慾望，慾望引起的想做愛，你做愛做一做，做到有一段時間的時候，那個慾望好像不見了，有沒有過這種經驗？就是慾望不見了，剩下純粹能量跟做愛，超越了慾望，那叫做無慾。大樂就是性高潮的感覺，被翻譯成大樂，無慾大樂，不是在慾望裡面有大樂，你如果是在慾望裡面有大樂，你就墮入了慾界，為什麼說修譚崔是危險的？是雙面劍，就是你會墮入慾界，不知道超脫，當你到了無慾的時候，它就超脫了慾望這個層面，就進入了比較高深的宇宙合體的部分，開啟法界體性智的部分。

另外一個就是「空樂不二」，空，是整個大乘佛教在追求的境界，

你打坐打到一定程度時候，會進入空相，一切都沒有了，再繼續打坐，會生出另外一個東西，那叫妙有。譚崔，不是生其他的妙有，而是生了另外一個大樂，另外的一個樂，空跟樂它是被合在一起的，也不空也不樂，也空也樂，就叫做空樂不二，是這個整個祈願文非常重要的中心，也是譚崔的非常重要的兩個概念。

　　另外一個重點是，歷劫以來帶了很多的障礙，所以你今天有那麼多的無明，起那麼多的凡心執著，是因為我們帶著很多的業障，這些業障要把它清除乾淨，金剛薩埵是毘如遮那佛、大日如來，傳下來的第一代，祂就是有單身相和雙身相。金剛薩埵的心咒叫做百字明咒，你如果天天唸百字明咒，它就能夠消除你的往昔業障，會消除你現世和過往所帶來的業障，那百字明咒可以把它翻成中文去理解它的意思。其中有一個東西非常重要，中文是「一切如來智慧金剛永不捨棄我」，若是女生的話，要唸「一切如來智慧金剛永不捨棄我」，如果是男生的話，就要唸「一切如來智慧蓮花永不捨棄我」。金剛薩埵百字明咒它對雙身法的重點在這裡，因為男生需要有一個佛母，女生需要有一個佛父，你唸這個咒的同時，它也在祈請他們的加持，也在勾招他們的來到你的身邊的一種感應力量。

　　這個百字明咒把你的業力消除掉了之後，你就可以進入男生、女生的鍛鍊，男生的鍛鍊跟女生的鍛鍊事實上有點不太一樣。我們做的譚崔瑜珈是共同的部分，還有一些比較不一樣的地方，比如說男生要逆式呼吸，這是一般坐著，吸氣這是順勢呼吸（肚子突出），吸氣這是逆式呼吸（肚子凹入）。逆式呼吸比順式呼吸的能量還強

大。大禮拜，逆勢呼吸再下去，這個叫做強烈的逆式呼吸。那整個
鍛鍊的力量就會非常的強大，這是男生要學習的。

　　另外一個，就是金剛跪姿，拜下去起來，它會把我們這個整個髖
骨，整個第一輪、第二輪的地方打開等，還有一些腳旋轉跟觀想以
及瑜珈的動作，我在德國上了三年半的時間，每一次都有兩、三種
不一樣，大概加起來有一百多種，一百多種是學不完的，所以說我
們只能去學習一些運用比較廣的，比較有效果的，這都是一些基本
的瑜珈動作，它的理論就是我們的能量是在我們的中脈直接上下運
行的，能量的路徑就有兩個系統，一個是中國中醫道家的系統，就
是任督二脈，從丹田上去到舌頭這邊切斷任脈，舌頂上顎接通督脈。
另外一個系統就是西藏印度的這個系統，就是這個中脈、左脈、右
脈，上下的，就這兩個系統。因為這個脈，不是解剖學上、肉體上
有的脈，就算你把身體剖開也找不到的，但是它確實對你的身體起
了作用，比如說針灸，這邊有一個穴道，剖開來看不到，但是你刺
它卻產生效果，這就是它確實產生作用。

三、金剛杵、蓮花能量的啟動

男性

陰莖它被區分成幾個區塊，它是一個反射區（圖四），就像我們的手掌跟腳掌是反射區，我們的耳朵也是反射區。從我們的耳朵可以反射全身；從我們的手掌可以反射全身；從我們的腳掌也可以反射全身；從我們的陰莖也可以反射我們的內在器官。陰莖的龜頭中間的這一個斜線的部分，是屬於心臟的地方。陰莖龜頭的兩邊這個地方，我們的肺。龜頭下來這一段是我們的消化系統腸道、胃腸的地方。陰莖的中

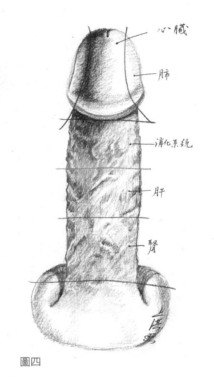

圖四

段是我們的肝臟，再往下這一段是我們的腎臟的地方。按摩陰莖，讓它產生健康跟能量。它有幾種的按摩法，我在德國學過七天的陰莖按摩，一根陰莖才約十五公分，要學七天的按摩，程序就是那麼的複雜，我們這邊介紹幾種。

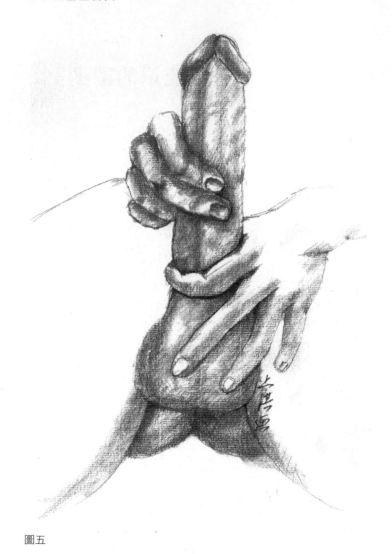

圖五

第一個，就是用你的手，把你的整個包皮推到底端，整個陰莖、龜頭都露出來，勃起狀態，用另外一隻手，掐著它，用力掐它，一掐它，整個血液就會向上衝，再換一個地方再掐它，再換一個地方，就這樣子掐它。它有膨脹伸縮的感覺，而不是去蹂躪它、欺負它，是掐它，按摩它。（圖五）

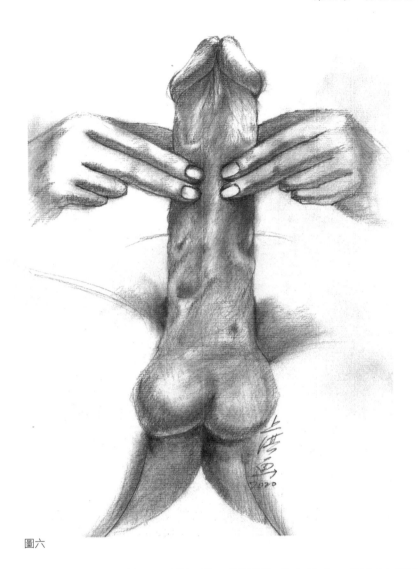

圖六

　　另外一個方法，就是力道加強，用兩隻手去按它，這個中間是尿道的地方不要按到，用兩隻手去按它兩邊，壓進去五秒鐘，慢慢的放鬆五秒鐘，換一個位子，壓進去五秒鐘，慢慢的放鬆五秒鐘，就從下到上，來回做七次左右。（圖六）

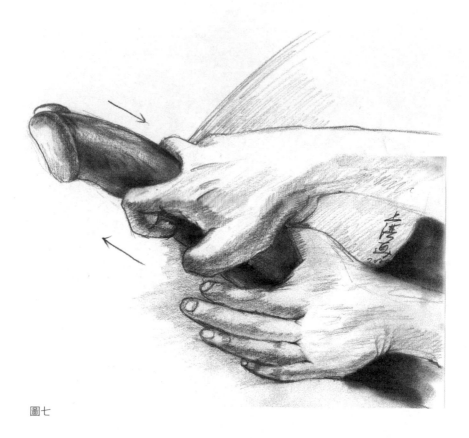

圖七

　接下再來呢，就是「刮痧」，一隻手應該把這兩個睪丸壓在底下，另一隻手用這樣子勾起來的，要記得抹潤滑油，勾起來夾得緊緊的，刮過去再刮回來，你的整個背都會覺得發熱，那種感覺就對了，不要刮太多次，大概五到七次就夠了，男生常常被刮，陰莖會變成很健康很有活力的。（圖七）

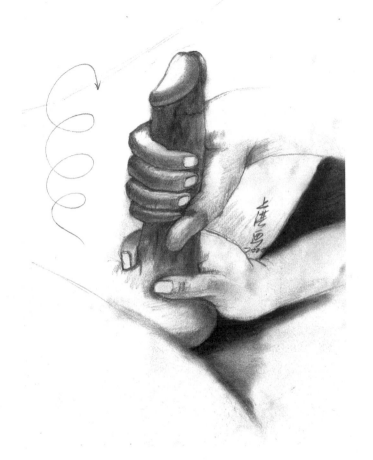

圖八

　　再來就是，「電擊」一樣，它是這種方式，一隻手把它整個包皮推到底下壓緊，用反抓的方式抓著它，往上拉並且旋轉，經過你的手掌心滑下來，往上抓，用力拉，旋轉滑下來。當你的手掌心經過你的龜頭正中間的時候，你的整個頭頂跟腳底會發麻，那就做對了。它非常非常的刺激，但它不會引起射精，有一些動作會引起射精，有些不會，這一種動作非常的有效，刺激整個龜頭、活化陰莖，往上抓、旋轉、滑過你的手掌心的地方，滑下來，抓，滑下來，換手，大概前後七次左右。（圖八）

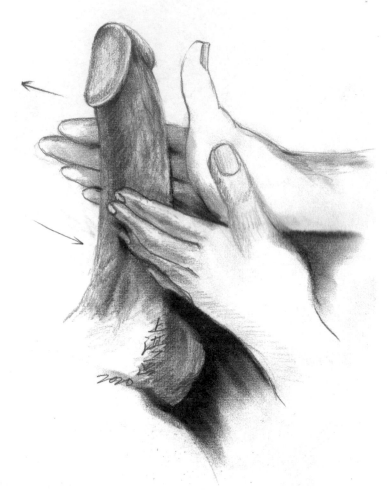

圖九

　　另外一個比較簡單，「鑽木取火」。這裡的方法是用力壓著它，而不是輕輕的，是用力的壓著它，慢慢的搓，就像你在搓麵團一樣，要把它搓長那種感覺一樣，這樣子搓它，那個陰莖也會長長，不要快速地搓，那是爽的，我們是健康的，用力壓它，慢慢的搓搓搓搓。（圖九）

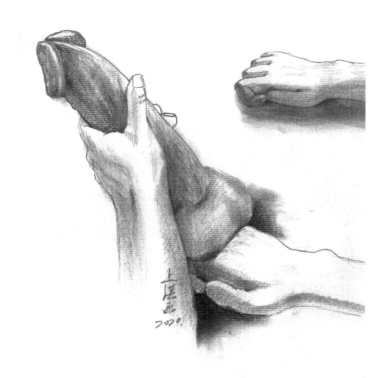

圖十

　　再來就是推，用手掌的力量，推會陰部的地方，用力一推，另外那一隻手抓著它，是要讓它保持勃起的狀態，因為陰莖如果沒有勃起，你推不到，陰莖如果勃起，整個肌肉就豐滿豐富了，你就推得到它。你一推的時候，握著的手會感覺到陰莖變大，你如果手一推，陰莖沒有改變，就是沒有推到地方，一推陰莖一定會漲大，那就推中地方了。這個壓力如果不夠的話，用虎拳一壓，壓力更大，它幾乎會壓到攝護腺的地方，壓著五秒鐘，再慢慢的放鬆，再壓著五秒鐘，再慢慢的放鬆，大概也是七次左右。（圖十）

女性

女生的身體有她能量流動的方式，跟男生不太一樣。像一隻貓，你順著牠的毛摸牠，那一隻貓會很舒服，你如果逆著牠的毛摸，牠會覺得很煩躁，非常的不舒服。一樣的，人的身體也有能量流動的方式，依照這個身體的流動的方式，去做按摩，激起性能量的譚崔按摩。

女生的練習，跟男生不一樣的地方在這邊，用雙手，去拍打她的卵巢的地方，女生荷爾蒙、生產都在卵巢的地方，有一點點力量的拍打，它才會鑽到裡面進去，女生有很多的情緒也儲存在這個地方，慢慢拍打把它鬆開，讓它溶解，這是女生練習的部分。

女生是代表智慧，男生是方便。所以說女生練習的東西很多是智慧的、頭部的、放光的、觀想的，就是觀想整個頭腦，像一個電燈泡一樣放光的那種感覺。還有很多伸展操跟瑜珈姿勢，我們的熱身運動裡面有這一招，去搖整個骨盆腔的部分，像跳肚皮舞的女人，她們的骨盆腔特別的活躍，就是做這個動作，去打開骨盆腔的部分，像是貓式等等。

女生的海底輪在陰道口跟肛門口中間的這一塊。那要按摩女生的海底輪，跟按摩男生的海底輪就不一樣了，因為這一塊的肌肉，面積很小，所以說要相當、相當的仔細，要很細膩，不能很粗糙。也是一樣，按下去五秒，慢慢放鬆五秒。

　　PC 肌就是在我們這個皮膚的底下，有一塊的肌肉，從整個肛門的周圍，一直延伸上去的這個部分，叫做 PC 肌。PC 肌一般就稱為凱格爾運動在練的地方，練這個 PC 肌，會使得妳的整個陰道緊實，再練我們的寶瓶氣到會旋轉的話，那個陰道就會抓人，會形成這種活的陰道肌肉，古人稱陰道的重門疊戶，一層又一層，形成很強的力量。

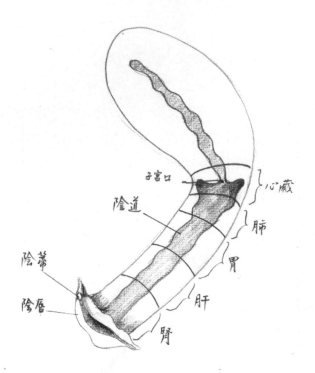

圖十一

　　女生陰道內部的反射區（圖十一），就是長這個樣子，外陰一進去，第一段，就是我們的腎臟的地方，再進去一點點就是我們的肝臟的地方，再進去就是我們的消化系統，再進去就是我們的肺，再進去就是我們的心臟，就是陰道跟陰莖是一樣的，進去按壓它的，它需要有一點點壓力去壓它，不是粗魯對待，把它弄到很爆炸這樣子。是進去壓它，換位置再壓它，再換位子壓它，壓一圈，再伸進去一點點，再壓一圈，再伸進去一點點再壓一圈，一個按摩的方式。女性她的心臟對照過來就在她的子宮口這個地方，所以說，陰莖插入陰道，它剛好是整個器官互相對照在一起的地方，形成兩個器官的反射區的互相對應，也形成陰陽兩股能量的互相交融。

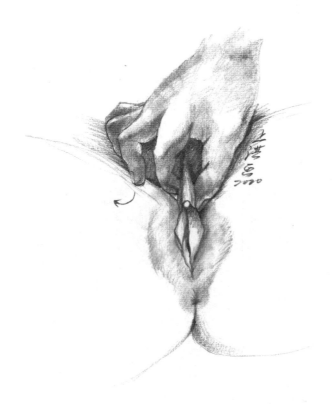

圖十二

　　每一個人的外陰部都長得不一樣，跟臉一樣，每一個陰部都非常有個性。女生性器官的按摩，更複雜、更精細，更要小心，因為它的面積不大。

　　這裡也介紹幾種女性按摩法。女生的陰蒂，你摸它，裡面會有一條管子，像原子筆的筆芯一樣，再小一點點，硬硬的，那個就是神經叢，整個神經叢組織通過的地方，要拉著它，像上圖那樣拉著它，壓著它往外拉，就這樣子，把它往外拉，刺激它。使得它的神經組織活絡起來，常拉它，它會更顯得敏感。要給它一個愛的拉伸，不要太用力，輕輕的就可以了。（圖十二）

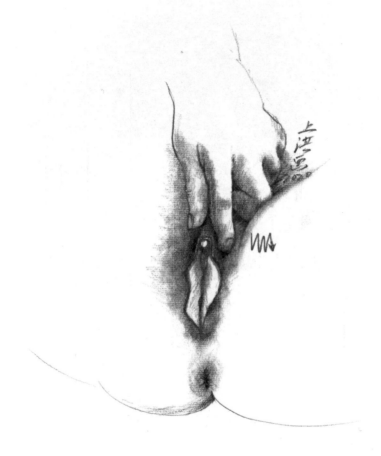

圖十三

　　第二個，就是搓著它，做這個動作，你的手會摸到那個原子筆芯硬硬的部分，這樣子搓它，從裡搓到外，它的面積很小，一點點，所以說，要很小心的去搓它，你一搓它，就會傳到她的心裡面去，她就會有愛的感覺，她的心會打開，很妙的東西。性輪跟心輪是連結的，女生比男生更明顯，你一摸它、一拉它、搓它，它跑到心輪去，心就開放了。（圖十三）

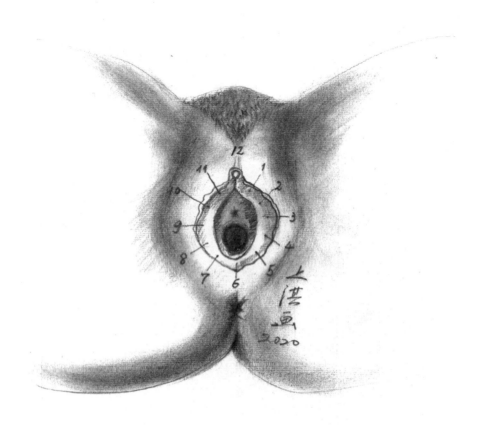

圖十四

　　再下來，另外一個很重要部分就是，從十二點鐘方向的位置開始，
女生的陰道口，從一點鐘的方向開始，用大拇指壓下去五秒鐘放開；
兩點鐘方向壓下去放開；三點鐘方向壓下去放開；四點鐘方向壓下
去放開；五點鐘方向壓下去放開，五秒、五秒這樣子，壓一圈、兩圈、
三圈、七圈，本來鬆垮垮的那一朵花，它就活起來，形成一個活絡
的外陰。會使得外陰看起來活絡飽滿，充滿能量，會按壓到恥骨的
邊緣，有促進健康的功用。很多事件的記憶，也會卡在這邊，按壓
它，讓它融化解開。（圖十四）

圖十五

另外一個，就是用螺旋的方式，在她的大陰唇跟小陰唇中間有一條恥溝，從上到下，這樣子旋轉的方式去按摩它，記得塗潤滑油。按壓的時候，女生就會有想要打開的慾望，那是一個千年等待的祈請。（圖十五）

四、性能量的流動循環路徑

松果體的作用，它會產生能量、開第三眼等等。做譚崔瑜珈的時候，有些人會感覺到頭頂的頂輪這邊盤旋了一圈能量，這個能量，最後會像一朵千瓣蓮花一樣的出現。就像我們唱的 OM，一唱的時候，整個能量就會像波一樣的擴張出去，無形的，但是你們會互相感受到，會有那種向外放射的感覺，它就是一種波，所以說譚崔瑜珈，每一個式都有一個原音，每一個原音震動的脈輪的地方，都不會一樣，都會產生不同的開啟的方式。

內在器官與脈輪跟它的幾何形狀是裡外互相對應的。每一個脈輪都有它的名稱；每一個名稱都對應外面的一些顏色跟幾何學的形狀；每一個脈輪都有它的聲音，黃色的念 lung，綠色的唸 Vam，紅色的唸 Ram，藍色的唸 Yam，這個是紫色的唸 Ham 等等之類的，這個就是我們一般單人方面的一些鍛鍊跟練習的部分。

在一般性學裡面的性高潮曲線圖，刺激到一定的程度之後，曲線向上延伸、往上衝，衝到頂點，高潮，之後就疏解，降下來。奧修強調的高潮曲線圖是，刺激它，到了 30% 的時候不要理它，進入冥想的階段讓它歸零，一段時間之後再繼續刺激它，一直到達 90% 的時候，讓它往下掉到 85%，向前一直延伸，直到永遠。因此男生不會射精，女生也不會高潮，這是奧修所強調的譚崔的高潮曲線圖。所以說男生不要到 95%，已經快射精了，來不及，就射出去了，你

到 90% 的時候，就要讓它下降到 85%，在一直向前。但是，這個只能你自己體會，別人體會不到，也沒辦法用數字去量你，就你自己內心要知道你的點在哪裡。

我們在德國的時候，有一個練習，叫你自慰到射精，你要去感受射精前的那種感覺是什麼，要把它記起來，以後你快到射精的時候，在那個點之前，就要停止。以前光練這個，就要練了好幾天，因為一天只有一次的機會，一旦射精它就軟掉了，要練最少七天，七次記得那個感覺，以後你就可以控制他。

再來就是兩個人的相合在一起，一合相，我把它拿來當作我們譚崔的一個語言，就是兩個合在一起。

介紹我們整個能量的流動的路線圖，就是男女合在一起一合相的做愛。當你用這個姿勢做愛的時候，它會形成這個能量場。（圖十六）

圖十六

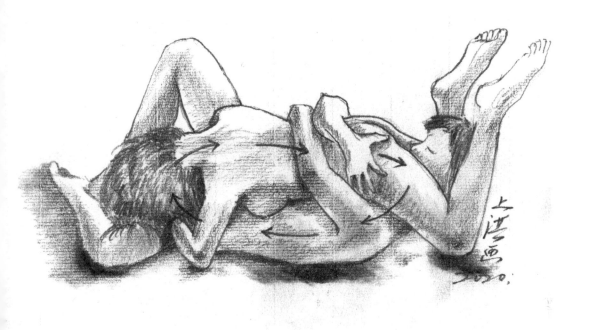

圖十七

　　你如果採取這個姿勢做愛，它剛好倒過來，高的地方往低的地方流，女生在上，男生在下，它會由女生流向男生，一般是男生流向女生，再從女生流向男生比較多，當你是用這種姿勢做愛的時候，6對9的姿勢做愛的時候，也是一樣，從男生的金剛杵這邊進入女生的嘴巴，進入她的身體，再由她的外陰部，進入男生的嘴巴，再進入他的身體，形成一圈。所以說，當你們兩個身體，頭跟尾有互相接觸，它就會形成一圈的能量圈。（圖十七）

圖十八

　　當你用這個姿勢做愛的時候，因為頭沒有接觸在一起，能量就會流進來又流回去，流進來又流回去，像鐘擺一樣迴盪，當你們兩個日月交抱的時候，他跟你的身體是分開的，你們就不會形成一圈的能量，就會像這個樣子。（圖十八）

圖十九

　　若是用這種方式做愛的時候，它就是由男生的金剛杵進入女生的身體，從女生再進入男生，剛開始，它是從海底輪跟心輪，互相接觸的地方互相連結，你如果沒有辦法盤腿的，也可以把腳稍微翹高一點點沒有關係，如果再不行的話，坐在椅子上也可以，總之不能躺平。因為能量是由低往上流的，如果你的身體躺平，你的能量就會全身亂竄，你的身體是直的，能量就會由下往上流，那我們希望能量由海底輪流向頂輪，所以說要採取立的姿勢，不能躺平，至少要半躺。（圖十九）因此它會形成這樣一個很大的能量圈，這是我們一般的日月交抱的樣子，在自體內自轉。剛開始會產生小小的能量流，後來能量會越來越大，再後來能量會大到整個周圍都是。

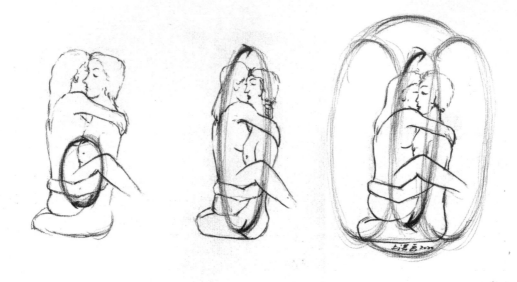

圖二十

　　所以說我們團體練習時，做到最後，大家的能量全部流成一體，會形成一個很大的圈，變成一個能量場域。當你回家做愛的時候，你養的植物如果越活越漂亮，表示你們的能量已經影響到它了，最好你們在做愛做到隔天早上，隔壁的老太婆都覺得心高氣爽，它的能量擴張出去讓她感受到了，擴張到我們整個社區。

　　這是日月交抱高潮，整個能量發展出來的時候，爆炸出來一個圖像的那個展現，整個晴空霹靂，爆炸出萬般的能量，進入宇宙法界。（圖二十）

　　性高潮曲線圖會變成這樣（參考圖三），會從第一輪，剛開始零，實線的部分是女生，虛線的部分是男生，男生要攀著女生的整個性的感覺往上，當你掉下來的時候往上拉，當你太高的時候往下拉，要攀著女生往上往上往上，到最後的時候，它沒有一個頂端，不需要再下降到 85%，沒有，直接一直衝上去，沒有射精的現象，但是有射精的感覺、高潮的感覺，而且很長、很長、很長。這個是我們在德國譚崔要教導的譚崔修煉最後一個階段。

　　於是乎，我們的身體、精神、與靈性，進入了四喜四空，證入大樂智慧無死虹光身。

第六章

譚崔因緣實踐

1. 生命之痛開啟終極問題的追尋
2. 德國鑽石蓮花中心的譚崔慧命
3. 在台灣開啟的譚崔生命教程

一、生命之痛開啟終極問題的追尋

1. 進入藝術領域

　　我高三的時候，全班的同學都在準備考大學，我卻在那時候，迷上藝術創作跟繪畫，整個人都投身在藝術的領域裡面，學習藝術是從素描、水彩、國畫、書法這四項大學聯考要考的科目開始的。在畫室裡面，老師每次上課都會播放古典音樂，我就覺得好奇，為什麼每個古典音樂的音樂家都是德國人？為什麼德國人可以創作那麼多的音樂？為什麼這麼多大師是德國人？

　　後來在我高三的時候，母親驟然的離開了我。我生命當中最重要的人，就是我母親，我跟母親的連結是無可言喻的，小時候常跟她一起荷著鋤頭，去田裡工作，她種菜的時候，我都在旁邊的沙子上玩，不管她做什麼，我都會在她的身邊，直到我離家去讀高中，才離開她。卻在我高三的時候，她得到了癌症，因不想連累到我、讓我擔心，所以她也沒有跟我說，就連她嚴重到去住院，也沒有跟我說，只因她不想影響我的課業，一直到她往生的時候，我才接到消息。由於我們家鄉辦喪禮的儀式跟風俗非常傳統，使得我非常的厭煩，那時候剛好是我的反叛期，所以整個過程當中，我完全沒有掉眼淚。

　　直到我母親出殯，把她埋在墳墓後回到家裡，我才完全潰堤的大

哭，抱著我的五個姐妹，我們六個人抱在一起痛痛快快的大哭一場。整個生命的回憶，我跟我母親的關係，就在這個潰堤當中，完全被激發了出來，從此之後，連續三年的時間，每天晚上想起我母親，都會淚流滿面。就在同時，生命跟死亡激起了我非常大的力量，我想要了解為什麼人會死亡？死亡之後到哪裡去了？這個課題在我的心靈裡面，形成一個很大的問號。

2. 哲學與佛學的探索

於是我從哲學當中去尋找，當時我就讀了康德哲學、叔本華哲學、尼采哲學、黑格爾哲學，很多、很多的西洋翻譯成中文的哲學。我的同班同學都在拼大學聯考，我卻沈浸在藝術與哲學當中，因為我要尋找生命的答案。後來發現哲學好像對整個生命的描述都是不清不楚的，但是又讓我產生另外一個好奇的地方就是，為什麼大哲學家又都是德國人？於是乎，我對德國這個國家的嚮往產生很大、很大的興趣。

在哲學當中，找不到我母親去世的方向，找不到母親往生之後到底會到哪裡去的答案，所以，我從佛學上下手去尋找，在讀佛學當中偶然的機會，遇到佛光山的一位師父，他跟我說明了整個業力法則、輪迴法則。從此之後，我非常虔誠的跑到佛光山去跟著他們念經、打坐、修行，我甚至到佛光山去做了短期的出家，在佛光山長期打坐、長期修行，我的生命從此進入另外一個更深的領域。因為佛學，在我的心中產生了一個革命性的變化，我感覺佛學比哲學還

要真實，而且還要龐大、還要深刻。當時我對中國天台宗的佛學特別有興趣，尤其是智者大師的佛學，他的《圓頓止觀》、《法華玄義》、《六妙門》、《四禪波羅蜜》、《小止觀》等等，我都有做非常多的研究，甚至寫了論文。

這樣的一個佛學基礎，它深深的在我的生命與我的靈魂裡，喚醒我過去的一些經驗，喚起了我過去累劫以來對佛學的一些深刻記憶，這些記憶都在我的八識田中一一的被喚醒，突然間，我好像能夠趨入整個佛學的中心、禪宗的公案、所有的大藏經典，我都可以滾瓜爛熟的讀，因為，在這樣對生命真誠的、深刻的叩問與追求當中，它使得我的佛種慢慢的甦醒。

二、德國鑽石蓮花中心的譚崔慧命

1.譚崔瑜珈課

我與譚崔雙身法的機緣

我個人之所以會接觸到譚崔，是一個非常奇妙的因緣，記得小學四年級有一天下課，我的阿公把我叫過去，把我帶到家後面的那個山坡上，他把他的褲子脫掉，嚇我一跳，他的陰莖綁著一塊鐵，他也把我的褲子脫掉，也把我的陰莖綁著一塊鐵，叫我蹲馬步，前後這樣子晃動，隔天早上再綁、再晃。我從小學陰莖被綁著一塊鐵這樣子晃晃晃，晃到我國中畢業，七年的時間，每天吊陰莖，我不曉得為什麼要吊這個，但是我甘之如飴，每天就在那邊吊著晃。後來才知道那個東西叫做帝王神功，也叫久久神功。

我在1990年的時候去德國留學，那時候台灣電視只有華視、中視、台視三台而已，去到德國的第一天晚上，打開德國電視機，發現居然有100多台，嚇死我了，那麼多的電視台怎麼看得完？我從第一台開始看，無聊、看不懂，因為聽不懂德語，然後第1台、第3台一直轉，轉到第37台看到一個老男人，五十開外，裸體吊著一副非常大的陰莖，拿著麥克風在那邊講話，那個陰莖在那邊晃來晃去，就在電視裡面一直講話，雖然我聽不懂他在講什麼，但是很好奇就看著，看了十幾分鐘都沒有發生什麼，我就轉到38台、39台，再跳回37台，還沒有什麼，41台、42台、43台，又跳回37台也沒

有什麼，還繼續在那邊講。48 台、50 台，又跳回來 37 台看。一直到 100 多台又繞回來。誒，精彩的來了，出現了一個女的，也裸體，身材很高，身材比例就像美學中的黃金比例那樣子，我就看他們兩個會不會表演什麼精彩的東西，猜想他們等一下應該會演 A 片。等了半天什麼都沒有發生，兩個在那邊對話了半小時，講一些我聽不懂的德文。後來那個男的坐下來就盤腿，女的居然坐在他的面前跟他抱在一起，我猜想精彩的來了，便睜大眼睛著看著。結果他們兩個一動都沒有動，就這樣子抱著都沒有動，我看了十幾分鐘，就這樣一個畫面，一動都沒有動，等一下跳到 100 多台又跳到 1 台 2 台又跳到 31 台、35 台、37 台，他們都沒有動，整個晚上都沒有動，我從七點多看電視直到九點多，兩個還抱在那邊沒有動，就像在看一張照片一樣，靜止的。這是我去德國留學第一天晚上遇到的事情。我當時覺得德國怎麼那麼齷齪、骯髒、下流？七點多黃金時段，怎麼可以播男人的陰莖在那邊晃？和一個女的抱在一起。我印象非常的深刻。

我就讀藝術大學美術系，讀了七年，從 1990 年一直讀到 1997 年畢業了。已經是藝術博士了，可以回台灣找個好工作。但其實我來德國的目的還沒有達成。我真正的目的是想要讀哲學，於是我試著申請德國最好的哲學系－德國柏林洪堡大學哲學系。黑格爾、叔本華、馬克思，這些德國大師都曾是德國洪堡大學的教授。兩個禮拜之後，教授的助理打電話來說：「非常恭喜你，你已經是我們教授的學生了」。

　　雖然我已經是一個藝術的博士，現在又攻讀哲學系，但因我沒有哲學學士的學分，所以需要補修非常多學分。我每天非常勤奮的去上課、修學分。哲學系非常的古老，系所圖書館的前面有一個很長的桌子，上面放了滿滿的雜誌，各種的雜誌都有，那些雜誌任何人都可以隨意翻閱。我每天都去翻那些雜誌看一看，第一年下學期的某一天，我看到一本雜誌像 A4 那麼大，很薄大概五十幾頁而已，我翻開看到靈性彩油之類的圖，翻第二頁是靈氣的課程，還有西藏喇嘛來這邊講法，再翻有聖嚴法師來這裡禪七，再翻都是這些心靈成長課程的介紹，整本雜誌都是心靈成長課程的廣告還有一些說明介紹，看到後面，居然看到那一個人吊著大陰莖，他就是在電視上講話的那個人！就是他！沒有錯！還有那個女的！上面寫了一個字叫 Tantra。我已經讀博士班了，還有單字不懂得？這個字就不懂。我就把那一頁偷偷的撕下來了，放在口袋帶回家想查字典，一查，我的天啊！那一個字就是我們台灣講的雙身法，因為我在台灣是佛教徒、是佛光山的理事，長期在佛光山念經打坐、還短期出家過，雙身法我懂。雜誌裡面有很多細膩的說明，非常的引人入勝，上面還有電話和住址資訊，我便把那張廣告夾在我的書裡面，每次上課，就會翻到那一頁。有次有個德國南部的學生做報告，他講德文的拜耳腔很重，我已經聽不是很懂，然後他講到一半還把他的手撐著臉講話，我就完全聽不懂了。此時我就想從後門溜出去，循著這個地址，去看看這個地方跟他們到底在搞什麼。我在德國地鐵繞來繞去、轉車、換地鐵，再吃個晚餐才到達那邊。

　　我到達入口，它兩邊都是非常古老的建築，好像二次世界大戰之

後，就沒有整修過一樣，爬藤爬滿了牆，兩邊有窗戶，窗戶裡面放了兩個非常老舊，而且非常下流的 A 片卡帶。我開始質疑到底是不是來對地方，按了門鈴後不一會兒，來了一個年輕人，我就用德語跟他說：「我叫做簡上淇，來自台灣，正在柏林洪堡大學學哲學。」標準文法，他卻回說：「不用講、不用講了，進來吧！」他手一勾、門一關，帶著我上樓去。

德國的房子一進來，有一個很長的走廊，要把你的帽子、大衣、雪靴排好掛好，那時候是冬天，長釘上一排已經掛滿了衣帽，我撥出一個位置把衣帽整齊的掛好、擺好。一轉頭，那個年輕人不見了，剩下我一個人在走廊，廊上就只有看到一扇門，我便朝那扇門走進去。一進去，啊！！嚇了一大跳，以為走錯教室那種感覺。四排的人全部裸體，全都是肉，遠遠的地方就是電視上的那個老頭子，像神一樣的盤腿坐在那邊。我站在門邊，半遮面的羞愧感。他卻非常冷酷的請我脫光光找個地方坐下來。我覺得奇怪了，我只想要知道你們在搞什麼而已，為什麼你叫我脫光光找個位子坐下來，就在我不知道應該怎麼辦，猶豫要出去還是要進來時，他又說了一遍，更冷！更沉！我想說這下完了，騎虎難下。他們所有人都不知道在幹什麼，突然全部趴下，我看他們趴下去，我也趕緊跟著全身都脫光光趴在那邊，把重要的器官全部都擋著。他們不知道在唱誦什麼，我也跟著他們一起，弄個半天整個腰酸背痛，直到老師說起來。

起來之後，全部的人都看著我，因為我是當中最特別的，他們都是德國人，而我是亞洲人，我只好拿著枕頭擋著重要部位，非常羞

恥，反而使他們想要看得更仔細，我想說你們想看就看吧，手一放開，他們反而不看了。老師又帶著做了瑜珈姿勢，又唱誦了半天，又起來。又做了一個瑜珈，每一個瑜伽姿勢都要唱誦，我就跟著他們一起。一共做了十個瑜珈姿勢。

之後老師說，我們下一個練習，需要一個新的伴侶，不管圓的、扁的、胖的、瘦的、老的、少的、美的、醜的、黑的、白的、長的、短的、粗的、細的，不影響成道！開始！！那些德國人很快就倆倆配對好了，那時候我有東方人矜持，站在那邊等待機會來臨，結果沒有機會來啊。最後只剩下我和另一邊一個老頭子剩下！老師說：「那就你們兩個一對好了，就在這裡！」啊！天啊！他們都選風景好的，地理美山明水秀的地方，我卻在壓力最大的位置：老師的面前，而且還跟老頭子！啊！

那個老頭子對我說：「我扮演Ａ你扮演Ｂ好不好？」我答應之後，扮演Ａ的先坐下，扮演Ｂ的坐在他上面，不是背對著背，是面對面這樣子。當大家都坐好了，老師已經喊要開始了，我還在那邊猶豫不決，因為我不敢坐上去，我這從來沒有跟男人裸體擁抱過。他說：「趕快啊！趕快坐下來啊！」我說：「對不起，我在還在準備當中。」他說：「你準備快一點！」我不得不硬著頭皮坐下去了。我一坐下去便有種噁心感的感覺，一直以來我陰莖被別人碰到的時候都是硬的，結果這次是軟的！而且是兩個軟的陰莖碰在一起，從來就沒有那麼噁心過！還要順著時針的方向旋轉，它一旋轉就在那邊磨啊、磨啊、磨啊！我第一次陰莖被別人碰到完全沒有感覺，就那一次！

一般情況一脫衣服我就勃起了！這次是因為一個老頭子跟我抱著，陰莖在那邊磨，才沒有反應，過了半天老師說停！我就馬上跳起來！

　心想好不容易過了這一關，老師居然說：換過來！B坐在下面！A在上面！我心想頭大了！這如何是好！我很不情願的盤腿坐下去，然後，他竟毫不猶豫的坐了上來！還喬了一下，把他的肛門口正對著我的陰莖，這一下還得了，等一下要旋轉了，知道嗎，轉的時候陰莖對著肛門口實在有夠搔癢，又不能勃起、無法勃起，有夠壓抑，感到又排斥、又難過。他全身都是毛，又有德國人的酸體味，我把我的頭轉向旁邊，呼吸旁邊的新鮮空氣這樣子轉，不一會兒他居然停下來把我的頭用雙手捧著擺正，雙眼柔和的對著我說：「你沒有好好抱著我！」我說：「為什麼要好好的抱著你！我愛的是女人！不是男的！我幹嘛要抱著你看著你。」因為當時我是四隻手指如虎拳狀這樣抓住他的背的，手指跟手掌間有空氣會流通，他會感覺到沒有愛的流動的感覺。（所以同學們注意你們只要手掌心貼到你的愛人身體，那就會有愛的傳遞，像十指交扣會有很強的愛的感覺。）我弄這樣子，他就感覺到我沒有好好抱著他，我只好將我的手掌貼上去。我想我這一生為什麼會遇到這個老男人，到底是誰的安排？我以前到底做了什麼，有這樣的業力？而其實，我排斥的不是眼前這位老男人，而是我自己，對他的不認同感跟排斥感，其實是對我自己內在的覺受。轉了半天結束之後我催促著說：「起來！起來！」他就慢慢的爬起來跟我說謝謝。我也說：「非常感謝你跟我有這一次的機會。」他說：「好，謝謝！」我學佛法學了十幾年，常常聽到眾生平等，常常聽到放下執著，當時我每天可以打坐七小

時不倒單，唱誦過大般若經兩部，一部大般若經是六百卷，每天不斷精進修行，我以為我已經眾生平等了，我已經放下執著了，結果今天遇到一個老男人把我十幾年以來的修行，一竿打趴在地，這是何等的悲哀，我們一般的修行都是在知識層面，而不是真正的實證實修。其實，我所排斥的不是面前的老男人，不是他的體味，不是他的身上長毛，我所排斥的是我自己，是我的自心，因為我沒有接納這一個老人，而且是男的老人，其實我所排斥的不是這一個老人，更不是這個男人，也不是因為他的身體長得不是一般社會上異性戀的觀點做為擇偶對象標準的男人。因為我的內在有一個道德的評判，他不是我心目中的對象，所以我不能跟他有親密的接觸，我作為一個修行人，我竟然是如此的以世俗的眼光在選擇伴侶啊！

老師又來了，下一個練習，他說需要一個新的伴侶，不管圓的、扁的、胖的、瘦的、老的、少的，不影響成道。開始！就開始找了，我又不好意思找，內心還是放不開，就像桌上有一塊好吃的肉想吃又不敢伸手去夾，我又剩下來了，剩下的舉手，我還是舉手剩下我一個。那邊有一個女生也剩下來，哇！那麼大！長得非常胖，最少有一百五十公斤，老師說你們兩個就一組，排在這邊，我就嘴上說：「非常幸運能夠跟妳一組。」可是心裡是很排斥的，結果我就坐下來，她就坐在我的腿上，我雙手合抱無法將她全身抱緊，我中間還弄了一條毛巾首尾拉著，她很大，就開始呼吸，她的氣息好大，非常大聲，就這樣子大風吹，努力跟她拼到流汗。老師說，請換過來，換我坐在她上面時，就好像一隻青蛙上面停了一隻小蚱蜢的感覺。

那次的課叫做譚崔瑜珈，單人的做了十個，雙人的做了五個，我完全沒有選到我要的伴侶。第三次老師說我們下一個練習需要一個新的伴侶，不管圓的、扁的、老的、少的...那時候我就聰明起來了，我是德國的博士呢！開什麼玩笑！怎麼可以每次都落空，我就從教室的這個角落衝到斜角的那個角落，對著最美的那一位，問她：妳要不要成為我的伴侶？她頭轉了一下，看了後面那位男生，她對我說對不起！我跟他約好了！我的天啊！怎麼可以用「奧步」先前約好了，不是老師講完之後才找伴侶嗎。我又落空，一轉頭一回首已是萬頭空，又配到一個不喜歡的對象。

那一次的瑜珈課對我來講印象很深刻。課程結束了，我就穿起我的大衣、戴上我的帽子、穿上雪靴，要走了，那個替我開門的年輕人跑出來了，他說：「等一下、等一下。」我說：「什麼事嗎？」他說：「還要繳錢。」我說：「哈？我寶貴的身體被抱走了還要繳錢？」他說：「對！十五馬克！」我說：「那麼貴啊！」（當時我吃一餐才兩馬克）。我忿忿不平地出去了！在那個飄著雪雨的夜空當中，佝僂著身軀、頭低下踩著德國崎嶇的石頭路前行，路燈照在我的身上灑向路邊，把我的影子拉得好長、好長，更顯現出我的悲淒，回到家，我一邊臭罵一邊傷心，我寶貝的身體被抱了還要繳錢，還抱那麼醜的，又是老的、又是男的、又是大女人。我想這種課程絕對不能再參加了。

可是問題是，在我們每一次瑜珈動作的中間，那個老師會講一段話，那一段話剛好是我在哲學上的瓶頸、無法衝破的那個點，他都

把它點出來，我想說他太厲害了，他講那些最高的哲理，都是佛法的，都是無上密的道理，我搞不懂的是，這個跟裸體瑜珈有什麼關係呢？隔一個禮拜，還在這個憤怒當中，又一個禮拜，我想說他講的這個話很有道理，而去聽看看這些對我寫博士論文有沒有幫助好了，就帶著十五馬克準備去看一場好電影，要值回票價那種感覺。這一次一定要抱到一個美女，如果抱到一個美女就值回票價了，於是我再次前往了。

全部脫光光上課，我就脫光了讓他們看，第一個瑜珈開始了，一直忍耐、忍耐腰酸背痛，做了十個瑜伽之後，老師那一句話又來了，「下一個練習，要找一個新的伴侶，不管圓的、扁的、老的、少的...」我就直接衝過去找那個最高、最美的那一位，說：「妳願意當我的伴侶嗎？」她居然說：「非常願意啊！」哇！！！！我就像中樂透！跟她抱在一起，你不知道那個爽是到什麼程度！金髮碧玉的眼睛，陰毛都是金色的。旋轉半天整個神采飛揚，後來跟她做完練習之後，我無比的高興。那邊受傷，這邊療育了。之後又來了一個男的，對我來說沒問題了，又來了一個年紀大的女性，也都沒問題了，後來跟任何人我都沒問題了，都被削平了，我就是這樣子超越的。這個叫做譚崔瑜珈，我一共參加了三年又八個月，每個禮拜一晚上的七點到九點，沒有缺堂過，沒有漲過價，把我的身體鍛鍊得非常柔軟，中氣非常足，精神洋溢。

譚崔瑜珈對我的身體、心理、和靈性有很大的幫助。
首先談到對我的身體的幫助，平常在家只練個二十到三十分鐘，

我的筋骨變得很柔軟，不再是像鋼鐵一樣堅硬。在我的身體很堅硬的時候，我所有動作都很耗能，稍微走個路就氣喘噓噓，好似隨時扛著一副大鐵甲，行動遲緩又費力，容易造成頭昏眼花，感覺全身血路不通。做愛時間很短暫，因為全身的體能敵不過身體的重量，加上筋骨不靈活。做完譚崔瑜珈之後三個月，整個身心輕鬆，身體活動自然輕盈，筋骨活絡，做各種動作都沒什麼阻礙，特別是做愛的時候，變換各種高難度動作都沒問題，以前是體力活，現在是輕鬆享受各種動作姿勢的樂趣。以前像樹幹一樣僵硬，強風容易將它吹斷，現在是修竹，柔軟而隨風搖曳，做再久都不覺得累。其次是精神飽滿，以前總是感覺睡不飽，哈欠連連，而在做完譚崔瑜珈後，精神很好，總是神采奕奕，眼睛炯炯有神，好像能量隨時充滿，取之不完用之不竭。

在心理層面上，譚崔瑜珈帶給我心理平靜，因為每個瑜珈動作的體位法，對身體都是一個極致的拉伸，總會痠痛，心煩氣躁。剛開始的時候，一痠痛就想停止，想逃避，平靜不下來。然後硬著頭皮去做，時間久了，就能去與那些痠麻脹痛共處。再後來是能去享受它們，享受痠痛在身體上的作用。最後是能安住在那些痠痛當中，痠痛自然不見了，我的心因此被調伏了，整個人終於平靜下來，變得更有韌性，更有耐心，身心都安定了。我們的心平常是很粗糙的，當它變得很精細的時候，會進入一種禪定的感覺，有時候不太想出來，會做得很久很久。

在靈性層面上，譚崔瑜珈讓我體驗到進入三摩地的覺受；做瑜珈，

你抱著什麼心態去做是決定因素，有人是為了健康、有人是為了好體態、有人是為了超越身體的極限、有人是為了當瑜珈老師、有人是為了表演等等。而我是為了達至三摩地的開悟，因為瑜珈在印度流傳幾千年，它也是一種究竟的法門。它有外瑜珈和內瑜珈，外瑜珈就是身體的體態架式動作功法。內瑜珈就是內在的意識行動觀想視覺化圖像，正如西藏的密法，分成阿底瑜珈，瑪哈瑜珈和無上瑜珈，都是內在的意識觀修。

而譚崔瑜珈剛好結合了外瑜珈和內瑜珈，譚崔瑜珈體式是外瑜珈，每個體式與體式之間都有一個觀想的環節，因此譚崔瑜珈本身就是一種究竟的法門，它可以由身體的脈輪直驅精神的開悟。每一個瑜珈體式又都配一個唱誦的宇宙原音，在做體式的時候加上原音的唱誦，更能使得唱誦的振動頻率去刺激脈輪的開啟，我們都知道，宇宙能量就是振動頻率構成的，唱誦瑜珈更能直接將我們帶入宇宙的旋律當中。譚崔瑜珈是全身裸體做的。因此身體非常打開，沒有障礙，沒有任何隔閡，精神上是完全自由飛翔，沒有社會道德各方面的束縛制約，靈性是完全敞開的，唱誦的頻率更能入心入靈魂。

我在做譚崔瑜珈中，做到了忘了身體的存在，整個人融入在咒音的震動娑繞之中，就只有震動的頻率和一團能量，身體好像一根被敲擊的音叉一樣的震動著，從頭部的頂輪到腳趾頭，細細密密的震動著，心輪非常開朗、自由、浩瀚，就像一片葉子從樹上輕輕飄下，落在水面上，漂浮著，漂浮著，輕輕的！這是我心靈感受到的恩寵。

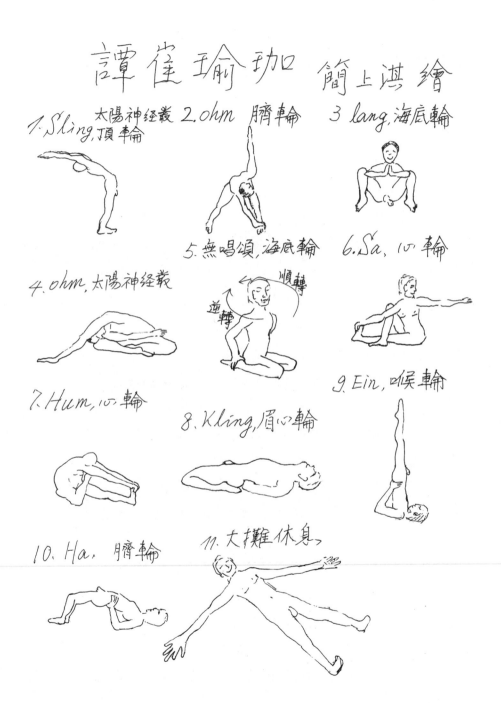

譚崔瑜珈　簡上淇 繪

1. Sling, 頂輪　太陽神経叢　2. ohm 臍輪　3 lang, 海底輪

4. ohm, 太陽神経叢　5. 無唱頌, 海底輪　逆轉 順轉　6. Sa, 心輪

7. Hum, 心輪　8. Kling, 眉心輪　9. Ein, 喉輪

10. Ha, 臍輪　11. 大攤休息

2. 譚崔年度專修課

之後譚崔瑜珈上到約一年半的時候，那位大師兄邀請我參加一個譚崔的年度訓練課程，他說就是跟性有關聯的，那個內容非常的複雜，你來上課就知道了。我還是請他稍微說明一下，哇！聽了之後，我知道那大概是印度、西藏喇嘛他們雙身法的秘密修行法門，太激動了，我馬上說：「好啊，我來上，要多少學費？」「兩千五百馬克！！對我來說那是個很大的數字，將近半年的生活費啊！」我硬著頭皮從德國打電話給台灣的姊姊說我需要現金，然後姐姐找了四個妹妹湊錢，把錢匯過來。大師兄給我一張 A4 大小的紙，上面列了二十四條需要攜帶的上課物品、工具，參加課程還要帶工具。第一條：保險套一百個，第二條：男生戴的屌環一個，第三條：女生用的按摩棒，需要光滑面的不能有凸顆粒的，第四條、第五條... 一共二十四條。全都是情趣用品，這些我都沒有接觸過，當時覺得這種是骯髒下流的東西，我是德國哲學博士班、哲學家、藝術家又是佛教徒，我怎麼可能去接觸這種東西，我就問那個大師兄說：「這些東西是什麼？」他說：「你若不知道這些是什麼東西，我帶你去買。」「好吧，你帶我去買。」我們就推了購物推車第一次進入德國情趣用品店，居然跟我們那個大賣場一樣大，用推車一個、一個買，一共花了五百多馬克，五百多馬克只為了上課啊！

上課第一天晚上報到，先繳費跟醫院的 AIDS 測試、所有的性病測試都沒有問題，他才讓你進去，進去的時候全部脫光光沒有任何一件衣服、沒有手錶，什麼都沒有，就這麼報到，到了晚上了，他播

了一部電影給我們看，電影在演什麼，我到現在已經忘記了，就是都德語講的非常快速的一部電影。晚上睡覺規定不能有性行為；所謂的性行為就是身體的部分插入另一個身體的開口叫做性，鼻孔是開孔不能插入，嘴巴也是開口、陰道、肛門都不能插入，手握起來也是開口，也不能插入。那一天晚上我完全睡不著，有一個女生還抱著我睡，還有很多打鼾聲此起彼落的，整夜都睡不著。隔天早上起來，身體暖暖的卻要先跳冷水缸，那不是虐待人嗎？所有人都跳到那個冷水的浴缸裡面，我只好也跳進去了，啊！好冷啊！跳進去要浸三分鐘才可爬起來，哇！我只好跳進去時猛烈的火呼吸，起來時全身居然發熱。

接下來就做早上的瑜珈姿勢我們平常在做的瑜珈，瑜珈做完吃早餐，德國早餐非常豐盛，各種不同的麵包，種類繁多的起司，早餐吃完就開始上第一節課。

（1）性完美高潮的衝擊

這是我這一生的第一次最震撼的第一節課。

就是全部的人圍成一圈，老師說；我們人生中，常常會遇到不如意的事，或是心情低下，當你在能量低下的時候，就要用一個最高能量的人生經驗，來取代或覆蓋，消除低下的負面能量。因此，這節課是，要把你的高能量拿出來，把你這一生當中你所表現最完美的那一次的性愛搬到中間來做一次，從所有的學員當中隨便找一個伴侶，哇！當頭一棒！第一堂課就那麼猛啊！這是有陰莖插入陰道的行為啊！老師說開始找伴侶，我就又在那邊矜持了，結果德國人

都倆倆的找好了，弄了半天，除了我之外也剩下兩個男的，我跟老師說我不可能跟男的一起做，老師說沒關係，你就去找另外一組。比方說男的跟女的是一組我可以再去找他們中的一人，我當然要找女的啊，但是她可以答應也可以不答應，跟他沒有關係，他不能阻止也不能同意，只有她有權決定要跟不要。我轉過去就近找旁邊這一個的女生矮矮的，長得蠻漂亮的，我對她說：「我找妳一組可以嗎？」她說：「好啊！」她就轉頭過去跟那個一百九十公分高的男生點了一個頭，然後我們三個人就一組，結果，他們兩個是情侶關係，朋友之妻不可欺啊，我就說：「對不起！我換人好了！」他卻說：「不用不用！你們兩個先上！」居然還有這種事，居然叫我跟他女朋友先上，我就說你先上吧！他就說你們先上！！揖讓而升，下而飲，其爭也君子。

我人生當中第一次遇到男朋友的女朋友願意跟我先上去做愛，真讓我大開眼界，從她們的身上我體會到，這才是愛啊！這個男的太偉大了，他如果不是真愛她，不會允許她去跟別的男人做愛，她更偉大，她如果不信任他，也不會在他面前跟別的人做愛，他們彼此放下，彼此讓對方自由，彼此支持對方做對方享受的事。這在當時的我是不可能的，我很霸佔我愛人，她如果跟別人做愛，我會吃醋到死，然而他居然在我的面前叫我先上。結果我們就排隊分組上場，這個德國男生跟他女朋友排在第三組，我跟她必須要跳過兩組，要到第六組才可以。

老師敲鐘開始了。第一組上去了，弄了半天那個男的不太勃起，

後來勃起了，我們旁邊所有的人就要自慰，讓這個性能量很強大，然後投入正中間幫助他們把性能量提起，一開始我就完全勃起了，我坐在旁邊完全勃起的把能量送入中間加持他們，第一組那個男的弄半天還不怎麼勃起，最後勃起插入了，而時間馬上就到了，敲鐘，換下一組。我想說這一組好像還好呢，不是很強嘛。

　　每一組有十五分鐘，換第二組上了，弄了半天那個男的都無法勃起，十五分鐘到了，結果老師敲鐘，他就下來了。我心裡想說，他怎麼那麼菜，我只要贏這一組就好了，我只要隨便插入就贏了，更何況我現在一柱擎天，勇猛頑強。現在第三組，就是我的伴侶跟他的男朋友上了。不得了，他們才在旁邊都還沒有走到正中間，就幹起來了。中間鋪著墊子，上面蓋著一塊花布，他們把整個場地，幹的一蹋糊塗，我從來沒有看過那麼猛烈的做愛，我連在 A 片都沒有看到過這樣子那麼激烈的做愛行為方式。我想說完了完了，這我超越不了，他們兩個竟然幹到這樣猛烈的地步，我超越不了，我想說這下完蛋了。結果我勃起的金剛杵就消掉了，本來已經完全勃起的，完全消掉了，熄滅了，整個壓力來了。第四組上去也還好，第五組上去也還行。第六組換我上去了，我一上去自慰，陰莖不在，居然摸不到陰莖的感覺，自慰完全沒有感覺！一點都沒有感覺！已經過了五分鐘了，老師說趕快啊，過了十分鐘了，我還是沒有勃起，那女的說用嘴巴幫我含著或用手試看看，她低下頭去用嘴巴幫我含著我的陰莖，沒有感覺，我的陰莖在女人的嘴巴裡居然沒有感覺，陰莖都不在，都不在，全部都不在，我整個心狂火熱，全身大汗淋漓，氣喘吁吁，叫天天不應，叫地地不靈。在當時，我是佛教徒，學了

那麼多的佛法，沒有一個佛法能幫得了我；我是藝術家，沒有任何一個美學幫得了我；我是德國哲學博士學生，讀了那麼多哲學，卻沒有任何一句哲學語言能幫得了我。天啊！我的性哪裡去了！我的性系統怎麼了！我的神氣我的驕傲哪裡去了！平常不是很有能量很容易就勃起嗎？老師敲鐘說，時間到，下去吧！下一組！我整個人格當時被掃到地下，你這沒有用的男人，連一個女人在那邊都沒辦法，還自豪什麼佛學藝術哲學！真的非常的失敗，那種失敗受傷不可思議的失敗感，如狂風暴雨般地襲來，壓縮得我喘不過氣來，我坐在旁邊暗自哭泣，完全陷入我的失敗感和自我的愧疚裡。然後接下來他們發生了什麼，我都不知道，都不知道發生了什麼，我整個人陷在那種自我的悲傷裡面。

第二天上課，在上什麼我都不知道，全聽不進去。我就跟老師說我不想上了，我想回家了！老師說好啊，門就在那邊，你自己走出去！但你什麼時候能夠再走進來我就不知道了！

我想說那麼嚴重啊！那我再忍一下好了。到了第三天做了一個練習，扮演國王的角色。所有的人要裸體扮演國王的角色，這邊的人都是你的臣子臣民，你要命令他們做你要他們做的事，每個人都要扮演那個角色，也就是我們平常都沒有活在自主自立的角色，常常唯命是從，唯唯諾諾，不敢真正做自己，現在要你真正做自己，享受自己真正的性需求、生命需求。於是我就扮演國王，找了五個女生，一個女生一個幫我按摩左手，一個幫我按摩右手，一個幫我按摩左腳，一個幫我按摩右腳，最後一個跪在我的面前幫我口交。我

坐在那個椅子上享受，剛開始還好，也沒什麼反應，我想算了，隨便她吧，不做任何期待，反正時間到，我就下去，再換新的一組。弄半天之後，哇！我竟然勃起了，勃起了，哇哈哈哈哈哈哈哈！我的天啊！居然勃起了，那種感覺你知道嗎？我又回到了我，我做為我，又回到我的裡面，自我存在了，那種感覺又回來了，存有者的存有又在存有中存有了，特別的爽，非常的滿足，有高潮的感覺，沒有射精的現象。

後來老師講評的時候，有一組是裡面做的最好的，就是上淇，就是我，我做的最好，因為其他人不敢命令別人做事，反而反過來去服務別人，只有我敢命令別人做事，所以只有我是真正的國王，真正的做自己。在那裡沒有其他人這樣，甚至居然還有別人反過來去幫別人的，這都做不對了，所以那一次我就被救活了。那一天吃晚餐的時候，我們的餐桌長長的，晚餐後我把鍋碗瓢盆推到旁邊去，跳到那個桌上，跳裸體舞給他們看，爽到爆。從此之後，第四天、第五天、第六天、第七天，整個課程對我來說，充滿了意義，充滿了挑戰，非常、非常的精彩，一生中沒有上過那麼精彩的課，我的生命完全被翻轉了，我真正的走入了成道之路。

現在回想，我在選擇伴侶的時候，選擇了一對情侶中的女朋友，在我的內心裡面，覺得朋友之妻不可欺，可是她的男朋友卻允許我跟他女朋友上場，這一個上場不是只是上場，還是真的要真槍實彈的插入做愛，他不但允許，而且還鼓勵著，是打破我對男女朋友制約的觀點，因為我們一般對男女朋友是霸佔、佔有、控制的，我們

自己的伴侶怎麼可能允許他跟別人做愛？這是絕對不可能的事情！可是在這邊，卻遇到了，他不但允許，還鼓勵的狀態，完全打破我在一般世俗層面當中對於伴侶界線的制約，這也就是一般人對伴侶他們能不能長期在一起，最大的制約的阻力。一般的婚姻，如果有一方有了小三和劈腿，他們的唯一動作就是切斷、離婚、毀滅。他們以往的海誓山盟跟愛，就在這一刹那之間，完全的崩解，以前所做完全無意義。而當我們接納自己的伴侶他的所愛、他的選擇，那個時候你的愛是更大的，你不但要愛著一個伴侶，也要愛這個伴侶的所愛，這個伴侶的所愛包括了他的其他的性自由的選擇，我們一般如果能夠接受這個伴侶其他性自由選擇的話，性就不再是摧毀你們兩個關係中的定時炸彈，這是當時我體會最深的意識，它改變我這一生當中對伴侶關係的一種極深刻的觀點。

在中間兩個人做練習，要把生命當中最完美的那一段呈現在眼前的練習，我選擇了有男朋友的伴侶做為我的伴侶上場，我之所以會表現不好而失敗，其實它有幾個重要的因素：一個就是我有一個很強的『比較心』。因為她跟她男朋友在上一場的表現，讓我非常的驚訝與訝異，我感覺上比不過他，在這個比較之下，我覺得我的表現沒有辦法比他好，因為我會有一個完美的要求，有一個完美高潮的要求，希望我自己也是一個完美的，在這樣的情況之下變成很糟糕。第二個就是『緊張』，我當時的整個情況是覺得非常緊張的，人一緊張就會切斷內在的連結，內在的覺受會在你的緊張當中完全切斷，所有的感覺就會在當下完全關閉。第三個是我會很『在意別人的眼光』，因為在那個情況之下，周圍圍了一圈的人，他們在看

著我，我非常在意他們看我的表現，在這樣的一個在意別人的眼光的壓力之下，形成了我對我個人的感覺的切斷。在下來的一點是『性是私密的』，不是公開的。一般的性行為之所以能夠很順利的進行是因為它是私密的，是在兩個人的情況之下進行的，現在把性公然的擺在眾人面前，要叫你自由自在、狂妄奔放的去做，那是幾乎辦不到的（當時的我），可是我們何時何曾將性公開出來呢？因為我們的性是隱私的，必須被隱藏的，不能公開的，於是在這樣的情況之下，我失敗了。另外一個更重要的點是『自信心』，因為她的男朋友的表現非常的棒，使我產生一個自信的動搖，我自己覺得我無法比過他，因此在這個無法比過他的情況之下，我的自信心消失了，我不是我，不自信了，我懷疑了。當不自信、懷疑的時候，整個的存在，自己的存在感就會被完全的切斷跟摧毀。更重要的一點是，我『自己不在自己的能量裡』，因為我整個的投射，我整個的注意力，都在外面，都在我的對象上，都在旁邊，在看我的人的眼光上，當自己的能量不在自己裡面的時候，根本無法連結到自己內在的感覺，更何況是性的感覺。於是乎男人的陰莖，就在這樣的一個無法在自己能量的情況之下，無法產生感覺、無法勃起的情況。

(2) 療「育」女人陰道的故事

其中有一個就是到現在為止，我認為衝擊最大的，療育女生過去陰道的故事。

把拳頭塞進女生的陰道裡面，這在 A 片常常看得到，其實它也沒什麼特別的地方，重點好像是把女人的陰道撥得很開，能容納巨大

的東西。但是在譚崔的運用上,它卻是有無比的力量,用頭腦想不通的能量,用視覺看不到的感動,它在訓練女人去接受那一種外在壓力的衝擊,一個前所未有的張力與擴大。當一個東西被擴大到超出它平常的界線之外時,人的內在心量也同時被張開擴大。當它被擴大到極致時,它可以療育掉你以前生產的種種陰道故事、小時候被摸、青春期初潮初經、第一次做愛破處、與男人們的性經驗(特別是不愉快的)、產後憂鬱症、或是性創傷等等。男人看女人的耐力跟忍耐力到底是如何的強大,如何改變男人對女人既定的觀點。

　　三個人一組,每一組裡一定要有一個女生,我被分配到兩個男的一個女的一組,我的拳頭比起另一位較小,被推薦做拳交的那一個。另外一個男的,坐著盤腿,女的躺在他的胸前,他抱著她的身體,雙腿打開,我就從她雙腿間幫她拳交,拳交不是一下子塞進去,是塞不進去的,女人的陰道不是隨時都張得很大,有人說女人生小孩,連小孩子的頭都可以生出來了,你哪個小小的拳頭算什麼,錯了,女人的陰道不是隨時都可以生出小孩,塞進拳頭的,陰道之所以能生出小孩是因為有幾個小時的陣痛時間,子宮口慢慢張開到十公分大,陰道也跟著張開,才有足夠的括約肌鬆弛,小孩才能生出來。

　　這個練習有四個小時的時間,要把拳頭伸進去陰道是有技巧的,從外陰部慢慢撫摸讓她有性的喜悅感覺開始,注意力要集中在她的臉部的各種表情的變化上,從微觀中去體悟她內在情緒的變化,和能量上升的微妙情況,慢慢的撫觸她的大陰唇、小陰唇,要很輕很柔,另一個男的可以撫摸她的頭髮、耳朵、頸部甚至胸部,但是不

要太急太快，要帶著緩慢的情趣，配合著背景音樂，用愛的溫暖灌滿她的感覺，讓她緩緩升起愛的火苗和性能量的喜悅。經過半小時之後，再非常輕又緩慢的去輕觸她的陰蒂。陰蒂是非常敏感的，不能一下子太用力或太快，它會減敏，而是慢慢的建立，一絲一毫的推進它敏感點的性興奮感，另一個男生也可以慢慢撫觸她的乳頭，讓她享受雙重的敏感點的刺激感。四十五分鐘後緩緩的用一隻手指頭伸進陰道裡去，一定要很慢，因為要培養它的寬廣的性興奮感，而不是一線上昇的激情，然後手指在陰道裡慢慢的迴旋、優遊、滑動，謹記不可用活塞似的進出。

　一個小時之後，兩隻手指頭進去，一定要有足夠的潤滑液，一樣是手指在陰道內迴旋、優遊、滑動，上、左、下、右的按摩它使它增進喜感，更重要的是擴張它的括約肌，因此要雙指勾著，沿著陰道壁向外勾動，又不能太用力的向外拉，因為括約肌還很硬，還沒軟化擴張，所以要慢慢的旋轉又旋轉。一個半小時之後，三隻手指頭伸進陰道裡去。現在已經有點緊了，通常女生的陰道大概就是三隻手指寬（有些女生的陰道還要寬一些），三隻手指寬已經比正常的陰莖還寬了，所以現在要非常的小心，因為陰道已經開始被撐開了，這時更要集中注意力在她臉上的表情上，並且輕輕地詢問她，現在感覺如何。剛開始時三隻手指併起來成品字形，不要一下子插入太深，因為越深越寬，需要張的越開，所以在這邊要花一些時間，在這個時候陰道已經開始被撐開了，因此她內在的感覺開始不一樣了，剛剛是爽、舒服的感覺，現在是脹、擴大的感覺，括約肌有被拉脹的感覺。然後再慢慢地像鑽子一樣的旋轉加深，多次重複，重

複多次，有時候整隻手完全拔出來，再鑽進去，向左靠、向右靠，慢慢的撐開括約肌。

兩小時之後它一定要塞到底，手指的底邊，此時她的嘴巴可能也會跟著張大，女人的嘴巴和陰道是相連的，塞到底之後，她有真正被張開的感覺，她的陰道口開始發熱，擴張，她的心輪又一寸的被打開，這時動作要非常緩慢，手指壓到底，慢慢的鑽旋，注意她的表情，另一個男的要抱緊一點，她的身體可能會用力地扭動或顫動。

兩個半小時的時候，第四隻手指頭再進去，四隻手指合併，要塞，旋轉，用點力，女生的陰道會從熱感變成灼熱感，這時陰道被撐得很開了，一般的女性，她們的陰道從來沒有被撐得那麼大過，正常東方女性的陰道到這邊已經是極限了。這時候要非常小心的順著括約肌慢慢地用一點力旋轉。塞到四隻手指關節和手掌交界的地方會卡住，因為這邊是所有手掌最寬的地方，會塞不進去，要非常有愛心、耐心，就要慢慢的旋轉，慢慢的旋轉，四隻手指合併的地方，這邊會有一個空隙，要加潤滑油讓它流進去，這樣子轉，轉到一定程度的時候，大拇指彎過來，和其他四指合併，一定不能退出手掌的深度，再用力轉一下，啵！這樣就進去了。你要縮到這邊還有一個空隙，要加潤滑油才能夠塞進去，裡面的四隻手指頭進去之後會太長，會刺到她的子宮頸，所以在裡面要勾起來，到現在就已經經過三小時了。然後呢，技巧在這邊，這邊要塞緊不能夠讓它鬆掉，不然能夠讓它退出來，要塞得緊緊的，這一隻手要這樣子就進去了。然後女人就會啊！！！！！很大的一聲，那整個爽感，又痛又爽，

生命過去的所有一切就全部都浮出來了。

　　在我做的實際情況是，因為我的手這邊的骨頭比較大一點點，就到骨頭這邊就卡住了，就進不去了，塞不進去，啊～我用力塞也塞不進去。就卡在這邊好長一段時間，進退兩難，進又進不去，退出來又可惜，她就在卡住的時侯，嚎啕大哭，聲音極大又宏亮，像殺豬一樣的狂野大叫，我深深的被她的狂哭震撼到，因為她使盡了全身的力氣和全部的能量在大哭、呼喊。就在這同時，其他組別的學員們也都非常大聲的在狂叫，整間教室猶如殺戮戰場，聲音此起彼落，哀鴻遍野，夾雜著極其狂野又悲傷的聲音陣陣傳來，我一生當中，從來沒有見過那麼震撼的場面，真是嘆為觀止。我幫她做拳交的這位女神，她突然把後面那個抱著她的那位男神推開，身體直挺起來，凶為我的拳頭還卡在她陰道的外側，用她的雙手抓住找的手臂，自己將我的拳頭使盡全身的力氣將它往它的陰道內用力塞，就是卡住了啊，我不敢真用力，因為擔心它的陰道撕裂受傷，但是他自己卻拚了老命的往內塞，還是塞不進去，就是塞不進去，塞了 4 小時還是塞不進去，老師說：時間到。她突然放聲大哭，哭得好悽慘，久久不能停。老師說：所有同組的人，將那位案主擁抱，全教室的女人們，每一個都相當震撼的將情緒狂瀉。

　　那次是我這一生當中最震撼的一次，四個小時，所有的女生全像在宰豬宰羊那樣子全部都大叫一場。使盡了全身的力氣，將整個生命都投入，非常勇敢地與生死戰鬥，女人的柔軟又堅忍，韌性綿延，產生出堅強的陰性性格，不向生命妥協的毅力，奮鬥到底。從此以

後我非常非常的禮敬女人們，整個那個震撼、感人的生命途程就在我的眼前發生。

後來分享，每一個女生都訴說當時拳頭被卡住時，所勾起的從前的傷痛，內容都非常精采感人。幾乎所有男生都哭了，連我都掉眼淚了，從沒看過女人對那個忍耐力的韌性。我分享說：「男生的拳頭就是男人的權力的象徵，權力卻在女人的陰道裡被女人包起來，權力到了女人的陰道裡面，那只是一個小東西而已，所以女人的陰道包容力比權力還要大，那就是我的感觸。」所以那女人的偉大不是男人可以理解的，我在那一次的課程，把我整個生命全部翻轉過，因為我那時候，我的眼睛還長在頭上，看不起人，從此之後，我對所有的女人都禮敬為女神，老師早就說要把女人禮敬成女神，對我來說沒什麼感覺，就從那一次的練習之後，我整個從內心發出了對女人的崇拜禮敬感生發了出來，那是我生命中完全忘不掉的一次，我也希望在台灣有機會能上這個課，非常有能量，非常震撼，非常感人。

為什麼拳交能療「育」女人陰道的故事呢？重點就在拳頭被卡住，進不去，又不想退出來，那一段時間裡。因為在那一段時間中，你想要它順利得進去，可是它被卡死了，剛好和你的生命之流起衝突，你又急著要它進去，它偏進不去，於是乎在那個艱難的當下，就會去勾連出和你的陰道有關的故事，你就會去回憶起當時的狀況，進退兩難，重新回到現場。當你的意識回到當初故事的時候，療育就開始了，因為是陰道，就與過去陰道故事有關，又因為是陰道，就

又與性喜悅有關，所以剛開始的時候要很慢的建立性喜悅的感覺。之後卡在那邊你嚎啕大哭，情緒就開始釋放，以前被勾住放不下的東西，正是情緒，一旦情緒宣洩，療育就奏效了。最後是整個場面是愛的氛圍，愛的雙手，愛的交心，而不是當時無情的場面，正是愛的力量，使得一切的翻轉和轉化都變得可能，因此真正的療育力量，正是愛的力量。

（3）老靈魂的能量

這個課就是老師會先講一段課程的目的，跟它的核心，它的中心思想。他講完了我們就實地去操作。不像一般的課程，只是老師在台上講課，學生儘管只是聽課。所以說我們現在開的這個譚崔課，也是類似這樣，我會先講一段，大概會先是理論的部分，引導一下你們要注意聽那個核心是什麼，然後就會叫你們去做練習。有一些練習會有衝擊，你不要進入那個衝擊裡面，而忘記了老師講的課程的核心，一般人常常會是這個樣子。那我當時是沒有上過任何心靈成長的課程，就直接跳進去全世界最困難又艱深的德國譚崔中心，被衝擊。

四階上完之後，還一個跨年的課程有六天，那個跨年的課程對我來講有兩個很重要的人生經驗。

第一個就是有一個老太婆很老了七十幾歲，課程第一天她就盯著我，看到她的眼神趕快回避。有一次她深情款款地找我當練習的伴侶，在那次的練習當中，我只是應付的，只是扮演了一個角色，好

讓練習完成結束，跟她沒有什麼聯絡，因為她不是我的菜。到了第四天，有一個很神聖圓滿的譚崔儀軌，她就從很遠的地方衝過來找我一組，實在不好意思轉身離開，迎面看著她，她雙手合十很禮敬的問我說；我們兩個可不可以成為一組，我說好啊！願意（其實是有一點點不太願意的願意）。就在那個場地的一根柱子的旁邊，坐在旁邊這兩邊都是非常美麗的美女，我的伴侶卻是一個老老的女人。我想說我的生命如果不是對到男人，就是對到這種老女人，要不就是對到很胖的那一種，我的生命怎麼會那麼坎坷，可是我又必須要面對它。老師開始講禮敬的種種，一切儀軌的程序。

儀軌開始了，我心不在她身上，因為她的臉有很多的皺紋，看起來像老阿姨一樣，而我是這樣的年輕有朝氣有活力，她已經垂垂老矣！所以我的眼睛都沒有去注視她，因為我打從內心不喜歡她。儀軌的一開始就是禮敬的環節，我的嘴巴說著，但是我的內心是不在的，那只是一個形式。開始之後要自我提起性能量，也就是雙眼目視著對方情意綿綿，讓心靈連結，再自慰使自己勃起。結果我根本不看她，她也不美不性感，老老的，我都把注意力投注在隔壁的美女身上。因為我還年輕氣盛，所以很快就勃起，勃起之後就要日月交抱與插入式的進行儀軌，在我跟她日月交抱之後，一摸到她的身體，她的整個老化的皮膚，使得我勃起的陰莖馬上消掉了。我離開她的身體，開始自慰，不一會兒又勃起，我又與她日月交抱，當與她又身體再接觸的時候，陰莖一碰到她的身體，馬上就又消掉了。我又退出，繼續的再自慰，勃起之後，又與她日月交抱，它卻又消掉！結果弄得我滿頭大汗，氣喘噓噓，然後她看著我整個過程中

的樣態，她用非常柔和的眼神看進我的眼神的內在裡，並且緩緩的
告訴我說，其實我知道你的內心的波動與翻轉，你是不喜歡我的！
我想：對啊！我真的不愛她啊！我為什麼不愛她呢？她也是一個人
啊！也是一個女人啊！只不過是她現在年紀大了，身體老化了，她
也曾經年輕過呀！這一想之後，我的內在到底在神氣些什麼，等到
有一天，我也會像她一樣老的，在那個七十歲之後的我，還可能來
上譚崔課嗎？那時候也可能會被年輕人鄙視呢。於是我想，我現在
一定要好好地跟她做。從我的內心裡昇起了一股恭敬之心，我從我
的內在把她禮敬成女神，她曾經也年輕過啊，她年輕的時候也很漂
亮啊，她也是金髮碧綠的眼睛，她以前也是美女啊，就要這樣子。
然後就禮敬成女神之後，結果那一場啊，做了整個在我譚崔課程裡
面做的最好的一次，課程中好像有的人都做到一半就沒力了，我們
兩個還在拼，還在挑戰，還在弄，還在唸咒，開始高潮狂潮，真是
到了宇宙合一的地步。

(4) 男性的議題，權力鬥爭

另外一個練習，叫做渾沌的力量。有次序會產生力量，混亂也會
產生力量，那叫做混沌的力量。老師說除了殺、受傷流血之外，其
他都可以發生。開始！！結果大家就開始亂玩，整場都是裸體的，
玩到最後自然變成兩大團，這邊一團，那邊一團。我剛好被捲入其
中一團的正中央的地方，我平躺著的上方全部都是乳房、屁股，周
圍都是人在摸我，我好享受啊。一直親吻著乳房、摸乳房、摸屁股、
摸陰道，真是天上人間的享受啊，哪裡去尋找這種場面。感覺我的
陰莖有人在摸它，很舒服，就繼續摸，繼續讓她摸，我繼續親吻乳

房，陶醉在大樂的汪洋之中，享受著人生中此刻最棒的美好。然後覺得有人在幫我口交，非常潤滑的感覺，技巧奇好，上沖下洗左搓右揉，整根陰莖被服侍得服服貼貼，完全開張青筋暴凸，一柱擎天勇猛頑強，前所未有的爽。我內心想，這位幫我口交的人真懂男人啊。後來覺得怪怪的，我的陰莖整根好像非常深入她的喉嚨被含著，而我的大腿被渣渣的東西渣到，刺癢刺癢的，不是很對勁。我撥開人群一看，天呀～～～啊！男的！看到一個極為不舒服的畫面，我的陰莖正在一個男人的嘴巴裡被含著的畫面映上眼簾，喔！我的天啊！怎麼可以！完了！我的陰莖被含去了（台語）。馬上整個就消掉了！被男人含了就軟掉，就完全無法勃起。我就又跑到旁邊暗自哭泣，我當時才體驗到受性侵者的痛苦，在你不願意、不情願、還沒準備好的情況之下，被摸了或被含了，甚至被插入了，那是一種非常受傷的感覺。

我跟老師說你這個課程不好玩！他回我說：「這就是你的議題，你的這一生就是要面對男人，你的議題就是男人。」

當時我整個人生的課題是什麼呢？是男人！我從做瑜珈的第一次就遇到男人，我上的譚崔課每一次都有男同性戀要約我，我都一直躲著躲著就這樣子。

有一次，有一對夫妻來上課，男生得了癌症末期，他說他的生命大概只剩下三個月，帶著太太來上譚崔，想要享受生命最後的高潮，享受生命最後的芬芳。在上課的第一天，我就注意到他老是盯著我

看，我感覺到他對我有意思，因為我是絕對異性戀，所以我對男人有很大的排斥感。有很多的練習他都想找我一起做，課程中的練習大部分都是有插入的，因此我都刻意的避開他，專門去找女生配對做練習。就有那麼一次，正面撞見，躲都躲不掉，他找我配對練習，直接找我捅他的肛門，他在前我在後，由後面上，怎麼可能，我是排斥男人的。我說：「對不起我辦不到。」他說：「沒關係你試試看。」我說：「我摸到男人的身體我無法勃起。」他說：「那沒關係啦，你想辦法，你幻想一些漂亮的女人啊，想你美妙的性經驗或A片精彩的情節什麼的。不用擔心，要真有問題，我請我太太幫忙。」我們兩個就把位子排在他太太那一組的旁邊，以便她能伸出援手。我說如果我無法勃起請你太太幫我好了，她至少是個女的，你太太幫我用手弄一弄啊，我若勃起，馬上就插入。

就這樣子課程開始了，他一開始就把屁股翹高高在那邊，我一看，那畫面就不對，兩個屁股中間掛著一趴，屁股肛門周圍還長毛，一摸就不一樣的感覺。我喜歡摸那圓圓、滾滾、亮亮的女人屁股，而他那小小的屁股，窄窄的又長毛，在視覺上對我來說就不對，在性感覺上更是錯誤，結果我自己搞了半天，就是無法勃起。他就請他太太幫忙我弄，半會兒功夫就勃起了，一勃起，我就趕快就插進去，他：「啊！」的一聲！！把我擠出來，他肛門一縮就把我的陰莖擠出來。一擠出來，就無法再勃起了，兩個小時，一直弄都沒有用，時間就這樣子到了。我覺得我還是不是那個料，有一種悵然的失敗感，獨悠悠而頭垂下，所以我對男人還是不行，還是提不起勁。

到了第四階有一個六十五歲的男生，那個男生是上了第一階、第

二階、第三階、第四階，又從第一階上到第四階，上了三輪我們老師的課。他年紀有一點大，但整個課程最活潑的就是他，有好幾個練習他都要找我做練習，我還是一直迴避，因為我喜歡的是女生，男人我實在沒辦法。而宇宙的法則總是會安排，最後還是被他捉住，躲不掉了，被他早已備好的心靈網住，我告訴他我對男人真的沒辦法，他說沒關係，慢慢來試試看，我隨時準備好。我說好吧，試就試，這也許是上天又給我的一次轉進的機會，我就對著他，我說你先不要把屁股翹高高，我會覺得很難看，我們兩個先面對面坐著互視對方，把那個感覺輸入，我把他當成女生來看待，一直告訴我，他是女的，他是漂亮的女生，可是弄了半天，他的形象明明滅滅，他還是男的，又變女的，又變男的，就這樣子晃來晃去。後來我先自慰，不一會兒就勃起了，他馬上轉過來屁股朝著我，屁股翹高，我就非常慢非常慢的插入，一插入之後我把陰莖壓著不讓它跑出來，然後慢慢地抽動，緩緩的更深入，留在裡面沒有消掉，我覺得這樣子還蠻舒服的。其實跟女人的陰道比起來，還要更緊實一些，真的還蠻舒服的，除了他是男人的身體之外，純粹以抽插的做愛來說的話一切跟女人一樣，就繼續抽插。我在想，我以前到底在排斥什麼？在排斥男人？為什麼要排斥男人？在排斥肛門嗎？為什麼要排斥肛門。其實我怕的是：我變成了同性戀。問題是同性戀會被造成嗎？男人跟男人做愛就是同性戀嗎？然而這些問題釐清之後，以做愛的純粹性而言，對象是男女根本不是問題，問題是你帶著什麼樣的意識在做愛，就像老師所說的，不管圓的扁的，老的少的，胖的瘦的，黑的白的，男的女的不影響成道，真的，你若想成道的話，還被這些東西障礙住，如何成得了道？

老師問說你們兩個做好了嗎？我就說還沒，還在進行當中，哈哈。後來結束之後，我多高興嗎你知道嗎？我跳起來大聲喊說；「ya！I can fuck man（我可以幹男人了）！」

我的人生就這樣子轉變了！從此之後，我跟男人就沒有問題，男人跟男人之間會有權力的鬥爭！我被消弭了！被轉化了！

試過 3P 如果是一女對兩個男的，其中一個男生如果勃起，另外一個就不會勃起，這個如果勃起那個就不會勃起。為什麼呢？因為他們內在會有隱微的權力鬥爭，在很內在的心靈層次裡面，就是會彼此比較，就是會互相抗衡。你要把你自己與男人之間的張力完全消弭掉就不會有這個問題。男人與男人之間的權力鬥爭的張力要消彌掉，最快速簡便的方式就是他們兩個之間做一場愛，插入式的成功做愛，療育了！我現在就沒問題了！我甚至跟任何男人都可以都沒問題了，那是一個非常內在的心靈轉化，當你的靈魂承認的時候，世界就平息了，在你的靈魂尚未承認之前，世界上的所有東西都提著、吊著、很緊張，張力很大。多年之後我回台灣，有一個男學員，他有點雙性戀偏同性戀，他對我非常仰慕，有一次有一個機會，他提起勇氣請我，我毫不猶豫的說可以啊，我們找個時間吧。結果他找個時間在台北，還約了他女朋友在旁邊觀戰，我跟他兩個小時沒有停，就在他的肛門裡面開悟。這是我的人生，我的人生被打開了另一扇窗，被創造了另一項可能性，我的容量擴張了，不再只是那個小小的容器，我能涉略世界更多更光彩的事物。我以前常說；在

陰道中開悟！現在也可以說；在肛門中開悟！所以我們每個課程都有它的議題要去跨越。

我的人生就在那個譚崔的課程裡面完全的改觀，我以前是一個非常自大的人，因為我的事業、學業都很成功，我不需要依靠任何人，我都是鄙視任何人，但是那個譚崔課程之後，我變成很渺小，很謙虛，我跟大家都一樣，我的陰莖沒有比你們大多少。

(5) 九小時的做愛儀軌性狂潮

我上德國的譚崔課是從第三階開始的，然後第四階，第五階也就是跨年的，隔年我又參加的第一階和第二階。在上第二階的時候，上到了第五天，老師突然說：「我們今天不做任何練習，我們今天只就進行一個儀軌，這個儀軌共有九小時。」啊！我一聽到九個小時，非常的震驚跟害怕，把我真正的嚇了一大跳。幾乎所有的男生，一聽到九個小時的儀軌，每個人的腳都軟掉了，意思就是說，要做愛做九個小時，天啊！這怎麼可能，做愛做九個小時，這是什麼概念啊！我們一般一天上班八小時就已經很累了，更何況要做愛做到九個小時，這不是天垮下來了嗎！

結果老師說，好！現在開始找伴侶配對！有一個來自慕尼黑的女生，長得不是很高，身高跟我差不多，也不是說長得特別漂亮，不過我覺得她的身材蠻好的，不是像一般很大隻的德國女人一樣，所以對我來講，比較沒有那麼大的挑戰，我就答應跟她配成一組了。老師說，我們有一個小時的時間來準備，首先你們要一起去洗澡，

要幫對方把身體洗得乾乾淨淨，而且要帶著恭敬禮敬的態度去幫他灌洗，這是一種清淨法身的內在莊嚴，我們兩個就手牽手去浴室洗澡，首先她幫我洗頭，幫我洗臉，還幫我刷牙，然後把我的胸部肚子，胳肢窩洗得乾乾淨淨。還非常有技巧的把我的包皮往後退，讓我的龜頭露出來，把我的陰莖非常恭敬的清洗得乾乾淨淨，她的纖纖玉手一碰到我的陰莖的時候，馬上就噴張的勃起，我非常享受她幫我清洗陰莖的感覺。她非常的細心，手很輕巧，非常有愛心的、絲絲入扣的把我的整個金剛杵完全包覆在她的手掌裡，在肥皂泡沫的包覆之下，那種感覺真是比做愛還要舒服。然後她請我轉過身去，叫我身體向前彎下腰去，結果她非常小心的幫我用肥皂清洗我的肛門，這是我第一次肛門被別人那麼細心仔細的清洗，真的是天上人間的舒服，她還幫我清洗了我的大腿、膝蓋，甚至我的腳趾一根一根的清理乾淨。

之後換過來，換我幫她洗。因為她的頭髮是長的，所以她說不用洗頭。我就拿了洗面乳幫她洗臉，其實我從來沒有幫人洗過澡，我只是憑著她剛剛幫我洗澡的經驗，學習她輕巧的樣態。我也很小心地幫她洗臉，我非常怕清潔液進入了她的眼睛，所以洗的特別的小心。她誇獎我說非常的棒！我又幫她洗了她的脖子肩膀、雙手臂。洗到胸部的時候，我有一點點的害羞，不敢真正的去摸它，她卻牽起了我的手，把我的手真正的手掌打開完全掐住她的胸部，加上肥皂泡沫塗抹在他雙峰堅挺的胸部上，轉圈旋轉的幫她清洗。她還特別說她的乳頭也要好好的照顧到，我真是有一點點的難為情。之後往下洗到她的肚子，再下去就是她的陰部了，我猶豫了一會兒，因

為我聽說陰部裡面不能直接灌入水，而且我對清洗陰部也一點經驗都沒有，那麼小巧精細的部位，結構又複雜，因此我就躊躇了站在那邊。她看出了我的猶豫，她就用她的手將她的陰道撥開，請我將她的小陰唇清洗，將中指順著溝慢慢地滑過，再用水輕輕地將它沖洗乾淨。我因為缺少經驗的關係，所以清洗的特別的慢特別的小心，她卻一直誇獎我非常的細心體貼，然後她還特別叮嚀肛門也要洗，我就輕輕的在她肛門周圍用肥皂清潔了一圈，她卻說也要把手指頭稍微伸進去半截，這樣肛門才能夠真正清洗乾淨。哇！這又是我人生中的一大經驗，這整個洗澡的過程，真的是有一種莊重非常禮敬的感覺，我們的身心靈，經過一個儀式一般的淨化，它使得我跟她的距離越來越縮短，心靈越來越合一。

洗澡完之後我們就進入了教室，我們自己的位置，也就是等一下接下來我們要進行儀軌的地方，就是我們的壇城。老師進來之後，講解了一下整個儀軌的過程及我們要注意的事項。他說因為時間很長，所以如果不專心的話，時間會過得更長，更難度過。唯一能使得我們能夠輕鬆度過這個長儀軌的一個訣竅，就是把心放在法門的方法上，它就會忘卻時間的存在。把我們的重心放在性能量的喜悅上，它就能忘記時間的存在。把我們的心放在彼此的交融上，它就能忘卻時間的存在。

他敲鐘之後就開始了。我們彼此做了互相禮敬的儀式，把對方在剎那之間禮敬成為一個女神，這整個過程非常的神聖莊嚴，非常的感動，全體進入一個非常神聖莊嚴的氣氛裡面。一開始的時候我就

勃起了，然後我們要開始轉變咒語，進行插入式的日月交抱，在過程當中最好專一心志的在咒語的唱誦上面，可是一個小時之後，陰莖就漸漸的軟掉了，誰能持續抽插一個小時不停的，何況九個小時，然後我就開始跟她混時間，東摸摸，西摳摳。第一小時的時候端進來了一盤水果盤，以後的每個小時，都會端一盤水果盤進來，混了一個小時之後，我就算水果盤已經第二盤了，然後時間真的過得非常的緩慢，這樣子混下去還得了，還有 7 小時的時間，何處是個頭！於是她就告訴我說：「我們來好好按照老師所教的法門來做。」我說：「好。」塗上了潤滑油，又重新的勃起，重新的插入，這時我緊抱著她的身體，將她的身體融入我的身體，將我的身體也融進她的身體，將她的心融入我的心，將我的心也融入她的心，讓我們彼此的咒語聲，互相應和互相融入。我們彼此的聲音不大，卻綿綿不絕，我們的身體微微的轉動，又加入了火呼吸的功法，使得我們的性能量又更強烈了，在進入極度搖擺當中，我們彼此的能量互相應和著，互相穿越，互相涉入，彼此融合，到達了完完全全合一的境界。這時我們汗流浹背，你根本不管是汗水還是淚水還是雨水或是陰道排出的淫液，全部揉合團聚成一個大整合。我感覺從她口中吐出的咒音嫋嫋不斷，絲絲入扣。我也用我丹田的力量去唱誦，我的聲音是如此的豐厚與真實，我能非常明白清楚的感受到，宇宙跟我們共鳴的回音。她的陰道內部有一股非常熱的能量流在盤旋、旋轉、迴盪，我感覺她的陰道有一股很強烈的收縮感，她的陰道就像一隻手一樣，能夠握緊放鬆握緊放鬆的抓著我的陰莖。有一個小陣子，我感覺到我們兩個彼此的體重不見了，輕飄飄的好像飛起來一般，這個時候我們的火呼吸是非常猛烈的。我也能夠聽到隔壁鄰居的淫叫聲，此

起彼落，整體的力量是非常的強悍與熱絡，熱滾滾的就像一把極大的火焰一般。後來送進來的幾盤水果，我根本沒有興趣數了。

就在我的能量達到最高峰時刻，她突然間大叫一聲，這是一個女人最極致的高潮，就在這個片刻，我的整個身心突然間空掉的進入一個非常空靈的領域，完完全全是與光合一的感覺，眼睛看出去是一片陽焰的景象，就在此時，噹！的一聲，老師喊到，時間到！不要動！這時候我們要做一個回收吸入的瑜珈動作，也就是把剛剛噴發出來的能量，與整場共同創造出來的靈性，由海底輪吸入透由中脈射向宇宙！就在這個回收能量的瑜珈動作當中，我的整個頭頂，哇啊！好像破了一個大洞一樣，完全是藍色的，與整個宇宙的藍光全部混雜在一起，一共做了三次，三次都一模一樣，整個身心靈真的達到了所謂的狂喜，宇宙性高潮的境界！

這是我第一次體驗到，性能量如此的強烈，如此的與宇宙合一的感覺，以前在經典上所讀到的，以為那是不可能達到的境界，現在我個人終於體驗到了，我知道譚崔的莊嚴神聖跟偉大，我也第一次體驗到了性能量的浩瀚，所有發生的事情，絕對不是用頭腦可以想清楚的，我非常感恩譚崔所帶來的衝擊與改變，所帶來對我生命的給予跟豐盛，在這樣的經驗當中，我感覺我是如此的渺小能量是何其的廣大無邊。（之後我的身心靈產生了很多神奇的變化，諸多不可思議的現象屢屢發生，在此不談玄，不在話下。）

德國的譚崔課，大概知道它的情況是怎麼樣，非常直接針對問題

的核心，它不跟你繞，它不在那兜半天，德國的譚崔課程它就是直接叫你跳進去，讓你去面對看見那個問題。我剛剛講拳交那個東西，他叫你直接做看看，你就自己在那邊轉化改變，然後從中覺知、感化它、轉化它。在教火呼吸的時候，他就說了，譚崔是一個實證的東西，他不是理論的，他直接叫你跳進去那裡面去改變，不是岸邊學游泳，而是直接叫你跳進水裡面去划水。現在有很多所謂的性能量課程，他們只是談，不敢真做，美其名說，我們不要那些粗糙的性，我們要上三輪的能量。而性怎麼是粗糙的呢，性極為精微，直接涉及到靈魂的最深處，並且連貫著累劫幾輩子以來的普特加羅識。

我學習的譚崔的課程，有很多的靜心法門，要你去趨入你本有的真常心、本心本性。它有譚崔瑜珈需要練習我們的身體的，譚崔的火呼吸，譚崔的各種呼吸法，它使得你的身體首先要健康，你如果身體不健康，你就沒辦法進入真正的修行，誠意正心才能進入儀軌而不亂。課程裡每天晚上都會有一個儀軌，那個儀軌就是從古代秘密傳到德國沒有被遺失的儀軌。它不是一般概念上的亂做愛，做的很舒服很享受的那一種做愛。我剛剛講的那一種練習，都是白天練習讓我們穿越的，但是晚上都會做一個儀軌，神聖的儀軌時間的長度最短的從陰莖插入陰道開始到結束最短兩個小時，每一個儀軌都有一個特定的目的。比如說為了事業做一個儀軌，為了財富做了一個儀軌，為了智慧做了一個儀軌，為了平息做一個儀軌。儀軌就是先做這個、再做這個、再做這個，最後插入，陰莖插入陰道，結束，最後迴向，禁語不能講話一直到隔天早上。每一天都是這樣子，那些儀軌就是從古代原封不動傳到德國去的，所以說你要先認識譚崔

263

並不是只是擁抱、愛的接吻、進入愛的感覺、很好的氣氛、很享受性的感覺，不是這樣子而已。真正嚴格的意義下的譚崔是要進入儀軌，在儀軌裡面讓性能量經由你的中脈達到頂輪開悟的方法。我在德國老師傳給我過十四種的儀軌，每個儀軌都不一樣，都有它的特殊作用和終極目的。我在台灣的譚崔課程也會做一個儀軌，但因為礙於法律、性病、懷孕等等的關係，我們不插入，讓你知道原來儀軌就是這個樣子，讓你們以後會有一個概念。

性能量很強，每天把它射精消失掉、消耗掉。性能量很強的時候你要把它導入一個正當的途徑，讓它衝到你的頂輪，讓它變成開悟的資糧，不要浪費掉。

夫妻每天做愛最後高潮結束射精浪費掉了，你最好把每一次做愛的能量轉成一個正當的途徑使得它變成一個開悟的資糧，這是它的目標。

課程為了衝擊你以前的內在的個人的故事，個人的問題，內在潛在的壓抑的東西能被穿破，它才有那些練習課程的設計，那是老師故意安排的。我在德國柏林就上了譚崔課程的第一階、第二階、第三階、第四階、跨年的。隔年之後我變成裡面的助教，做了兩年的助教。後來變成裡面的老師，最後我搬進去跟他們住在一起成為裡面的七人家庭成員，我在譚崔中心裡接個案，在這裡面上課。在那個譚崔中心一共待了七年。一直到 2004 年回台灣，就在台灣請德國老師來做了兩場演講，成了台灣新聞頭版頭條的譚崔事件，這就是

台灣跟德國國情的不同、譚崔課程的不同。講了我的譚崔的經歷，也要告訴你們，在德國還留有古老智慧傳承的譚崔還沒有斷掉，還有人孜孜不倦的在以茲修行。

三、在台灣開啟的譚崔生命教程

1. 私人分享

2003 年年底到 2004 年初在德國的簽證已經到期，因為是學生簽證，所以到期之後就必須回台灣，在回台灣的時候跟老師道別了，那老師說：「誒，不是答應要叫你在這邊授課嗎？譚崔是東方的東西，在這邊上課應該要用東方的臉孔來上課，德國人才會比較相信。」但是我告訴老師說：「非常對不起，因為簽證到期必須要離開德國。」我跟老師擁抱，相當相當依依不捨，他帶我到了另外一個密室，在密室當中，他找出了一個法本，他把這個法本兩手高舉到他的額頭之上，再放下來，很恭敬的把它傳給了我，他說這個就是譚崔的十四種儀軌修法的法本，現在把這個傳給你，我希望能夠再用幾天的時間，把這個法本說明清楚，讓你知道裡面的要義，裡面的精髓，跟應該注意的地方，跟在修法、在執行上面，會遇到的一些問題與困難，我將它說明清楚之後，以後你在修行，在行法的時候，就會有一個依據，你要找機緣，把譚崔傳下去。哇，這是何等的福報啊，老師把真法傳給我，我帶著惶恐又感恩的心，把法本接下，以後譚崔就是我的身家慧命了。於是，老師又花了七天的時間，將這十四種譚崔儀軌的修行方法將它說明清楚，我帶著無比歡欣的心情，跟老師擁抱，淚流滿面的告別了。

2004 年初就回到了台灣，之後感覺整個台灣的社會環境跟德國完

全不一樣，車水馬龍，整個律動、流動、行動都非常的快速，我對整個台灣社會跟德國社會的生活方式相當相當的格格不入，非常、非常的不習慣。

回到台灣我第一站就到了台北重慶路的三民書局去看書，因為這是我一直以來的習慣。我到了三民書店，所逛的區域，大部分就是靈性的書籍、宗教的書籍、還有哲學的書籍這三類書籍的區域。我逛到了宗教區域看的時候，第一本書映上眼簾的就是一本『喜悅』，上面寫著喜悅，我一翻開，裡面有生圓次第，就是生起次第跟圓滿次第。我翻到圓滿次第一看，它竟然就是在寫雙身法，就是譚崔。我當時覺得非常的驚奇，非常地震撼，我覺得我離開了德國，我的譚崔經驗慧命就已經中止了，就已經斷了，因為台灣的社會跟德國的社會環境是完全不同的，台灣沒有那種性意識的開放，台灣沒有那一種性體制的不同的系統跟架構。結果來到了三民書局的第一本書，居然看到雙身法，當時我就感覺到它好像對我有一些非常深刻的精神暗示，好像這個譚崔的法身慧命不會斷絕，於是我把這本書馬上拿去結帳請回家。

因為我的人生已經在德國度過了十四年，在德國拿到了博士學位，也在德國修習了西藏紅教喇嘛的密宗，也在德國學習了人類最珍貴最珍寶的譚崔，並且度過了德國的七人的生命共同體。回到台灣，我直奔回我的老家，我的出生地恆春滿州，因為我想在這樣的人生過程當中，最巔峰的東西我已經擁有了，它雖然不是什麼名譽地位，但是是人類生活上的最高指標，拿到了博士學位，就是一個最好的

地位，又修習了最極巔的密法，所以說我無須再追求其他的東西了，所有的東西對我來講，都不重要了，最高最富貴的東西就是在法中的喜悅，法中的喜悅我在德國都經歷了。所以說，我現在唯一能夠做的事情，就是回到我家，陪著我爸爸盡孝道，度過他的晚年，這將是我生命當中最圓滿的一個境界。因為我們一出生就受到父母的養育，回報是人類的天職，他們把我慢慢的扶養長大，又送到國外去讀書，現在回來為報答他的，就是陪著他，陪著他走路、陪著他吃飯、陪著他下田去、陪著他種菜，養幾隻小狗、養幾隻雞、鴨，在鄉間過著浪漫的逍遙生活。我因此可以在我的整個生命裡面，完成一個非常圓滿的境界。

回到家鄉之後，很希望做一件事，因為我在德國的時候，曾經做了一個練習，那就是去解除對父母親的阻礙跟張力。我父親是一個相當嚴肅的人，我平常跟他幾乎是沒什麼話說，但我們的關係也沒有很惡劣，在我這一生當中，我覺得最慶幸的就是：我父親對我的教導就是從來沒有教導過。他讓我完全自由自主，我任何做的決定他都不會反對，也不會表示出意見，這就是他對我的教導，我現在才領略到，這個是他給予我最大自由的教導，才是一個真正最究竟的教導。但是在我們兩個的關係當中，卻沒有很深的往來，沒有很多的交集。我父親也是一個非常感性的人，他非常喜歡音樂，他會自己拉梆胡，就是椰子胡，他自己會做，他會感受到世間很多的友情，他會在他自己拉椰子胡的時候會悄悄的掉下眼淚，我覺得我父親是一個非常感性的性情中人。在另一方面，他卻表現出一個相當理性的樣子，因為他在對於我們姊妹的管教當中，都是一言不發的。

所以說，他的長相跟面孔，對我們來講是一個嚴肅不可侵犯的。在德國做練習的時候，就是要打破這樣一個沒有交集的緊張狀況，我們寫出你最希望與父親做的一件事。我那時候最希望的就是，跟我的父親擁抱，然後聽到他講一句：「兒子！你是我最愛的兒子！」因為我已經受過了譚崔的教育，在我的生命中已經做了很大的翻轉，以前這件事、這句話我是不可能說出口的，我現在回到台灣，我要履行、踐履在德國譚崔所教導的東西，而且呢，它真的在我的生命裡面，起了一個自然的作用。進了門口，我就看到我父親站在那邊，在台灣是沒有擁抱的禮節的，人跟人在一些見面禮節裡最高就是握手、打個招呼，可是，我看到我父親的時候，我居然跑過去放下我的行李，把他抱起來，並且對他說：「爸爸！我得到博士學位回來了！」結果，我爸爸馬上把我推開說：「你在幹什麼！你是瘋了喔！」然後轉頭就離開。後來我看到他走到後面的廚房，我便默默跟著，看到他悄悄的掉下了眼淚，這是我這一生當中，第一次，而且是最深的一次，與我父親內心與心靈，最直接的碰觸與連結。

由於我們社會風氣與道德禮俗的關係，我們不敢去接受最親的人對你的愛的表達，都會採取一種隔閡、排斥的形式，甚至用訓斥的方式來表達愛，很難接受那種愛的表達。但是，我在德國所學習的是直接的顯現出你的愛，讓你的愛流到對方的心靈裡。我知道我父親已經領受到我的愛流到他心中，但是因為他的制約與台灣的道德禮俗，他不習慣，必須要把我推開，而且是直覺式的推開，並且迴避轉到後面的廚房裡面悄悄的把他的情緒宣洩出來。像這樣的情況，反而讓我覺得更感動，因為他雖背著這樣的道德禮俗，但卻必須去

269

反應他的內在世界，這樣極衝突的情景，對於一個年紀已經六十幾歲的人來講，能夠這樣子表現出來，那是有無比的勇氣跟無比的穿越力。因為我的愛，影響到了他，使得他也穿越了，雖然他的穿越不是在我的面前，但是他的心靈在這個時空當中，在這個宇宙當中已經迴響了，已經引起了共振。這就是我父親第一次與我的一個深層的內心、心靈的交流。

之後，每天我在家裡，就陪著他去田裡面工作，然後他就會嘮叨我說，我為什麼現在還一事無成？什麼工作都沒有，還陪著他在鄉下做這些無聊的工作，我在他的眼裡，我還在浪費我的生命。他就這樣子每天的嘮叨我，去找個固定的有收入的工作，餘生才能夠過得安穩。我跟他說好啦！好啦！我會去找啦！事實上，只是在推諉，我真正目的是要陪他。我說：「我整個後面的人生，就是要陪著你到你終老。」他說：「這個不需要你來管，我的生命我自己會負責，你要負責你自己的生命。」我們兩個就在這樣的不同的意見之中，僵持不下，我卻硬著頭皮待在我家裡將近三個月的時間。最後，有一天，他突然間非常憤怒的對我說：「從來沒有人像你讀書讀了四十年，把世界上所有的書都讀光了，然後什麼事也不做！你必須要把你所吸收的，把你吃進去的，全部都吐出來！」我那時候非常地震撼，嚇了一大跳，我真的從來沒有想到過，我是吸收我家庭的東西、吸盡了社會的資源、吸盡了宇宙的能量，我是如此的自私，把它吸進去之後，卻把它藏在我的心裡，只是回家跟著我爸爸過他晚年的生活，盡到中國人所說的最大的孝道。我面對的只是一個人，盡一個人的孝道。他現在卻對我說我必須要把我所吸收的、我所吃

進去的，全部回饋出來給社會，給這個我所吸收的這個廣大社會群眾與宇宙的能量有個回饋。我必須要吐出來，意思就是說，我要把我所學的、我所成就的東西，全部要展現出來，貢獻給人類眾生，這樣子，我讀了這麼久的書與長期以來的修行，才會有真正渡大眾的意義。剎那之間我被一棒打醒了、覺醒了，我就告訴我爸爸說：「好！我去找工作！吐出來！」

事實上，我暗地裡覺得我在台灣是找不到工作的，我已經斷離台灣十四年之久，又沒有什麼人脈背景，找工作談何容易！於是我又再度的離家背井，拿起了我的皮箱，又從我們的鄉下，揮別我父親，又離開了那個我日夜嚮往的家鄉，到了台北去找工作。我想，我可能在台北稍微混個三個月，再回去告訴我父親說，我找不到工作，我要跟你住在一起，就好了。

到了台北，住在我妹妹家，我妹妹家很窄，我就睡在她的陽台裡。那時候，我也沒有真正去找工作，就在 2004 年初的時候，是總統競選。我看到了在電視台上的電視辯論，對我來講，那個簡直不是什麼辯論，也不是什麼政見發表，都在講個人的意見。因為我是洪堡大學哲學系的，我剛學完辯證法，我覺得我可以在瞬間，讓裡面的任何一個人三問三答，無言以對，就可以下台。於是我毛遂自薦，找到競選總部去，裡面有幾個工作人員在那邊忙進忙出的，我就隨便抓著一個，告訴他說我是洪堡大學哲學系畢業的學生，我可以幫先生寫稿，保證讓他下次在電視辯論的時候，三問三答讓對方啞口無言。結果，工作人員說：「我們還有便當，你要吃嗎？趕快吧！」

「我真的是洪堡大學哲學系學辯證法畢業的，我真的可以幫你們寫稿！」他說：「趕快吃一吃，我們要收了！」我看著他的態度，覺得這是行不通的，因為他們根本不了解、不接受我學得的這些東西，對他們來講是沒有用的。那時我覺得非常、非常的失望。這是我第一次找工作，卻被拒絕了，非常的失落，我滿腔的熱血、學富五車，卻不被任用、不被理解，而且還叫我趕快吃個便當趕快離開，那種輕蔑的態度與我的熱忱，形成了極大的差別，真是五味雜陳。

那時，我必須要在台北生存下來，於是我在台北租了一個工作畫室，我姐姐離開台灣的時候丟了一部 50cc 的摩托車給我，我每天從三重騎著摩托車到我的工作室，工作室在台北八里，大概要騎個四十分鐘的時間，每天來回，在我騎摩托車去跟回的過程當中，要經過觀音山的區腸小徑，我都會哼著歌，唱誦著我以前所學過的咒語，這樣子一路的唱誦過去。

後來有一天，我突然間想到藝術創作跟我的老師、跟朋友們，於是我就打了電話找了幾個同學，電話都沒人接，最後，找到了以前的一個教授，跟他約好去學校找他聊天。隔天，我就帶著一顆非常興奮的心情，從三重到了台北藝術大學去找他。當我到達的時候，他在一間素描教室裡面上課，裡面圍著一群學生，中間站著一個裸體模特兒，教授坐在旁邊一個書桌角落上，無精打采，垂頭喪氣，整個臉非常的暗淡無光。那麼精彩的一堂課，一個裸體模特兒站在那邊，一群人在那邊畫裸體模特兒，他卻坐在旁邊打盹犯睏，這是多麼強大的一個對比。要一般人的話，一個裸體模特兒在那邊，他

一定是打起精神的坐在那邊仔細的瞧著。但是，他卻無精打采的用手撐著他的頭。

　　我進去就跟他說：「老師我來了。」他抬起頭看著我，有氣無力的問我是誰？我告訴他：「我叫簡上淇啊！」他說：「簡上淇是誰？」我跟他說十四年前我們在蘆洲的時候，我常常找你一起聊佛法，而且聊得很高興，你跟我說你在學佛法，當時我感覺到你在教雕塑的方式就跟一般老師不一樣，因為人家教雕塑會講整個雕塑的點、線、面、造型、空間感、配置、張力等等。但是，你教雕塑卻不是這樣子教，你說雕塑很簡單，就這樣子直直的上，然後彎一下，就好了！我當時就領受到你的教導是一種禪宗式的，相當禪意的，不是一般學院派的那一種美學理論藝術理論的教導，而是一種直指人心的教導，所以說當時跟你聊佛法的時候，聊得非常有興致。我去德國留學十四年，現在我回來了！他好像若有所思，好像想起來的樣子，又好像沒有想起來，我就跟他說：「老師我去德國學了藝術，我藝術博士畢業了。」他說：「喔。那非常好。」結果他又繼續打盹，我看他好像對藝術博士沒有什麼興趣，我又對他說：「老師，我又學了另外一個東西。他說：「什麼？」我說：「德國哲學，我進入了洪堡大學哲學系。」他說：「哇！！非常棒！！！能夠學德國哲學的人不簡單，非常非常的好，非常非常的好，豎起了他的大拇指。」然後呢，他又繼續無精打采的打盹。我看他怎麼人生那麼的沉悶、那麼的無聊、那麼枯寂。我又對他說：「老師，我還學了第三樣東西。」他說：「什麼？」我說：「就是經由性能量而達到開悟的靜心方法。」他突然張大了眼睛看著我對我說那是什麼？我就

跟他說：「做愛開悟的方法！」他突然間轉頭告訴了他的一個學生，某某，請你泡杯茶給簡老師喝。

他馬上精神來了，神采奕奕的，請我坐下來，我們就產生了一場的對談。我就問他：「老師，你怎麼到現在變成這麼無精打采啊？」他就說他人生當中遇到了非常多的困惑、非常多的瓶頸，他的情感世界受到了破壞，他現在呢生活不是很如意，他的藝術創作也停滯了，七年都沒有動。我說：「那老師你以前學的佛法哪裡去了？」他說：「佛法學的都理解了，那是理論的層次層面，但是在實踐上，我還差了一大截，可是我以前在學佛法的時候真的是興致盎然，我剛剛聽你講做愛開悟的方法，這就是我以前在學佛法的時候所聽到的法教，那時候呢，我們有一群人對這方面都有極大的興趣，由於這幾年來，我一直找不到佛母，找不到共修的人，所以這件事情就在我的生命當中漸漸的被遺忘，漸漸的淡忘了。」我就問老師說：「老師你居然學過佛法，你知道整個佛法它到底在講什麼？你可不可以用一句話把它講清楚？」他頓了一下，然後說：「轉識成智」。

那時候聽到他講轉識成智的時候，我跟他比大拇指說：「老師，你太厲害了！一般人要把整部佛法用四個字講出來是講不出來的，你講的這個是完全正確的，就是將一般人的識心之執轉成至高的智慧，就是佛法在教導我們的，沒有錯，老師你太棒了，你講得太好了。但是老師，請問，如何轉呢？向左轉？向右轉？向上轉？向下轉？要怎麼轉呢？」他停了一下，他問我這個問題到底在哪裡？我就說：「你說轉識成智，但是你要一個轉的動能，那個動能從哪裡

來的？你要怎樣去轉它呢？」

　　他想了一下良久良久，他突然說：「打坐！打坐！」我說：「老師，你太厲害了！沒有錯！打坐就是能夠使得一般的凡夫轉成聖者，達到開悟成就智慧的一個方法。但是打坐需要很長很長的時間，它需要非常非常大的定力，它需要非常大的止觀能力，它要止觀雙運，你才能夠達到那個地步。一般我們都知道打坐必須要經過三大阿僧祇劫才能夠開悟。你剛剛跟我說，你以前聽過的法教是跟做愛有關的，做愛而開悟的方法，你現在回答我說打坐可以開悟，這樣的一個答案，我覺得有一點失望，我不滿意。」結果他睜大眼睛跟我說：「那麼還可以怎麼樣呢？」我就對老師輕輕的說：「在陰道中成佛！」

　　他突然站起來拍著桌子，好像有所了悟一樣開悟的那個感覺一樣，他說：「對了！就是這句話！」他追求了一生就是在追求這一句話，終於被我講出來了。

　　於是乎我們兩個坐下來，就慢慢地聊，聊了很久有關於如何從打坐、開悟、靜心、佛法、性能量等等的問題，一直到下午五點多，才離開學校回到三重。隔天我睡覺睡到十一點多，突然間接到一通電話，他的聲音突然間變得非常的溫柔，跟我說：「上淇，我這邊有咖啡，是很好的咖啡，你要來嗎？」我聽了有一點點怪異的聲音、聲調，這種聲調好像是靈魂深處的一種深層的呼喚，好像一種極大的渴望在這邊找到了一個可以構築的、可以掛搭的一片汪洋中的木頭，他現在想要伸手去抓取它，我就是那一片木頭，我到底要不要

讓他抓呢？我想說好吧。

我爸爸既然說你要把所學東西吐出來，就在這時候吐出來吧，我就想說好吧！我去跟他聊一聊，把我所學的東西吐出來一點，讓他知道什麼是經由做愛而達到開悟的方法。於是我就慢慢的騎著50cc的摩托車，從三重穿越台北市到了北部的山上去找他，到達的時候已經是下午兩點多了，我的摩托車還未停穩，他馬上把我招到他的工作室，他的工作室好大啊！那麼大、那麼空曠的一個雕塑工作室，幾乎是所有台灣藝術家夢寐以求的，裡面收藏了許多的作品，我走進去後覺得除了德國的著名大咖的藝術家之外，幾乎少有人有這樣的一個工作室，然而在台灣居然有這麼樣的一個藝術家有那麼大的工作室。

他二話不說，就把我帶到他的一個密室裡面。這個工作室的後面他居然還藏了一個密室，我一走進了密室，讓我大開眼界，原來這個密室空間不大，卻收藏了非常多的西藏唐卡掛滿了整個牆壁，裡面供奉了好幾尊非常大尊的雙身佛像。他跟我說：「這裡就是我密修的地方，你現在做大禮拜讓我看看。」他居然第一個就提出要我做大禮拜給他看，我說：「好，你要我做大禮拜給你看，這是一個很大的法，我不能隨便就這樣子做給你看，你必須要三叩首，三禮拜，才會成禮，我才能夠透露出來給你。」看他是我以前的教師，他居然真的要跪下來向我叩首。我說：「ok！好了！你的心意我知道了，不用跪了，起來。」我把他拉起來，就請他拿出手套，我戴上了手套，做了一個逆式呼吸，四皈依，就一下子到地板上又彈起

來。他馬上目瞪口呆的說：「哇！真的有人會這樣做！我以前只是聽過，沒有看過，真的有人這麼做。」因為大禮拜它分成好幾種，最普通的就是：跪下來，全身五體投地，禮拜一下，再慢慢的跪著再爬起來。另一種大禮拜是擦身大禮拜，把身體慢慢的滑下去，拜一下，再慢慢地爬起來。第三種大禮拜就是投身大禮拜，把整個身體一下子趴到地板上，突然間再跳上來，這種大禮拜就是修雙身法用的大禮拜。他以前的老師曾經跟他們說過這種大禮拜，但是他們沒有做過，所以他就非常的驚訝我居然會做這樣的大禮拜，他其實在考我是不是真材實料，是不是像昨天在教室跟他談的那個樣子，還是我只是知道理論而已，不是真正的會的。

然後，他馬上又說：「好！那我想看看你能不能氣灌金剛杵，把褲子脫下來運氣，讓氣跑到金剛杵，我想見證一下。」我說：「你真的要看嗎？」他說：「真的！我想看！」我說：「那你必須要再三叩首，我才能夠再表演給你。」他真的又要跪下來，我說：「老師，不用了！請起！」結果，我把褲子脫下來，稍微採取雙腳與肩同寬，微微屈膝，雙手舉在整個髖骨旁邊，吸氣進入胸腔，再吸氣進入橫隔膜，再吸氣進入肚子，再吸氣進入整個下丹田，將氣往下壓，並且提肛，整個陰莖就翹上來。他看到馬上說：「哇！！！真的有人會這個，真是太不可思議了！」他說因為他以前也只聽過老師說過，沒有真正的看過，他就是在考我到底是不是實證的，他看了我的大禮拜跟寶瓶氣之後，他馬上說：「哇！你太厲害了！你真的是真才實學！走，我們到外面好好聊一聊。」我們就走到外面泡咖啡，就開啟聊起了雙身法。

　　所以說他對這個雙身法是有相當程度上的了解，經過我跟他的對談，我也覺得他是一個相當了解悟法的一個人。因為他用語精準，在語言上他都能夠指示出那些法的境界的各種不同層次，只是他個人的修證，還沒有到達那樣的一個境界。

　　從此之後，每天早上，他都準備著一本筆記簿，等我慢慢的甦醒，然後泡好了茶、泡好了咖啡，就說：「上淇！咖啡已經泡好了！我們來說法吧！」我就說：「好！」我都帶著惺忪的睡眼坐到他的對面，端起咖啡慢慢的喝，吸取咖啡的香味，它的香醇，進入我的心、進入我的肺、進入的中脈，吸取了一口，再將整個咖啡的韻味擴散到我的整個身體所有的細胞，然後問他昨天講到哪裡了？他便會翻開筆記簿，看了一下提醒我，我就接著說關於如何經由做愛而達到開悟的方法。這一講不得了，我以為只是一個禮拜就可以講完下山，居然講不完，講了將近三個月的時間，在這過程當中，他問我，他可不可以將以前將軍的弟子們都找過來聽我講這些東西，我說可以啊！於是他就找了他以前的師兄弟們，結果師兄弟一來，嚇我一大跳，他們的年紀都在六十幾歲以上，我一個年輕的毛頭小子居然對著一群六十幾歲以上，在台灣德高望重的一群人講雙身法，這個讓我覺得有一點點怪異，但是他們卻稱我上師，我說你們不能稱我為上師，因為我還沒有到達那個境界，你們稱我為上師會折我的壽的。

　　我記得德國老師說，上師不是自己想當上師，而是哪一些弟子他們需要一個上師，上師是弟子們的需要而成為上師的，不是上師自己把自己當上師，所以說，我就隨順他們的因緣，他們要稱呼什麼，

那是他們自己內心世界的匱乏或需求，他們這樣子稱的話呢，是他們的心理、靈性，那不是我的，他們這麼稱也可以，但是，我在我的內心告訴我自己，我是我，我不是他們想像中的我。就在這樣的情況之下，我就跟他們談了有關雙身法講的一個從德國所學到的東西。我所談的法，他們會去細膩的比對，他們會用很多的例子跟很多的反證來折難我，他們會比對他們以前老師授過的法跟我現在所講的東西，因為我用的語言跟他們老師所用的語言是不一樣，有時候不一樣的語言，聽起來會千差萬別，事實上他們所指的東西可能是同一個層次的東西，就像我們現在說，人的心靈境界有意識、潛意識、無意識、集體無意識，這是榮格的講法。但是在佛教裡面，它會講的是意識、末那識、阿賴耶識、種子識、普特伽羅識。所用的語言都不同，他們說指示的東西可能會是相同的，所以說，因為語言的差異點，引起我們的對談有一些語言上的隔閡跟困難，但是我所講的法的真實目的，他們都可以完全的了悟，講到最後他們所缺的東西就是實證，於是他們提出說：「老師我們來做看看。」我說：「要做什麼？」他們說：「我們就來金剛杵入蓮花實修實證！」

我那時候眼睛睜大的對他們說：「不行啊！台灣這是犯法的！我們這會犯妨害風化罪！這個傳出去的話還得了？這整個台灣的道德禮俗會完全被我們摧毀殆盡，我們絕對不能這麼做。」他們說：「老師！當一個出世法擺在我們面前的時候，出世法重要？還是入世法？」當時我想，一個出世法它當然是比較重要的，一個入世法當然是比較不重要的，但是世間法不違出世間法，出世間法也不違入世間法，因此我想同樣做一樣的事情，當我們的認知心靈不同的時

候，它的境界現出的境界就會不同。

　　當我們在意道德、禮俗、文化、法律的時候，我們就會卡在這個層次，而無法進展，當我們無法進展的時候，法只是法，法停留在文字的意義，只留在我們心中的意念的理解而已，他們要的是一個實修實證的力量，就像我在游泳池畔教你們游泳，告訴你手這麼撥、腳這麼踢，搞了半天，你會不會游泳？會！你做給我看看，他的腳也這麼踢，他的手也這麼撥，他真的是會游泳了，但是他的這個會游泳，是在知識層面的理解上的會游泳。真正的會游泳是要跳進水裡，真的就撥水在水裡打滾，滾到你真的不會沉下去了，你才是變成會游泳，會游泳之後呢，你還會很順的游泳，你很順的游泳之後，你會變成很快速的游泳，很快速的游泳之後，你還會變成是個游泳健將，變成游泳健將之後，你還會變成是區域性的第一名，全省的第一名，全國的的第一名，世界的第一名。所以說游泳就有非常多的層次，在整個法的證量上也是一樣，他們到目前為止，都只是在岸上學游泳，而沒有真正跳進去水裡面去學游泳，我也非常希望他們能夠跳進水裡面學游泳。因為一對夫妻，如果兩個願意去修雙身法，那是至高無上的福報。像一般的夫妻，兩個人其中有一個人去信佛教，另外一個人就不會信，會排斥，甚至會攻擊，如果兩個人都願意信佛教，那是一個非常大的福報。如果一對夫妻兩個人都願意修雙身法，那個福報是非常、非常、非常的大，就像恆河沙數不可數的福報那麼大的。但是你就在台灣這個地區，你的伴侶會喜歡、會願意跟你去學去修雙身法嗎？於是，這就是一個非常現實的問題，沒辦法前進。在這個情況之下，首先，你要衝破道德禮俗、法律的

制約，然後才能夠達到你要的目的。我就建議他們，也許我們要離開這個法權，要離開這個地區，這種法律的規定，這種的道德禮俗，這樣子的人群制約，這樣的一個性制約、性壓抑的地方，我們就可以去做雙身法的練習。那個地方叫做德國！我可以帶你們到德國去體驗什麼叫做跳到水裡學游泳，結果他們就非常的雀躍、非常的願意。當時我就帶了四個人到德國去親身體驗我當時在德國中心上課的地方，當然這個整個他們在德國所受到的譚崔真正的衝擊、跟棒喝、跟驚訝，跟驚喜、跟法喜的充滿就不在話下。

另外還有一大批的人，他們也想要去嘗試這個，我就說最方便的方法，就是請德國老師到台灣來直接開課教導，在教授的家裡講譚崔修行的過程當中，他發現到我除了是藝術的博士，還有哲學領域的專才，更是一個譚崔的實證修行者，他認為這樣子的人才非常難得，於是，把我介紹給國立台灣藝術大學的某個系裡面去當教師，我就這樣的機緣底下，變成了國立台灣藝術大學某個系的教師。他是我生命中的恩師，也是我的貴人。

我是一個台灣的鄉下孩子，我沒有任何的背景、沒有任何的金錢人脈、也沒有任何的其他的社會資源，我卻可在這一夕之間成為那個萬人排隊要擠進去的一個狹小的位置的大學教師，這是何等難得的機會。上蒼在上，我冥冥中知道，祂們可能在默默的安排我去走出我的人生的一條道路，祂在這個安排當中，使得我在台灣可以立足下來，使得我這樣的一個虔誠的虛心學習譚崔雙身法的人，不會因為社會環境的關係而餓死。

我本來在找工作，但已經沒有再找工作了，而是對著一批人說法，當能量具足的時候，宇宙會形成共振，你所要達成的願望在無形當中就會被顯化出來，這樣子去了結了我答應我父親，出來把我所學的東西吐出來的願望。因為做為一個大學教師，就是要用嘴巴講你所學的東西，廣泛的說出來，透過你說出來，把你的內在內涵傳遞給學生，把你內在的心靈傳給另外一些更普遍的心靈，於是我就成為台灣藝術大學的教師。在台灣藝術大學的教師當中，我所任教的是藝術理論跟美學的部分，因為我在德國是學美學的，但由於此藝術大學是一個比較保守的學風，所以說，在這個保守的學風裡，我看到老師們的作品、學生的作品，跟我在德國的整個情況，幾乎是天壤之別。

2. 群體分享

性帶來的生命變動

在教授工作室跟將軍那些弟子的譚崔分享當中，有一天來了一個高雄人，他聽了我對譚崔的分享，他覺得非常的感動，也非常有收穫，他覺得他也想要去分享，要把它擴散出去，希望能夠把那麼寶貴的法脈分享給高雄的一些人。我說：「好，你只要找到四個人，我就下來分享給你們。」在我跟他們講這些話的時候，教授工作室的落地窗（大概有十二公尺長，四公尺高），爬滿了大水蟻，一般大水蟻是在下雨的時候才會出現的，但是，那一天是非常的晴天，沒有任何的下雨，也沒有不好天氣，我就在答應這個人的這個過程當中，整個落地窗爬著滿滿的大水蟻，那時候就想哇我的聽眾將會

很多，一下子有那種的感覺，也許這就是宇宙的頻率的共同振動跟另一種的微妙暗示。

　　一個禮拜之後，這個人打電話給我，說他已經在高雄找好了人，希望我能夠下去分享。我就按照他所講的地址，來到了一個高雄叫做普納咖啡的一個小咖啡館，這個小咖啡館是由一位奧修門徒所開設的，她專門辦一些心靈成長的課程，提供奧修門徒們在上完課之後，能夠喝咖啡、休息、互相交流的一個地方。我一上樓，嚇一大跳，不是四個人，而是二十幾個人將近三十個人，全部正襟危坐的坐在那邊要等我分享關於譚崔。我就坐下來開始跟他們講譚崔的系統，譚崔的修練的方式，譚崔的功法，如何由性的能量的激起，如何運用性的能量，如何導引性的能量等等。結果引來了奧修門徒們的非常多的質疑與考驗。比如他們提出說：「奧修說瑜伽就是放鬆，不要去克制它，讓它流動，可是你講譚崔瑜珈就要把身體彎來彎去這是對人體身體的一種克制而不是放鬆，跟奧修講的是相反的。」那時候我就告訴他們，我們的身體是有限制的，你要把身體放鬆之前，首先你要去克制它，要讓它達到它能夠放鬆的條件，不是所有人的身體都有放鬆的條件，我們這個肉身是由血脈筋骨肉體造成的，這些有限的條件你要一個一個的去克服它們，你如果不去克服，就沒辦法達到真正的放鬆，同學們還有非常多的疑問跟相反的經驗。在這場演講當中是我一生第一次收到那麼大的質疑跟不理解，當然不是攻擊而是他們問題重重。

　　但是好的現象是，他們居然當場要我教他們譚崔瑜珈，這不是一

個很怪異的現象嗎？他們懷疑我說譚崔瑜珈是在克制人的筋骨血脈皮肉，要修練的是放鬆，不是克制。剛剛還在質疑我，現在卻要我教他們。這就是任性，因為我們會在知識層面上認為聽到了一個法就以為自己已經在那個境界上了。實際上他自己也知道，他根本還沒有到達那個境界，甚至連瑜珈他都沒有做過，什麼是瑜珈？什麼是譚崔瑜珈？根本還不知道那是什麼！所以激起他們的好奇心，激起他們想要了解跟追求的一個非常重要的啟發。如果真的想做的話，兩小時之後，找個地方，我們就來做譚崔瑜珈。結果很快速的他們就在隔壁找到了一個教室，就在那個教室裡面，帶領了他們做了兩小時的譚崔瑜珈。譚崔瑜珈分成兩個部分，一部分是單人的，另一部分是雙人的。

我沒辦法在這兩個小時以內，把這幾十種單人的跟十幾種雙人的譚崔瑜珈一下教給他們。我只介紹了他們四種單人的譚崔瑜珈跟兩種雙人的譚崔瑜珈，結果所有的人都相當、相當的有感覺，相當、相當的有感受，甚至有人跑到我的面前來雙手合掌，一直感謝我，一直都鞠躬的說：「謝謝簡老師！謝謝你的大愛！你把這個譚崔瑜珈傳到高雄來，我們受用無窮，希望你以後能夠多多來跟我們交流。」

當時的主辦人她聽到學生們的邀請，加上其他同學也有類似的想法，希望能夠邀請我在高雄繼續譚崔瑜珈的課程。因為我是台藝大的教師，我在台北要上班，於是我每個禮拜五的晚上就從台北飛回屏東，禮拜六的下午就到高雄去教他們譚崔瑜珈，還有一些譚崔的

基本功法。這樣子持續了一年多的時間。

　　真正要學法，也不能只是教他們譚崔瑜珈，課程中就加入了一些譚崔的基本功法。行譚崔儀軌之前的前行的一些功法，比如說：中脈入氣法、寶瓶氣、大禮拜、日月交抱、火呼吸等等。還有一些互動練習比較簡單的課程內容，把它改版簡化行之。就這樣子教他們，零零落落沒有一個完整的系統。但是他們都學習得非常的喜悅、非常的快樂、非常的有感覺。

　　他們的能量被我帶起來了、被激起來了，自我價值提高，中脈、左脈、右脈能量的變化開始明顯。在這樣的一個情況之下，他們的能量必須要被激到更高的層次，可是在台灣是有限制的，因為他們沒有辦法跨越裸體上課，也就是說他們是穿著衣服來練這些譚崔的基本功法跟譚崔瑜珈的。我即告訴他們，真正譚崔開始的地方，就在金剛杵入蓮花的時候（金剛杵為男性的陰莖，蓮花為女性的陰道）。也就是當金剛杵入蓮花的時候，譚崔才真正開始，真正精彩的地方就在金剛杵入蓮花之後。

　　在之前所有的一切的練習，它都只是前行，只是一種準備，只是一種打底。就像你首先要先修小乘，再大乘，最後才修金剛乘，金剛乘修道最後，再修雙身法，修雙身法之後，就證得法界體性智。如果你沒有小乘大乘做一基礎，你直接金剛杵入蓮花，它就會產生一些制約的問題、道德的問題、心理的問題以及很多過去生命故事的卡點。他們沒辦法再更進一步了。我也只能帶到這邊了。因為台

灣的道德邊界，台灣的集體性意識的邊界，制約太大。那時候我也不敢去衝破它。所以就告訴他們說：「你們如果不敢裸體，不能金剛杵入蓮花，我能帶領你們的也只能到這裡為止，其他的你們必須要在家裡自己做。」

當然學生們是不滿足的！

後來就是發生了我請德國老師來台演講的譚崔事件：淫亂邦侵台的蘋果日報扭曲報導的事件！

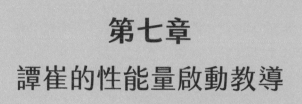

第七章

譚崔的性能量啟動教導

一、各種譚崔功法的介紹

　　譚崔功法的練習，是由古代不間斷流傳至今的，為了使得身體健康、生命喜悅快樂，讓全身的脈輪通暢，使得性能量更加的順暢與強大，而演變出來的日常鍛鍊方法。我們身體裡的氣脈、脈輪與脈結，常常因為生活上的關係影響了身體，再加上心理的一些不如意或是障礙，形成了能量上的阻塞。因此需要運用一些練習的方法將它疏通，譚崔的功法特別是為了激起性能量與身體脈輪的暢通，因此它是最基礎的練習。

　　高樓大廈平地起，如果基礎沒有打穩，大廈將很難往上堆高，因此譚崔功法是最基礎的，如果基礎沒有打穩，則路途將會是非常艱辛的，當一個人的身體軟趴趴、病懨懨的，他能夠有一個有強大的性能量嗎？

　　要將身體的能量達到最高的極致，是需要依靠一些方法的，也就是單憑個人的身體是無法游過太平洋，需要靠一隻船來運載你，這個功法就是一條船、一個工具，一個使用的方法，它將幫助你加強自身的能量，在譚崔中能夠能量暢通各個脈輪而上升達到頂輪的，往往都是基本功做得最好的，也就是你的基本功練得越紮實，你的成就將會越高。

　　以下介紹的幾種譚崔練習功法，是我在學習譚崔過程當中所認識

的基本幾種，當然還有更多更複雜、更困難、更秘密的練習方法，但是以下所介紹的是最普遍、最能夠影響身體、心理、脈輪的練習方法。譚崔功法不僅在練習身體，更重要的是在練習過程當中都會有靜心冥想，讓身體所產生的能量藉由進行冥想引導到整個全身的各個脈輪與脈結，更深化的進入靈性的結合。

譚崔功法各種不同的練習，它沒有性傾向的區別。它可以只是單人練習或是雙人練習。一般所強調的陰陽能量調和，在譚崔中認為每一個人的身體裡都具有陰陽的能量，因此不管是男男、女女、男女一起做譚崔功法的練習，所產生的效果都是一樣的，所練習的步驟與練習的姿勢都是一樣的，都能在自身中產生自然的能量流動。

敬告讀者，本功法是用語言文字描述的，尚有一些微妙的部分無法透過語言文字而傳遞，也沒有老師親自的示範練習與指導，因此請小心，勿自行操作練習，最好找到有經驗的老師親自指導示範練習、教導，才能真正了知其真實的做法、操作的心髓。

1. 引空色入身靈熱法

第一級. 單人觀蠟燭

可以金剛坐的就金剛坐，不可以的話就散盤、單盤或雙盤。先坐三十分鐘休息五分鐘，再坐第二支香三十分鐘休息五分鐘，第三支香再坐三十分鐘休息五分鐘。

　　現在的操作方式是譚崔法用的，是基本入門的打坐方式，譚崔瑜珈的時候，請觀想一個倒三角形中間有一個引起性興奮的情境或性器官，很多人想不起來，因為你的定力跟慧力不夠，最好要從打坐裡面去練習。譚崔法最重要的就是金剛杵入蓮花。金剛杵入蓮花那只是做愛而已，做愛如果會開悟的話，那 A 片的男星與女星為什麼不能成佛成道，因為他們就只是金剛杵入蓮花的做愛而已，沒有內在的東西，在心靈意識裡沒有更高級的內在瑜珈。

　　現在說明那內在的心靈瑜珈。我們肚臍底下四隻手指幅的地方叫做氣海，也就是我們的中脈、右脈、左脈會合的地方，這地方就是我們能量發源的地方。一般我們要把能量激起，以哈達瑜伽可能要很久它才會有改變的動靜。現在用這個方法，它很快就可以。這方法是，把眼睛眯成一條直線看著蠟燭，把這個蠟燭的光收攝進來放在你的丹田裡面。在眼睛看著蠟燭燃燒的時候，要去感覺那個蠟燭在你的氣海丹田裡面燃燒，你要感覺到蠟燭的溫暖在你的身體裡面，它微微晃動，是活火，感覺它的存在。

　　如果做這個你可以做成功的話，你以後的氣脈、能量就能主動的控制讓它昇起，當你做愛或行譚崔儀軌的時候，要你觀想什麼你就有辦法觀想什麼。因為譚崔儀軌的過程當中還有很多的東西要做，這個就是最基本的基礎功。所以眼睛看著那個蠟燭，去想著蠟燭在你的丹田裡面飄動的燃燒，要感覺到那個熱度。你一感覺到有熱度，這就是真實的覺受了，活生生的，騙不了人。有些人會說：「哇，真的溫溫的。」其實根本沒有，這是騙人、騙自己。你要確確實實

的覺受到那個溫度、那個熱在你丹田裡。

我曾經有一次引導五個女生一起做這個練習，我和她們每星期都聚會練習一次，做了幾個禮拜之後，有一次我們又開始練習觀想丹田中的燭火，大約十五分鐘時有一個女生，她突然間「啊！」的一聲跳了起來，我馬上問她怎麼了？她說她被燒到了，那就成功了。她說她被燙到就是真的有了覺受了，因為已經把它內化進入真實的感覺，但不能觀想太熱，會被燒到，只能觀想微溫。

開始先練習單人的，看著蠟燭，你要把注意力放在肚子裡，眼睛只是輕輕地看著蠟燭，不用力去瞧，很放鬆很自然，半小時之後休息十分鐘。

半小時盡量身體不要動，不要咳嗽，如果你的身體受不了，腰酸背痛的話，可以稍微動一下，不要動太大力，稍微調整一下，不要影響到旁邊的人。氣海在肚臍下方四隻手指幅的地方，不用量得很準，大概就是這個地方，它有一個區域。也不要去管呼吸，自然呼吸，你只要做一件事，就是觀想這個燭光在你的肚子裡面，不要想到往事，不要想到以前的故事，不要想到連結你的父母等等。這些都沒有，只有燭光在你的肚臍氣海裡面一件事情，就那麼簡單而已，眼睛瞇成三分之一看著，旁邊這些東西都不要去理它，好像有看到但不要理它，只注意你前方的燭光，把你的燭光調整到你的正中央的地方不要歪。

把你的腳盤起來七支坐法，頭往上升，脖子挺直，眼睛瞇成一條直線，舌頂上顎，兩肩宜平，脊椎打直，盤腿，雙手結定印，眼睛看著前方的燭光，把燭光移到你的肚子底下四隻手指頭丹田裡面！

第二級 . 雙人背對背觀蠟燭

兩個人一組，兩個背對背坐著。背對背的時候你會感覺到另一個人在你的背後，他的能量會干擾你，燭火會變得很難進入，所以你會有雙重的困難，你要去克服能量干擾和專心燭火的困難。最好能把他的能量跟你的能量連結在一起，讓兩個人是一體的。因為以後在修譚崔儀軌的時候，更複雜，有陰莖、有爽、還有其他外面的東西、還有咒語、還有觀想本尊等等，因此要從這個最基本的開始。

背貼著背貼在一起，這次不一定要盤腿，找一個舒適的姿勢坐著就可以。同樣的看著你眼前的蠟燭，感受你背後那個人的能量，最好讓那個能量跟你融合在一起，而不是排斥、不是戰爭、不是爭吵。讓那個能量跟你匯歸為一，以後的整個譚崔儀軌、性行為它就是兩個人的融合，男的女的，男的男的，或是女的女的。我們最主要的就是我們個體的個人主義，剛開始時會很排斥外來的能量，這個排斥感大部分是頭腦的，社會建構的品味和判斷所造成的隔閡，這是不對的，宇宙本來就是連結在一起，是融合的，你跟萬事萬物都是融合的，你跟任何一個人不管是男的、女的、美的、醜的都能融合在一起。

你會感受到那一個能量好像在排斥你，要想盡辦法讓它跟你融合

在一起，不要忘了那個蠟燭要放在你的肚臍四指丹田的地方，把蠟燭的位置調好，不要太靠近也不要太遠。把眼睛瞇成一條線，輕鬆自在地看著蠟燭，就像第一階段一樣，把蠟燭的光、溫度、飄逸觀想在你的丹田裡，並且把你後面的人的能量和你揉合團聚成一體，不要抗拒、不要排斥，放下它、接受它，輕鬆地讓蠟燭在你的丹田燃起，真真確確地覺受那溫度。

時間半小時，不動！也可以把你的腳盤起來七支坐法，頭往上升，脖子挺直，眼睛瞇成一條直線，舌頂上顎，兩肩宜平，脊椎打直，盤腿，雙手結定印，眼睛看著前方的燭光，把燭光移到你的肚子底下四隻手指頭丹田裡面，開始！

第三級．雙人雙抱觀蠟燭

兩個一組面對面日月交抱，觀想那個蠟燭在你們兩個生殖器接觸的地方還在那邊燒，之後的譚崔儀軌就是那個樣子。

雙人移動到自由空間，兩人一人在下，一人在上，日月交抱，環抱腰和脖子，靜止的呼吸，頭可以換邊呼吸，感覺兩個人的能量融合，專注在觀想燭火。

日月交抱是一個非常神聖的印契。我們人身體的動作，手的姿勢，都可以打出一個手印，手印就是與宇宙能量連結的一種印契，就像小耳朵、天線，能接受到各種不同的頻率一樣。而兩個身體的日月交抱，就是一個最大的手印。當兩個身體互相擁抱在一起的時候，陰性的身體胸部是突出的，代表正極的能量，陽性的身體生殖器官

是突出的代表正極的能量，一陰一陽在合抱當中，他們的能量會自然流轉，互相融入，互相從這邊過渡到另一邊的交融合一整體，產生一個無上的統一。因此當你日月交抱的時候，就會產生出一個性能量，現在把觀蠟燭在你們兩個性器官交接之處的拙火，再加上性能量的融合，它就會產生更大、更強的能量流，使得升起的能量在身體中運轉，更流通、更快速毫無阻礙。另一方面，你面對著另外一個身體的能量，一來對你是一種阻撓、阻礙，因此你必須去克服和降伏你心中對他的排斥與不能接受，二來他的能量會促進你能量的流轉更加強大，因此你會在這兩極當中盤旋來回擺盪。在譚崔儀軌當中的日月交抱，就是要運用一個拙火的力量與性能量，使彼此互相提升跟互相催促，讓你所要達到的觀想力與顯化的目的更能夠完整，圓滿清晰成功地展現出來。因此我們需要做日月交抱、觀蠟燭在兩個性器官接觸的地方燃燒的基本功練習。這個練習身體是寂靜不動的，就只是日月交抱，只有內心做了一個內在瑜珈的觀想。

你的觀想可能會發生一些困難，因為你的生殖器官與另外一個的生殖器官碰在一起，它會產生性能量的喜悅感，你的頭腦會有很多的雜亂思想、慾望出現。因此這個練習更要有更強的止觀的能力。當你有辦法降伏你身體性能量的慾望，與確確實實、清清楚楚地觀想蠟燭燃燒時，你就進入了一個非常高深的大定當中了。

本練習的目的是要你從單純的，只是個人寂靜孤獨的打坐當中，轉化到兩個人一起雙身性能量交融的打坐，並加上觀想蠟燭昇起拙火的力量，當你長時間練習的時候，你會覺得單人打坐是枯燥無味

的，雙人打坐會使得你生氣盎然朝氣蓬勃。

把你們日月交抱坐好，頭往上頂，脖子挺直，眼睛眯成一條直線，舌頂上顎，兩肩宜平，脊椎打直，盤腿，雙手抱著伴侶，觀想燭光移到你的肚子底兩個人性器官交接的部位，開始！

第四級 . 雙人雙抱動態觀蠟燭

第四個層次是雙人日月交抱動態的練習。

所有的身體動作與觀想訣竅都跟第三次一模一樣。只是現在加入了身體的動作，也就是說你現在不是寂靜的靜態打坐觀蠟燭而已，而是身體有動作。

這個動作首先是 1. 非常緩慢地順時針的方向旋轉，或者是 2. 逆時針方向慢慢的旋轉，也可以是 3. 前後的互動，也可以是 4. 非常猛烈的上下運動。

總之你的身體不再是寂靜的，而是要動起來。為什麼要讓身體動起來呢，因為當你是寂靜的時候，你會比較容易入定，但你的入定很容易是一種枯禪。當加入動態的時候，就比較不容易入定，當你即使在擺動當中、在動態當中而能夠入定的時候，你的層級會比較高深。就像以前的禪宗們在瀑布底下打坐一樣，瀑布本身就是一個動態的，它一直沖刷著你的身體，一直在干擾、打擾你的身體跟你的精神靈性，必須用很大的能量及靜心，才能去克服瀑布在你身上沖刷的覺知阻礙感。當你排除了這種阻礙感之後，就會入法界大定。

我們現在教你把身體動起來旋轉或是上下跳動，就是一種非常明顯的動態打坐方式。第二個是譚崔儀軌的整個過程，是一個動態的過程。因為你們兩個是日月交抱做愛，金剛杵插入蓮花當中的動態行為，如果你的內在沒辦法安靜去觀想拙火與蠟燭的啟動，則很容易會被做愛當中的身體條件與大腦的雜念造成分心，而產生儀軌上的阻礙，你就無法在單純儀軌當中達到你所想要的，讓拙火升起又經由中脈而達到頂輪的功效。

因此必須在第四級當中運用動態日月交抱觀蠟燭引起拙火的方式來做一個基本功的練習，當你的這個練習成功之後，以後進入譚崔儀軌，就能夠一步平川，進入浩浩蕩蕩的性能量世界，而達到開啟法界智慧的最極致之目的。

2. 中脈入氣法

中脈／左脈／右脈，頂輪有一個喇叭的出口，底端在陰蒂尖或金剛杵的杵尖（龜頭尖），中脈不在脊椎，在身體中間：金剛杵插入蓮花做愛時，能量啟動從這裡啟動，一般人要啟動是不容易的，若要氣入中脈，最重要的方法就是中脈入氣法。

手壓住右鼻孔，左鼻孔吸氣到眉心輪，從左脈吸到海底輪陰蒂尖或金剛杵的杵尖，轉入中脈上升到頂輪，在頭頂住氣擴張，氣觀想沿中脈下到海底輪陰蒂尖或金剛杵的杵尖，換手壓住左鼻孔，呼氣讓氣從右脈上昇從右鼻孔吐氣。再從右鼻孔吸氣到眉心輪，從右脈

吸到海底輪陰蒂尖或金剛杵的杵尖，轉入中脈上升到頂輪，在頭頂住氣擴張，去觀想沿中脈下到海底輪陰蒂尖或金剛杵的杵尖，換手壓住右鼻孔，呼氣讓氣從左脈上昇從左鼻孔吐氣。這樣為一輪，一共要做九輪。

最後，放開手，雙鼻孔一起吸氣到眉心輪，從左脈右脈一起吸到底下陰蒂尖或金剛杵的杵尖，轉入中脈上升到頂輪，在頭頂住氣擴張，觀想氣沿中脈下到海底輪陰蒂尖或金剛杵的杵尖，呼氣讓氣從左脈和右脈一起上昇從雙鼻孔一起射氣！

譚崔的各種呼吸法是特別為了譚崔而創造的，要教的呼吸法裡面，

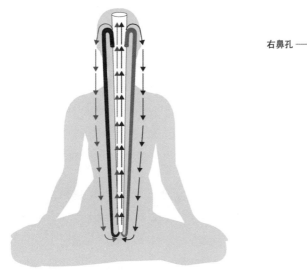
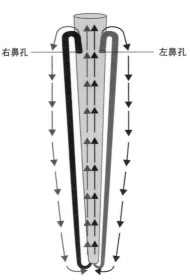

在古代都是一種非常秘密密傳的，它練到有成就有功力，你可能需要一段時間，但先讓你們知道這個，如果有時間就去練。先畫一個圖讓你們看到什麼叫做中脈、左脈、右脈，這是一個盤腿的人，頂輪在上邊，頂輪邊有一個開口，像喇叭一樣的開口，肚臍底下四指幅的位置是三脈會合處氣海，但是我們是譚崔行者，所以說我們要延伸到女生的陰蒂尖；男生的金剛杵的杵尖這邊。

我們的中脈是從頂輪一直延伸，尖狀喇叭開口的形狀，在我們的身體的中間，不在脊椎裡面，在整個身體的正中間的地方，用解剖學剖開看不到，它是出世間的東西，天相身，它不是世間的東西。有脈輪，心輪、喉輪、眉心輪、頂輪，而我們的右鼻孔往上吸氣的時候往上到眉心輪，往下到海底輪會合起來，往上到頂輪會合起來，它是呈 w 這個形狀的。一般佛教系統的課程，會合的地方會在氣海丹田，我們是學譚崔的，是在女生的陰蒂跟男生的金剛杵的杵尖這邊。金剛杵插進來，做愛的時候，它就會形成這種感覺這樣子。我們的能量要啟動就要從海底輪開始啟動，要啟動它，一般的人是不容易的，啟動了，它對身體健康這些是很好的，但是你要直接讓氣進入中脈。

手貼著，壓著右鼻孔，左鼻孔吸氣，吸到底下男生的杵尖女生的陰蒂，再轉入中脈上升到頂輪，換壓住左鼻孔降下跑到右鼻孔吐氣。右鼻孔吸氣吸到底下男生的杵尖；女生的陰蒂，再轉入中脈上升到頂輪，頂輪降下，換邊吐氣這樣算一輪。

氣吸上來跑到陰蒂的地方、金剛杵尖的地方，進入到中脈，上昇到頂輪停一下，擴張。你可能會吸到一半就沒氣了，雖然沒氣了但是你要感覺還在吸氣，到頂輪擴張一下，再下降到下面吐氣，這樣是一輪，一共要做九輪。

中脈入氣法就是直接氣入中脈，我們譚崔為什麼要做愛，它就是透過做愛的方式，讓氣入中脈，跑到每一個脈輪到頂輪，然後產生開悟的現象。

剛開始你的氣不足，可能只吸到一半就沒有氣了，但是沒有關係，還是繼續感覺還在吸，往上昇，昇到頂輪停下來讓它擴張，然後再下來，跑到另外一邊，下到海底輪就開始吐氣，就換邊吸，這邊吐就換另邊吸，進來到中間上面下來吐氣，再吸上來再下來吐氣。讓你的意識擴張，在你的頂輪擴張，覺受與宇宙合一。

做譚崔瑜珈，也做九個原音唱頌，因為它不長也不短，剛好達到那個效果，做太短沒有效果，做太長會有傷害，剛好九次。練譚崔瑜珈或做這個中脈入氣呼吸就做九次，當能力增加的時候就做十二次，最長不要超過二十一次，最後一次是兩個鼻孔一起吸上去再下來，從進入中脈到上面再下來一起出氣，二十一遍就是最後一遍，也是這樣的方式。

慢慢練習能量就會增長，譚崔雙身法金剛杵進入蓮花，它最重要的點就是要讓你氣入中脈。如果你開始氣入中脈，整個人就開始變

化了，氣入中脈它一定會動到你的每一個脈輪，當你的脈輪被動到，還沒有打開喔，只是被動到，你過往的經驗、過往的故事，不如意的阻難，它就開始消融，開始變健康。如果脈輪打開的話，你就會有神通現象，因為每一個脈輪的神通現象都不一樣，它最主要的現象就是要讓我們的頂輪打開，頂輪打開的時候，你就會有法界體性智開放。我們一共有五個智慧，大圓鏡智、妙觀察智、平等性智、成所作智、法界體性智，法界體性智就是在我們頂輪的正中間的開啟。

中脈入氣法是古代很秘傳的東西，它一定是要修雙身法的人修到一定程度才會教你這個。那現在還是小學程度就教你們寫博士論文的方法，你們就慢慢寫，寫到可能高中畢業程度，你們博士論文就寫成了。

中脈、左脈、右脈，觀想得越清楚，它越有效果，產生的能量會越大。如果觀想得不清不楚，那就沒什麼能量了。算的時候要算九次，可以掐手指來算次數，才不會忘記。我教你們掐手指，每一個手指有三節，掐著三次（大拇指壓食指三節）、四次五次六次（大拇指壓中指三節）、七次八次九次（大拇指壓無名指三節），掐了三根剛好是九次。

可以把中脈、左脈、右脈都觀想得出來嗎？大部分的人想不出來，只有少部分的人可以，定力足的人才可以想得出來，或是倒三角形內有一個生殖器官的觀想，所以譚崔的修練有很多跟觀想有關。

我們的身體，隨時都在呼吸，就在我們身體所有的部分都有氣在動，特別是我們中脈心輪的地方，心輪有三十二片像蓮花一樣三十二個瓣，中間的地方有一個點，這個點是上紅下白，叫做明點。明點一般是動不到它的，用任何地方法都動不到它，一旦動到它，會有死感，會有死的感覺，西藏紅教有一種方式，就是用咒語的方式，那個咒語排成一圈，在心輪旋轉、旋轉、旋轉、去鍛鍊它，但是我們不走西藏紅教那一條路，那太艱難了，我們用做愛方法，中脈的方法，金剛杵跟蓮花插在一起，兩個人的左脈、中脈、右脈就連結在一起了，我們的氣就通了，當他氣通的時候，往上衝到這一點的時候，它就會開始產生改變，到頂輪的時候，頂輪會產生白菩提液，會下降，白菩提液下降到這個明點的時候，明點受到滋養，你的生命就會變旺盛，開悟就從這邊開始的。我們說心輪打開，主要就是明點受到菩提液下降的滋潤產生的，這就是譚崔的精義。為什麼要做愛？為什麼男公關、妓女她們每天做愛不能開悟？因為他們的內在沒有在做這些東西，為什麼只有譚崔修行者會開悟？因為他們在做愛的時候，他們的內在就是在做這個，就是內在瑜珈。

這些東西如果弄不清楚的話，做愛也沒什麼用，所以這個內在的東西一定要把它觀想得清清楚楚，讓它們通道清楚。這個命氣，也藏在我們的中脈裡面，當你的命氣沒有的時候，你就死掉了，命氣停的時候，我們外在的自然呼吸也停了，我們外在自然的呼吸停的時候，我們的命氣還在走，所以還沒有真正的死亡，有些人的命氣還會持續三天，可是醫生已經判定死了，其實命氣還在，那個時候

就是在轉世的過程當中，如果有那個能力的話，就可以去控制要轉世到哪一個父母親的身上，這個叫做反被動為主動！為什麼我們老師的阿公在往生的時候要找阿嬤做愛，他就是要在做愛當中而不是在痛苦、恐慌、害怕當中死亡，是要在大樂當中走入中有，再進入死有，讓他的整個明點跟菩提液會合，他就變成主動，他可以主動選擇出輪迴，或者是再投胎，這就是譚崔最重要的精華。

中脈入氣法一般來講不好練，是我們觀想不明白那個中脈、左脈、右脈，外面如果你有聽過其他課程的話，他就會告訴你在我們的肚臍下丹田的這個地方會合，我們練譚崔的人要把它延伸到金剛杵杵尖跟陰蒂的地方，重點在這裡，就差這一點點，而也就差了十萬八千里了，法門的不同就是這樣子分辨出來的。

呼吸節奏如果錯了就再重來，這個中脈入氣法可以在我們做譚崔瑜珈之前先做，不能在做瑜珈之後做，或是你在練任何的功法之前先做這個，讓你的左脈、中脈、右脈先暢通，也就是管道先弄清楚暢通沒有阻礙，接著再去練其他的功法，它就有增進的效果、增進的效力。或者是你練太極拳或其他的功法之前先做這個。在之後才做它不會起到幫助，它是為了把中脈打通，待會在做的時候就輕鬆容易，增加功力的順利成長。

3. 寶瓶氣

氣海在肚臍下方四指幅的位置，有事沒事可以把這邊壓一壓，就

會增加氣海的能量，那我們現在要吸氣，吐氣的時候肚子凹進去、吸氣的時候肚子凸出來，這叫做順勢呼吸。

　　現在吸氣把氣吸到更底下一點點，在這個底下恥骨這邊，吸到很滿，吸到比丹田還要下面一點點，就大概是金剛杵長出來的這個地方，就在陰蒂的地方，吸到那邊，吸滿了之後，把氣再往下壓，把下面提肛，把它壓在這個金剛杵這個地方。我常常從家裡開車到學校半小時就這樣壓著出去，現在這邊硬硬的，這叫寶瓶氣。中間我講話呼吸沒關係，它還是壓著，男人如果常常這樣練的話，你的陰莖不是勃起硬度而已，再而堅挺，最後會變得有勁道。女生那個蓮花不是死的，會活的、會咬人的、會很有力量、它會很有吸吮力，這叫寶瓶氣。

　　比中脈入氣法還要高一層的人才會去練這個，那他一定是雙身法的人才會去練這個，如果練這個的人，以後你的氣會很長，我以前在未得高山症之前，我可以憋氣不呼吸兩分鐘，五十公尺的游泳池跳下去游到對岸再游回來不用呼吸。在性學上男生勃起有三種，第一個是心理反應，看到美女就勃起是心理反應。第二個反射反應，把眼睛矇起來，去摸他的陰莖勃起，這叫做反射反應。第三個，叫他去睡覺，他睡覺到某種深度陰莖就勃起了，一般性學上男生的勃起就這三種。還有第四種方法就是這一種的，吸氣、壓下去、勃起。氣足的時候陰莖就會勃起，為什麼我可以做愛做十五小時二十分鐘？就是因為氣足，氣足就不用特別去要讓它勃起。一般男生要勃起，是我們的腦下垂體要讓它產生一氧化氮，一氧化氮通過我們的

神經系統傳達到勃起中心，兩個腎臟中間的地方叫勃起中心，勃起中心男生、女生都一樣，女生也會勃起，再傳到生殖器官產生勃起作用，氣足的時候就不用透過一氧化氮。威而鋼就是在控制一氧化氮使得它不消失的，你吃了威而鋼，你的一氧化氮不消失，陰莖就漲大了。那如果練這個寶瓶氣，練了不需要透過這個系統，它直接用氣壓進去你的陰莖漲大。

練寶瓶氣，提肛就是肛門向上提，其實不是提肛門，而是提會陰，向上提就有一個往上壓的力量。吸氣往下有一個往下壓的力量，壓在底下這個地方，壓著那個氣就停在那邊，它就變得很強壯，能夠多久就多久，一般你們可能一分鐘都壓不了，剛開始的時候可能一分鐘、兩分鐘而已，時間久了，你就可以壓很久。吸的時候肚子是凸出來的，但是我們現在不吸肚子，是吸到氣海，然後再提會陰，然後壓著，之後要練習會講話，現在講話肚子還是硬硬的，如果一般講話它就消掉了，要練到吸著、壓著、提肛、講話，它還是硬硬的。我們所有的功法都是全身鬆、一點緊，一個點緊，其他都是鬆的，太極也是，全身鬆，一點緊，它是一個妙招。

提肛有兩種方式，普通一種是直接把肛門提上來、縮上來。
我們這個功法的提會陰是把肛門旋轉的縮上來。子彈打出去命中目標那個目標不會怎麼樣，只是一個小孔，子彈打出去如果旋轉的話，那命中的目標它會爆開，力量跟效果更猛烈。所以提會陰的時候是你要想像你的肛門是旋轉的拉上來。為什麼我說陰道會變成活的、會抓人的，就是因為提肛的時候它在旋轉，它才不會是凋萎的

蓮花，它會是活的蓮花，而且吸的時候要轉上來。一開始只用觀想的，它不會轉，但久而久之它就真的會這樣轉，要想像那個肌肉一圈一圈這樣子上來，它才會真正產生勁道。如果裡面沒有氣，肌肉就會硬，如果有氣，肌肉就軟軟的。女生會很敏感，她不一定會高潮，要看人，她的敏感度會變得很強。女生的陰道，一般手放進去它是空的，這個常練之後，那個陰道裡面是充滿肌肉的，它會變成重門疊戶。

4. 海呼吸

如果太快射精，你的能量沒辦法累積。做愛的頻率如果變慢的話，能量就會累積，有一種做愛的方式叫做緩慢性愛，要多緩慢呢？也不能太慢。你太慢的話就沒有感覺了，要剛剛好，就像海浪一樣（配上海浪聲音）。煞～～～煞～～～，雙手往前推，雙手收回來，煞～～～回來，用這樣子的方式做愛，整個下午都不會累，而且力量會越來越強壯。

A. 單人

現在是這樣子站著雙手臂張開平舉，吸氣（雙臂合進來），吐出去（雙臂往前撥），鼻子吐出去，鼻子吸進來，（重複一直緩慢做），全身向前向後搖動。

你要有一種節奏感，身體要柔軟，不要太僵硬，如果身體太僵硬做愛的話，沒辦法持久，身體要軟軟的像竹子一樣，風吹過來它就

倒向這邊,風吹過來它就倒來倒去,軟軟的這樣子。先做五分鐘,吐氣、吸氣、吐氣、吸氣,發出聲音也沒有關係,腿盤起來也可以,放鬆也可以,散打也可以,双盤也可以,都不管,主要就是要放鬆、放鬆、全身鬆、一點緊,就是呼吸而已,進入那個感覺當中,進入那個節奏當中....進入前後搖擺的節奏感覺裡面,手臂連著心輪,把你的胸部打開......把你進入那個能量裡面,吐氣、吸氣、進入那個自我裡面,深深的潛意識的裡面,把腳打開,像波浪一樣拍打海岸,像波浪一樣有力量,內在含蓄著很大的力量,像波浪一樣拍打礁岩,慢慢地停止下來,把身體拉直坐正,稍微休息一下,把氣吸到肚子,把眼睛打開。

B. 雙人

兩個人面對著面,手平舉起來(站著輕輕互碰双掌),我吐氣的時候對方吸氣;對方吸氣的時候我吐氣這樣,吸氣、吐氣～～做五分鐘就好,站起來,找個伴侶,不管扁的、圓的、胖的、瘦的、老的、少的、男的、女的、長的、短的、胖的、瘦的,不影響成道。你的腳如果站平行的話,向後倒的時候,就不好站,腳最好站前弓後箭這樣子,放一點背景音樂。開始像海浪一樣衝擊沙灘,讓你進入那個感覺,像海浪一樣,吸氣、吐氣海浪很柔軟卻帶著很強的勁,像波浪一樣拍打著岩石沙灘,讓你進入那個感覺,進入那個很深的自我,感覺你的伴侶的能量,你們兩個好像在做愛一樣,非常有愛心、非常真誠、非常內在,真的進入愛的氛圍。

你可以發出聲音來,像海浪一樣拍打著礁岩,拍打著沙灘,也帶

著勁道，感受一下你的伴侶的能量，他拍打在你身上的能量，接受那個能量，你把他合一，把它融合，讓著你的能量流向他，拍打他，像你們在非常親密的做愛一樣，吸氣、吐氣慢慢的來，做愛要很柔和，做愛不用太急、不用太快、不用太暴躁，慢慢的來，有節奏感，讓你進入那個節奏感裡面，進入那個氣氛裡面，讓你們的氣、能量能彼此交融，就像海水拍上岸邊，被沙灘吸走了，又融合在一起，又來了一個波浪，又拍上岸邊，又被海砂吸走，讓它流入你的身體、流入你的心靈裡、流入你的靈魂裡、流入你的靈性裡，慢慢的，讓性能量慢慢的升起，讓它慢慢的摩擦，海誓山盟，弄到讓個房間，整個空間都是你們的能量，讓它擴張，擴張到整個周圍，讓你的性能量慢慢的擴張，讓它擴張到整個台灣，擴張到整個宇宙。你的臉、你的手、你的身體，都會麻都是正常的，那是能量的流動。

　　這是雙人的海呼吸練習，雙人身體的前後擺動，配合呼吸，剛好是一個呼、一個吸，兩個人協和一致，就像是緩慢的性愛一樣，這樣可以做上整天的愛都不累，更有甚者是它會累積能量，最後會有谷底的性高潮。

5. 火呼吸

　　第五個是火的呼吸，像火燃燒一樣的呼吸。這名詞是我直接用德文翻譯來的，它的梵文應該是像火一樣熱烈燃燒的呼吸。這個火呼吸也是在印度傳了五千多年，特別是在譚崔雙身法的部分會用到它。

以前我帶過台灣的男生去德國上課，我的經驗是他們去德國上譚崔課進入儀軌的時候時間太長，做愛時間沒辦法撐到兩個小時，要不然就是無法勃起，或是一勃起即射精。那我就會叫他們要去的人在台灣先練三個月的火呼吸，可以補足你這十年以來的功力。火呼吸它是一種非常強勁的瞬間，激起你性能量的一種呼吸法，平常你在做愛的時候覺得軟弱無力，沒什麼力道的話，就火呼吸，性能量就來了，會相當快速的，以下是火呼吸要注意的點。

站起來先做試驗的呼吸，雙手五指打開，自然下垂放著，然後強力的吸氣，再強力的呼氣，只做兩分鐘，現在把感覺你雙手的指尖的能量，鼻吸鼻吐強烈的，來～吸、吐、吸、吐，停下來～把嘴巴閉起來，感受一下你的指尖，會有熱熱、麻麻、脹脹的感覺。

做不到兩分鐘，你的手就麻麻的，如果繼續做的話，就會麻上來，你的腳會麻上來，麻到全身都麻痺了。

我在德國做第一次的火呼吸的時候，全身麻痺無法動彈，做了五分鐘而已，為什麼？因為老師講了一個絕招我沒做。那個絕招就是你火呼吸的時候，不管你盤腿這樣子坐也好，或是跪姿這樣坐也好，你的手要抓著像鳥頭一樣抓著勾回來，勾回來放在你身體的腳上或是旁邊，這樣一勾著你的全身完全不會麻痺，這是訣竅，一定要記得。一般火呼吸最好是金剛跪著，它的動態會比較大，它的動感會比較好，但是有些人會跪不久，你就坐著，盤腿坐著也可以，散打也可以，但是不需要雙盤，因為盤腿雙盤會使得我們的能量降

低、安靜、安定、入定。跪姿，會使得能量上升升起。能量要升起要用跪姿的，要讓能量降低、安定、入定的，要盤腿，最好是雙盤。

火呼吸有三個階段，第一階段就先做三分鐘的火呼吸停一分鐘，五分鐘的火呼吸停一分鐘，七分鐘的火呼吸再停。再兩個人雙抱，盤腿雙抱，日月交抱火呼吸半小時，不管眼睛睜開或閉上都可以，跟剛剛一樣，全身鬆、一點緊，那一點緊的地方就是在呼吸上面。

火呼吸的重點在於重呼不重吸。

呼的時候肚子要凹進去，就是你的鼻孔把那個氣射出去，射出去、不是呼出去、是射出去！那它的呼吸有三種方法，第一種是：（大約一秒一下），第二種：（大約一秒兩下），第三種：（大約一秒四下），你要選一種適合你的節奏的，一般我們做愛的時候那個高潮，高潮是什麼？是收縮、收縮、那個收縮的那個間隔，就是你最自然的節奏，所以說火呼吸最好的節奏就是你高潮的節奏，現在的意思就是把高潮的節奏拿來練，那是很快速的能將我們的性能量提起。

跟一個女生做愛，做不到二十分鐘，她就呵啊～呵啊～呵啊～沒力了，她沒有練過火呼吸，如果練過火呼吸的話，至少可以呼吸個半小時。我們在德國的標準時間是四十五分鐘，但是我怕你們撐不了那麼久，所以說，我們先做三分鐘、五分鐘、七分鐘，再做半小時。做半小時那個階段的時候，是雙人抱在一起，你們兩個的節奏，可能會一致，也可能會不一致，重點在於要注意你呼吸的氣息跟對

方的能夠融合在一起，因為將來在做愛的時候，你如果用火呼吸的方式做愛的話，就可以跟對方綿綿密密的連在一起。

要知道的就是在做愛時，如果做火呼吸的時候，時間不要做太長，特別是男生如果在做愛的時候做火呼吸，時間做太長的話會，很快就射精，會控制不住，因為那個能量太強大，所以說，在做愛的時候做火呼吸的話，做個三分鐘就停。一般在做愛的時候，你就是會呼吸了，你就已經會呵～～呵～～呵～～了，現在把它改成鼻子哼～～哼～～哼～～哼～～這樣子。

6. 大禮拜

大禮拜是一個大法，在譚崔訓練當中非常的重要，它是一個綜合性的功法，包括了四皈依，就是皈依上師、皈依佛、皈依法、皈依僧，也包含了逆勢呼吸的內功跟寶瓶氣、瑜伽體式的眼鏡蛇式與最後的躍起射力。

首先是逆勢呼吸，逆勢呼吸的力量比順勢呼吸的力量還要強大，逆勢呼吸是一種非常絕妙的功法，在逆勢呼吸當中，我們的氣就能真正的深入中脈。再來是四皈依，皈依是一種無上的臣服、無上的服從跟無上的奉獻，而且要把你的身體完全趴下，完全的服從在地，讓你完完全全的臣服於宇宙萬有的能量，因此你的身體趴的越低，你的位階將越高。我們用一個宇宙萬有力量來皈依，我們都知道每個人自心是一個佛、是一個神性的，但不要因為自己是神性的而變

得很自傲自大，其實我們只是風中的一顆塵埃，在宇宙萬有當中佛的數量猶如恆河沙數不可數，尚且我們只是一個尚未開悟的眾生而已，因此借用皈依一個宇宙萬有的力量，讓我們臣服著我們的心放下，真正放下的是我們的我慢至高自傲的氣息。把身體真正的蹲下、趴下，讓那些我執真的從內心裡面放下，這是一種非常高深的心性修煉方法，對於宇宙萬有或是將來對於眾生，甚至在親密伴侶關係當中相當重要。而且因為皈依與放下，使得你顯示出了對對象的尊重與真正深刻的愛的給予。

當我們做完了四皈依之後，就把身體往前滑動趴下，你的身體跟地板、大地是連結的，讓你的身體與大地、地板真正的合一，就像陰陽的能量一樣，大地是一個隱性的、母性的，成為大地之母，人體是有能量運作的，是陽性的，因此當你身體趴下的時候，它就會有陰陽合一的能量交流。我們的身體趴在地板張開是完全大面積的與地板接觸，讓我們能量的交流更迅速更完全、更徹底。再來就是將手放在腰間把身體撐起，形成了一個脊椎向上弓起的瑜伽體式眼鏡蛇式，這會使得我們的中脈產生了一種中空，更能使得等一下的力量上升之後，它能夠迅速之間將能量趨入中脈。再下來就是一下子的使勁，將你的身體在眼鏡蛇式之下，一下子屁股往後向上把身體一下子撐上來，並且手掌迅速合十，再吐氣。就完成了一個大禮拜的功法。

現在大禮拜的分解動作是：
a. 雙手合掌在心間，兩腳與肩同寬，雙腳板平行向前，再將雙手

慢慢緩緩的向上高舉，同時吸氣，盡量用力吸氣，並且吸氣的時候是逆勢呼吸，逆勢呼吸就是吸氣的時候肚子凹進去，順勢呼吸是吸氣的時候肚子凸出來，這邊所採取的是逆勢的呼吸法，因此吸氣的時候肚子凹進去，雙手高舉，手臂貼耳，並且吸到沒氣的時候再用力吸一口氣，然後用力提肛閉氣。

b. 雙手合掌在頭頂的頂輪點一下，並默念南無古魯丫（上師）。在第三眼眉心輪點一下，默念南無佛陀丫（佛）。在喉輪點一下，默念南無達摩丫（法）。在心輪點一下，默念南無僧伽丫（僧）。

c. 慢慢地彎腰將雙手貼在地板上，並且緩緩的向前滑行，在滑行過程當中，身體、胸部、肚子、大腿不能碰到地板，一直要滑到整個手掌滑不動，向前伸展到極致的時候，身體再慢慢地，平行的放到地板，雙手合掌在你的頭頂拜一下，並觀想從宇宙萬有能量中有七色光從你的頂輪灌入你的身體。

d. 將雙手畫圈從頭頂雙手伸直，向外畫著地板，畫到你的腰間，並且將雙手掌撐地，把身體撐起來，形成瑜伽體式的眼鏡式，雙眼睛向中間擠，眼珠向上滾，注視著第三眼的地方。

e. 用力迅猛的一下子屁股向後、向上拉起整個身體，一下子彈跳起來，站立姿。

f. 雙手合掌，再吐氣。所以從逆勢呼吸開始閉氣，直到合掌吐氣。整個過程當中是閉氣的。這就完成了一次的大禮拜。

g. 一般每天早上起床就要做大禮拜，至少要做二十一次，再慢慢地加多次數三十六次、七十二次、一百零八次、一千零八十次這樣累積上去。

　　做大禮拜的最大功效是，使我們體內的荷爾蒙、睪固酮產生分泌，我們的睪固酮就是在形成性能量，促使有性慾的內分泌系統使分泌激素。大禮拜做完之後，會身輕如燕，身體的能量會超過身體的重量，因此行動負荷不大，會神清氣爽。大禮拜是四加行之一，最少要做十萬遍。修行譚崔雙身法，大禮拜是一個不可缺少的功法，它會使身體強健精神飽滿、內分泌系統旺盛、身心柔軟、臣服奉獻，它將有助於將來在譚崔儀軌當中，使得你身體強健、氣脈旺盛，讓你有足夠的性能量在譚崔儀軌中持續綿長、永不間歇、氣入中脈。

二、緩慢旋轉的力量

　　兩個雙抱身，順著時鐘的方向旋轉、旋轉，要知道旋轉是一種很強的力量。龍捲風、颱風、蘇菲旋轉、中國道家的氣功。有一種的氣功要踮起腳尖轉，一直轉，轉半小時之後，他自己不用轉，他就會自動一直轉，旁邊要有護著的人，他才不會撞到牆，這個叫氣動。

　　我曾經在德國跟一個伴侶在禮拜六的下午，反正閒著沒事，就抱著插入，就在那邊轉、轉、轉、轉、轉，居然轉到下午五點多，就轉了一個下午，沒有做任何其他事情，就這樣子轉。旋轉是一個非常好的緩慢性愛，能量很強的一個譚崔的性行為的一個儀式。在轉的時候，我們海底輪這邊會產生像颱風的力量，本來在你的周圍轉，後來會越來越大、越來越大，擴及到你這整個房間，擴及到這整個地區，要轉到隔天早上隔壁的阿嬤，都非常高興地說：「哇！我昨天高潮了！」種在旁邊的花都開得很漂亮，那你就成功了，要到達這樣的狀況，要這樣影響別人。

　　譚崔需要氣入中脈，氣入中脈就會從我們的海底輪一輪、一輪的上升，一輪、一輪的上升，當你的能量從海底輪上升的時候，你的關係就會改善，當你的脈輪、橫膈膜輪、太陽神經叢打開的時候，你的勇氣就會變強。當心輪打開的時候，你的愛心就會出現、慈悲心就會出現，跟別人就會有連結感。當你的喉輪打開的時候，就會講誠實語、說真實話、出微妙音、將真理傳遞出去。當你的眉心輪

打開的時候，就會照見五蘊皆空！會看到過去、現在、未來的景象，有些同學就微微有這種的現象，會看到將來你可能會發生的事情，只是說你要更強烈更清楚的話，你就會真實看到那些視像。頂輪開放的話會怎麼樣？會變成法界體性智，我們有五大智慧，由五方佛造成的，有平等性智、大圓鏡智、妙觀察智、成所作智、法界體性智等等五種的智慧。到最高的呢，就是法界體性智，法界體性智是由大日如來、毗盧舍那佛所行形成，所開展出來的智慧，在西藏的紅教修大圓滿法跟修譚崔的性的這種開悟的人，會打開法界體性智。

所以說，法界體性智是整個譚崔最高的、最後的成就，也許這一生可能到達不了，但是你已經種下了種子，下一輩子會繼續再來，就會繼續再做同樣的事情，已經大概有幾個人吧，曾說我是西藏的喇嘛，最近去埔里見一位通靈人，她說我曾經是西藏的喇嘛，而且就是學雙身法的人。所以說，你這一次沒有成功，下一次會再來，續法緣。然後你要證成法界體性智之前，你要先開悟，很多種開悟的層次，有小開悟、大開悟。

台北有一位法師，小開悟八次，你有一個小開悟就很不得了了。那另外一個，廣欽老和尚他打坐入定三個月；一個高僧大德，他打坐入定三個月，都沒有吃，沒有做什麼，好像也沒有什麼呼吸了，人家以為他死掉了。結果弘一法師才用那個引磬聲，把他慢慢的敲醒，醒來的時候，他突然間換成了另外一個人生觀，另外一個人，那個叫做大開悟。所以開悟有很多種，平常這樣子做愛，也會有開悟的現象，你會對事情突間然清楚了解，那就是開悟的現象，開悟

是一種感覺，突然間對過去不明晰的東西突然間很明晰，本來不曉得自己的價值，突然間明白了，那個叫做開悟。要在開悟之前，就要能夠達到這個，必須要有一個迴向，如何將那一滴水滴回到大海不乾枯，就是要回歸，將你的能量射向宇宙，回歸入永恆能量的本源。

三、回歸宇宙的能量

就是說，整個譚崔儀軌一直做，做到最後的時候呢，會視能量而定，會請你們把雙手舉起來，從海底輪一輪一輪的上升，把你的能量射向宇宙，回歸入永恆能量的本源，七次。你不要以為它沒有射出去東西，事實上是有的。

那你要射出去這些東西之前，你一定要有足夠的能量才能射出去，因此呢，之前先要有性能量，要用日月交抱做愛，才有那個力量飽足的累積，經過譚崔的鍛鍊，能夠在短時間內累積到足夠的強大能量，而只做愛十五分鐘二十分鐘的話，那就有點困難。你就要累積累積，到最後的時候，由頂輪將能量射出去，它就會射出去回歸宇宙法源。所以說之前要先有性能量，日月交抱修法。為什麼要日月交抱而不其他的抱，當你們用不同的姿勢做愛的時候，兩個人的性能量的流動會因為姿勢的不同而不一樣。在日月交抱的時候，兩個人的性能量的流動會由男人的陰莖傳到女人的身體，由女人的上半身再傳回到男人的上半身，再傳下去，會形成一個圈的能量迴旋。中國道家所修的是單人的，任督二脈在一個人的身體打轉，雙身法所修的是兩個人，能量在兩個人身上流動。你們看到很多老夫老妻，到老的時候，怎麼長得那麼像，它不是因為吃同樣的東西，喝同樣的水，不是的。是因為他們的能量交流太頻繁、太貼切、太緊密，會形成統一的狀況。

在日月交抱之前，你要怎樣才能夠達到足夠的強大能量積累呢？首先要把她的身體與精神靈性禮敬成為神性的部分，就在你禮敬她成為神性的同時，你自己也同樣上升了成神性的位階，你才不會跟一個世間的俗女俗男做愛，你是進入神性的本質中行雙運，這個禮敬是儀式裡面的第一個最重要的。所以從儀式、性能量、迴向、開悟成道、法界體性智，這就是整個譚崔的重心，譚崔的目的，跟譚崔在做的事情，其他的都是為了讓你的整個人走入這個儀式的練習。

但是你要走入這個練習之前呢，我們的身體不行啊，病懨懨的，如果一台汽車，要讓你的汽車跑到時速三百公里的話，你要有四個跑車的輪子，你光是有四個跑車的輪子還不行的，你在外面那個造型那個流線型一定要出現，風阻係數，你光有那個流線型、那四個輪子還不夠啊，你的引擎一定要夠力量，對不對？因此你這個身體要達到性能量，要承受譚崔能量升起的性能量之前，要進入儀式，你的身體一定要鍛鍊，要把你的身體變成是那個法器，敲出來才會是那個聲音，所以說我們的身體要鍛鍊什麼？氣脈、明點，身體裡面的左脈、右脈、中脈、氣脈、明點的鍛鍊，還包括各種呼吸法，中脈入氣法、寶瓶氣、火呼吸、海的呼吸、譚崔瑜珈、譚崔按摩等等都是。

四、按摩啟動能量

譚崔按摩，可以啟動能量，有人幫你按摩，你的能量易於啟動。我們的整個身體是個能量場，它自然流通。當你摸這邊的時候，這邊就會受到能量的刺激，當你摸那邊的時候，也會受到能量的刺激。我們德國老師他融合了整個印度以來的所有跟性有關的按摩法，他編了按摩法，學那些按摩法的課程是七天，他做兩招，我們就練習兩招，他再做兩招，我們再練習兩招，他叫我們這六招連起來再做一遍，他再做兩招，我們再練兩招，他叫我們這十招連起來做一遍，就這樣子教了七天。譚崔按摩的重心在幫你建立性能量，特別是在男生的生殖器官的地方、女生的生殖器官的地方、我們的男生的肛門的周圍、女生的肛門的周圍、就整個海底輪的區域，要讓它受到刺激、受到按摩、受到推拿，把你的氣直接提起。

如果整個按摩時間是一個半小時的話，在海底輪的時間要佔半小時以上，它幾乎就是重心，這叫譚崔按摩。譚崔按摩它會有一個禮敬的儀式，有一個非常安靜的、入心的、靜心的方式的氣氛，讓兩個個體，一個女的、一個男的，或男男、女女，都裸體，進入一個綿綿密密的身體互相接觸，那一個被按摩的人完全採取被動，按摩的人完全採取主動去控制他的身體氣場的流動等等的方式。結束的時候，被按的男人不射精也可高潮。目的不在造成男人的射精高潮，目的也不在造成女人的高潮，目的在幫你建立性能量，而讓它存在你的身體裡面保持住。所以一般如果男人去德國的譚崔中心做譚崔

按摩做完，老師會跟他說七天不要射精。一個男人在古西藏跟古印度的建議，一生都不射精。但是你沒辦法，因為我們會夢遺，這是一個自然現象，那也主張適度射精是可以的，適度！我主張多觸少洩，不是多觸不洩，因為，我們的睪丸製造精液，你如果不洩掉，它也會被我們的細胞吸收掉。你如果把它射出去的話，至少你會有一種喜悅感，你會有一種展開感，你會有自然的開放、自由感，太長時間沒射精，前列腺會容易腫脹和鈣化。所以說，我跟我的老師的觀點一樣，我們的老師也主張適當的射精是可以的，但是要知道古印度跟古西藏是強調絕對不射精，女人也絕對不高潮。德國老師主張女人可以高潮，為什麼呢？因為女人是能量的總源，她的能量不會耗盡，高潮了十次她還可以再高潮第十一次。

五、紗麗儀式

什麼是貴重的東西，我們常常把這個身體忘記了，我們這個身體就是我們最神聖的廟堂，最貴重的東西。這個廟堂裡面，它不是一個空的東西，它不是內臟而已，而是裡面裝了滿滿的我們的覺知、我們的神性、我們的佛性、我們最高的神性的意識在裡面。這個最高的神性意識，它卻每天在那邊苦等著你去供奉它、去禮拜它、去餵養它。我們從來沒有去禮敬它、供養它、奉獻它，讓它得到一些它需要的東西。很多事情我們都倒過來做，一個非常重要，在譚崔整個從古到今，一直流傳不止的系統，叫做供奉我們身體的廟堂，我們要在這個神聖的氣氛裡面，把這個恭奉身體廟堂的過程，進入你最深層的意識裡面，讓你的整個覺知、你的神性、你的意識，都進入到這個恭奉裡面，用你最真誠的真心，把它掏出來，供奉這一個身體的廟堂。

你可以很直覺的去邀請一個人成為你的伴侶，你可以對他合掌禮，問對方願不願意成為你的伴侶，他若說非常願意，你們兩個就成為一對伴侶，他若說對不起，我還沒有準備好，那你就再找下一個。

你們兩個坐在一起，就不語了，把你的知覺、警覺、注意力收攝。坐在這圓圈，放一首非常深刻的禪的音樂，讓你一下把你的內心收攝在一起，進入神聖莊嚴的氣氛裡面。開始進行對身體廟堂的供奉的儀式。紗麗儀式的紗麗不是一塊布，它代表著一個非常深刻的意

義，它傳承了這整個法，從古到今的譚崔行者，不穿衣服，只圍了這一條紗麗而已，這條東西在印度稱為紗麗，也代表你的壇域。

在德國上課也不穿其他衣服，就圍這一條紗麗，不像一般情侶愛人夫妻在家裡做愛，把衣服隨便脫光光，很猴急似的，就開始插入了，我們不這樣子做。我們要很神聖的把她的衣服慢慢的一件一件的脫掉，脫掉之後，把衣物折一下，恭敬的放在旁邊，再把紗麗幫她圍上去，穿上去，在這個過程當中，你要把你真正對這個神性的廟堂的軀體，做一個很深層的禮敬的真心，把它做出來，表達出來。

一開始的時候，把雙手放在她的肩膀上，然後要注意你們穿的衣服的樣式，是很複雜的或很簡單的，要先看好，然後，眼睛溫柔地看著她的眼睛，讓妳們真心相連。再把你的手放到她的衣服上面，這樣子一件、一件的把它脫掉，速度要緩慢、莊重禮敬，上衣、外褲再內衣、內褲的順序，脫到光溜溜為止，回歸到妳出生時，完全赤裸裸純粹的狀態。

走到後面來，雙手從她的頂輪，往下慢慢撫摸滑下，很慢很慢的禮敬她，很慢很慢的供奉她，到她的肩膀這邊的時候，單膝跪下，因為這樣子跪下，你等一下滑下來比較順，你若站著的話，它會不順。慢慢的滑下來，速度慢一點，經過她的屁股，雙手指經過她的股溝，滑下來滑到腳跟停頓一下。

再繞到前面來，若有眼鏡的，把眼鏡拔下來，雙手放在她的頂輪，

慢慢的滑下來，經過她的臉輕輕的，經過她的脖子，走到胸上的時候，單膝跪下，滑下來，絕對不要跳過胸部，慢慢地滑下來，到她生殖器官的時候，雙手在雙胯按著，頂禮，把你的頭輕靠她的生殖器官，之後再慢慢的滑下來，滑到她的腳板這邊，雙手按著她的腳板，趴下來五體投地頂禮，親吻她的腳板一邊、兩邊，再起來。

這時她就要展示她女神的樣態，展示她的自在，她的原原本本的，被父母生下來的這一個身體的廟堂，對著宇宙萬有與自心，說出幾句想說出的話。展現出來之後，再回到原來的位置，把紗麗幫她穿上。

穿紗麗的方法男女不同，女生圍過來，拉直，你可以盡量往上拉，拉到她的胳肢窩這邊，兩個角，打著結，拉緊，拉到她的胸部上面，繞到後面的後頸來，綁起來，打一個蝴蝶結，這樣子就結束了。她再轉過來，換到她幫男生做。男生穿紗麗的方式是，兩個角落反過來拉緊，拉過來圍著下半身的腰部，打一個蝴蝶結就可以了。穿著紗麗很方便，看起來很美很莊嚴。

如果性別一樣的話，有先後順序的問題，女生妳們兩個決定誰先做，誰後做，如果是女性的話，就是女性的穿著方式，如果是男性的話，就是男性的穿著方式。她幫他把全部脫光以後，他再出來展現出男神的魅力的樣態。

光只是宣布說要把衣服脫光光再包上紗麗而已，就很多人很衝動、

很衝撞了，就是在這個性態度尚未打開，性壓抑的層次。當你這個層次過了，你才能夠進入到上一個層次，上一個層次過了，才能夠再進到上上一個層次。所以說去我執、心理障礙的消除非常的重要。那德國的譚崔，沒有這個環節，因為他們的起點跟我們不同，德國到處都是天體營，他們在公眾裸露是很正常又自然的現象。台灣不一樣了，我們背負著幾千年的道德枷鎖，我們有太多的性壓抑、性態度很狹隘、性觀念保守，甚至男女授受不親，我還聽說台灣有些性能量課是男女分班的，因為深怕他們彼此互相看見，會造成深不可測的麻煩後果。男女裸體不是最自然最本性的事情嗎！

我在台灣授的譚崔課程特別設計這一練習。紗麗的儀式，就是在告訴你們，你們的心理障礙必須要在這個地方，扎扎實實的被拔除，在這裡當下解脫。我用講的，講一百遍都沒有用，我叫你們直接做一遍，而且就是要有人看著，借用眾多的眼光，造成內在的張力，再加上我所營造出來的神聖莊嚴的氛圍，使得你的脫落深具意義。如果你在私人房間或飯店兩個人去脫光，沒有人理你，你也不會怎麼樣，什麼感覺都沒有，脫衣就不具意義。你就是要在眾目睽睽之下，而且要慢慢的，很神聖的把它脫下來，你才會去觸動引起你過去的那一些障礙的東西，去解除過去障礙你的故事，而感受到神聖莊嚴的感覺。

在這個層次之前，我們還有一個最基本的心理問題。這是比較深層的，你的情感、你的關係、你過去的故事、過去的創傷、家庭啊等等。分享的時候，學員都在分享這一個層面的東西，因為我們的

練習勾出了這一條的東西。所以說過去的故事、過去阻礙你的東西，如果都沒有解除的話，直接跳進去那個性儀式，抱歉！你沒有能量，你不容易，因為你還卡住。因此解決心理問題非常、非常的重要。德國的譚崔課不會把你找過來詢問，去問你過去受過什麼傷啊？受過什麼性暴力啊？我們來解決你這個性暴力的問題啊！不會這麼搞，他們直接在儀式性能量迴向裡面讓你解除掉，當我們的性能量展開的時候，它會形成一道很強烈的火，這個拙火通過你的七個脈輪，它會自動將你卡在脈輪上的阻礙、不如意，融化掉、消化掉、清除掉、淨化掉你過去一切的負面的東西。

我們的生活裡，自我現實的基本需要裡面，要得到滿足。像我祖父那個時代，他們每天就為了三餐在工作，非常的辛苦。所以說，有些人終其一生，只留在初層裡面。我們是非常幸運的一群，沒有遭受到戰爭的迫害，戰爭的洗禮，沒有遭受到我祖父他們那個日據時代那種艱困的生活。所以說，我們是非常幸福的一群，台灣，我認為它還是在世界上排前面算自由地區的地方，雖然有人對性壓力還是很強，但是我們還是可以在這個地方上譚崔課，這個就是厲害和可貴的地方。希望各位都有這樣子一個進入神聖譚崔系統的福報機緣。

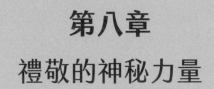

第八章

禮敬的神秘力量

一、禮敬神性的本質

禮敬，在譚崔裡是一個非常重要的心態，你具有什麼樣的心態，發出什麼樣的心，就會得到什麼樣的果。比如有兩個媽媽，各自帶自己的小孩，第一個媽媽和她的小孩，在路上看見一個乞丐，媽媽就對小孩說：「你再不努力，你以後就會跟他一樣！」最後結果這個小孩長大之後，就跟乞丐一樣，因為媽媽看到了乞丐的樣子，在他的內心植入了像乞丐樣子的強大信念，傳遞給了小孩。第二個媽媽帶著她小孩，在路上也看到了乞丐，第二個媽媽告訴她的小孩說：「你要努力，以後你就可以幫助他們！」最後結果小孩長大之後，變成是一個富有的人，可以幫助乞丐，因為他的內心植入了信念，以後幫助他們。這就是我們的同樣一心，去開出兩門，心真如門，跟心生滅門，心真如門會使得你究竟到彼岸，心生滅門會使得你就在生生滅滅的幻相當中迷惑不定。

在譚崔儀軌開始的時候，你要對你的對象／伴侶發出一個恭敬禮敬的心，如果你對你的對象／伴侶隨隨便便，把他看成是一般世俗的人，把他當作一種洩慾的工具，你就會得到世俗的果、洩慾的果。你如果把他當作一尊佛、一個神、一個女神、男神來禮敬，你就會得到神的果、佛的果。

普賢十大願中，就有一個大願王，叫做禮敬諸佛。禮敬的對象它不是一個隨隨便便的對象，而是具有佛性的、具有神性的。因此被

327

禮敬的對象她／他就會在當下被提升、被轉化成神性的，儘管她／他是一個世俗的女人或世俗的男人，當你用虔誠的心、恭敬的心，掏心掏肺的、非常真誠的去禮敬她／他之後，她／他就會在剎那間轉成神性的、佛性的，就像上面提到媽媽的看法一樣，你的內在裝著什麼，你就會看到什麼實相。

禮是外表，對一個身體外表的敬禮。敬是內心，是從內在虔誠的愛護。禮敬一個人不能受到他外表的影響而改變我們對他的恭敬，也許此人長得其貌不揚，甚至有先天的短缺，我們也不能因此而減少對他的禮敬之心。當你提出相當虔誠的禮敬之心時，首先你就做到了眾生平等，在你跟他之間，一下子就會把關係拉近，或是情感拉近，甚至產生愛的感覺。所以當他被你虔誠禮敬的時候，他會受到你的感動，受到你的身體對他所表現出的動作感動。當他受到感動的時候，他的內在也會受到改變，也許他是一個不禮貌的人、粗糙的人，當你禮敬他的時候，他也在被禮敬的同時，變成了一個有愛的人、精細的人。更重要的是：自化，也許你本身是一個魯莽的人，當你對他鞠躬低腰去五體投地的時候，你自己的內心也會受到自己的這個動作行為而改變，把自己粗糙的心、粗鄙的心、暴動不羈的心，沉靜下來、淨化下來。

禮敬一個人跟禮敬萬事萬物，事實上在心、在靈上，是沒有差別的。禮敬一個人，你對他鞠躬、彎腰、五體投地，把你的真誠、誠心拿出來。禮敬一張桌子，並不需要對它彎腰、五體投地，而是把桌子擦乾淨，把東西擺設整齊，不是對它畢恭畢敬。可是在精神上，

是一樣的。所以禮敬一個人，除了鞠躬、五體投地之外，平常就是對他的支持、愛護、呵護，把你的情感投入他的內在，把你的情誼投入他的本心。以前在小時候，老師常常會說，最好的孝道就是你要立功、立德、立言。除了你要在身邊孝敬父母親之外，你本身的職分職責也要做好，這是一種孝道。禮敬也是一樣的，也就是自化的部分，你要把你自己本身應該要做到的部分做好。

禮敬的另一項重要心態是視對方為珍寶。非常恭敬地去珍惜他 /她，深怕毀壞他 / 她。前幾年新聞看到中國大陸上海有一位富豪，買了一只鬥彩碗，花了幾億人民幣。當他要把這只碗拿出來示眾的時候，他都小心翼翼地，為什麼？因為這只碗非常有價值，因此他的內心對這只碗，視其為珍寶，深怕它掉地上毀壞，所以當他在接觸它的時候，都是格外小心翼翼的，因此他的內在、他的心，就升起一個恭敬的心，深怕他毀壞一個珍寶的心。

禮敬也是一種謙虛的表現。當你在對方的面前，把頭低下的時候，就是把你的地位、把你的自尊、高傲往下降，這是一種謙虛的表現。自己收攝、收斂自我，不再使得自己是如此的猖狂，漫無邊際的謾罵，或伸張自己無謂的力量。因此禮敬是克制我慢的一個很重要的方法。我們平常的慢心太大、太自我、太高傲，這些自我跟高傲是影響了我們成道的走向。如果你在一個相當虔誠的禮敬執行中，去克制了我慢，那時慢心就會消除。比如佛說：在我之前有諸佛，在我之後也有諸佛。這是一個非常自謙、非常謙虛的講法，因為祂知道，在祂之前已經有無限的能量在，祂之後無限的能量也不會因此

而終止，所以祂在這種無限能量面前，祂認清了，祂說在我之前有佛，在我之後也有佛，於是乎表現出了祂的更謙遜與偉大的生命。祂不會說我是上帝的唯一獨子，我是全世界全知全能的唯一，這個就是一種慢心。

在虔誠的禮敬之前會產生微妙的力量，這微妙的力量是從你的內在展現出來的，不是從外在涉入的。例如我的伯父是乩童，當在畫符的時候，他首先要畢恭畢敬地將他的筆、墨、硯、紙、硃砂，先在神明之前拜幾拜，然後小心翼翼地，怕弄髒它，拿起來筆來，然後全神貫注的將純淨的內心，經由他的手，透過他的筆，灌注紙，進入符咒，書寫透入紙背，使得這張符產生靈效。這就是一種恭敬的心、禮敬的心，絕對不能玷污它。

同樣的在做愛之前，禮敬你的伴侶，把你的伴侶視為珍寶，你就會小心翼翼的，深怕損毀他／她，對待他／她的同時，你會收攝肆無忌憚、你張揚的氣勢會改變，而產生了力量，你們就會進入甚深的結合裡。

一般的禮敬裡有 10 種不同的心態與心境。
（參考五台山的清涼國師記載在華嚴經書裡的十禮敬）

1. 我慢禮。有人在禮敬你的伴侶時，身體雖然是躬下去了、拜下去了，可是在心理上，不以為然，不覺得這位伴侶有什麼好禮敬的，他／她不過只是一個世俗的人而已，因此沒有提出他真正內在的誠

心誠意，也沒有讓自己的心與伴侶的心互相交流，只是做一個形式上的鞠躬，沒有真正彼此交融在內心裡，還有很高的我慢、自大、不經意、不經心、不誠意的感覺。因為他的慢心還沒有收攝，所以無法將他自己的心，投入對方的心，也無法將自己的心，真正的安住在本然的禮敬當中。

2.**求名禮**。有一些人禮敬伴侶，只是為了讓別人看見他很有修行、很虔誠，只是做做樣子而已，讓人看起來他是畢恭畢敬的。就像小時候唱國歌，別人唱，自己跟著哼，事實上是有口無心的，也只是一種場合跟隨而已，沒有把內在的真誠實意提出來。現在有很多的葬禮裡上，子女們辦這些葬儀，不是為了自己真正的孝心，而是為了做做樣子給別人看，看自己有孝心的樣子，其實內在是在鬥爭，爭取遺產的，這一種的被稱為求名禮。

3.**身心禮**。在禮敬你的伴侶的時候，你是完全專一心思，心無雜念，非常虔誠的把你的內在，掏心掏肺地對他／她恭敬禮敬，連帶著使身體也跟著清安舒適，並且把自己融入在伴侶的形體之人格內在本質的莊嚴威德相好之中，把你的身體心理都投注在伴侶的身上，讓伴侶的心與你的心互通，讓你的神性與他／她的神性，互相接觸與連結。

4.**發智清淨禮**。在禮敬你的伴侶時，你的內心與他／她的境界完全合一，沒有雜念，是一種清澈誠敬的，禮一位伴侶等同於禮所有的諸女神，禮所有的諸女神也等同於禮你目前眼前這位伴侶，無二

無別。你的內在是澄清清澈無瑕的，思無邪的。

5. 遍入法界禮。自己雖然還是凡夫，但是觀想自己是神性的、佛性的，從心性的源場開始，從宇宙源流的能量開始以來，直至現在，從來沒有離開過宇宙大能量的源場，法界的邊境。所有三千大千世界都在我的心裡，我禮敬我的伴侶的心意遍滿虛空界，遍諸法界，悠揚遠傳無量無邊，浩瀚無窮與法界統一。

6. 正觀修誠禮。在禮敬你的伴侶時，把心完完全全的安住在正向正念之中，將你的伴侶他／她的整體形象，他／她的所有身體的每一吋肌膚，每一個部分，都入自己的眼、都入自己的心裡，將他／她把你自性中的神性與她的神性完全合而為一，提起你的正觀正見，修行的最高次第。

7. 實相平等禮。正在禮敬伴侶的你、和被禮敬的對象的伴侶、以及禮敬本身，這三者互相融會交合、交融、合一，使得禮而不禮，不禮而禮，體用不二，進入一種實相的平等正覺當中。

8. 大悲禮。在禮敬你的伴侶時，升起一種廣大無邊的大悲心，你禮敬你的伴侶，也在禮敬諸佛；你禮敬你的伴侶，也在禮敬法界所有的眾生，同體大悲、同體禮敬，無二無別。

9. 總攝禮。總攝禮是在禮敬你的伴侶的時候，將你所有的人生面向，無始劫以來，包括世間、出世間；地球、宇宙；內心、身體，

所有的一切群體中攝於一個恭恭敬敬的禮敬當中，一個禮統攝萬物、一個禮統攝萬法，萬物與萬法就在一個禮拜當中體現無遺。

10. 無盡禮。無盡禮是你的所有的禮敬，沒有任何一個缺，沒有任何一個遺漏，產生了一個完完全全大圓大滿的境界。

這就是十種禮敬的大要精神，我們平常對待我們的伴侶都太隨便了、太大意了。如果你能真真切切地禮敬你的伴侶，你們的生命當中，還有什麼是過不去的，還有什麼東西可吵的。譚崔就是要視你的伴侶為神性的伴侶，你也同時是神性的，神與神會起無明嗎？

二、心的禮敬

譚崔在做愛之前，你必須要禮敬你的伴侶，你的伴侶也必須要去禮敬你，在你們進入深刻的冥想之後，我們的男人相、女人相、眾生相、壽者相要消失，我們只能存在男神跟女神之間的一種性行為。這是一種非常重要的態度，這整個態度會使得你變得崇高、莊嚴、偉大，讓你的自我消失、自身消失、自心消失。

使男人變成了 Shiva 濕婆男神、女人變成了 Shakti 夏克緹女神，你們之間的人性部分變得是無關緊要，你的長相、型態、姿態、性別，你的名字都是無關緊要的，你只能變成是一種純粹的能量。

禮敬將這種能量引入我們心的本源，這種禮敬不能是假裝的，這種崇拜必須是真實的。它不能只停留在一種疑似的極端，它必須要是現實真有而穿越儀式，到達真心的連結。你可以透過向她鞠躬、撫觸她的身體，讓她成為一個有深刻意義的形體，你要雙目注視著她，讓你的心、你的能量流入她，她不再只是你的妻子、女朋友或是女人，她也不再只是這個身體，她是一種精神能量的配置。要先讓對方成為神，然後再跟他／她做愛，那麼你們的愛就會改變它的品質，變成神聖的、偉大的，這是譚崔裡非常重要的心態建立跟非常重要的心性方法。

將你的右手按在他／她的心輪，左手放在他／她的蓮花或金剛杵，

用兩隻眼睛柔和的看著他／她的左眼。因為右眼是陽，是往外放射；左眼是陰，往內接受，所以看著他／她的左眼，讓他／她接受了你的內心所流出的能量，並且輕輕的充滿愛意的對他／她說：「我禮敬你心中的神。」或者說：「我從心底肯定你並尊重你的神性。」也就是像一面鏡子反射照射一樣，從他／她的身體跟精神裡，看見了自己神聖的面向去禮敬他／她，你會從他／她進到自己，就是自己內在的愛，你可能會深具開懷而起溫馨，甚至感覺自己本性的美好。一旦你已經達到了這一個內在精神層面，你自然會本能地想與他人分享你內在的這份喜悅，這使得你也會用一種嶄新的眼光去體認，你們內在是同樣具有神性的與宇宙大化也有相同的連繫，為了對這個難得的體認表示禮讚，並提醒你透過譚崔方式去展現更高層次自我的愛，去學習一種禮讚的方式，這種請安的方式、禮敬的方式表示你已分享的人，都已經準備好要進入一個更神聖的做愛時刻。這是有別於我們日常行為中的相處模式與互相對待的方式，因為我們常在一天忙碌、亂糟糟的活動或業務之後，隨即潦草的上床做愛。

因此我們要展現出我們神聖莊嚴的面向，你既知做愛是兩人之間極深的聯繫，你將會期望彼此之間不會有任何給予的阻礙存在，透過心的禮敬，你選擇要尊敬對方較高的自我，並超越任何會使你們離心離德的諸多事物，心的禮敬也可以對自己更高的自我來請安，畢竟你和你的愛侶同樣值得你尊敬跟喜愛。

禮敬的過程當中，姿勢的正確性非常重要，你如果隨隨便便斜著身體，非常隨意、不經心的去對他／她禮敬，會得到不一樣的效果，

因此你必須要端正你的身、你的心，把內在最具效果的方法移動到你的面前，使得你產生對彼此內在的尊敬跟肯定。

禮敬有一種是透過語言文字說出的禮讚。另外一種就是發出宇宙原音「嗡」的聲音，讓整個真情流露在音頻的震盪當中，融入彼此的心，兩個人彼此對坐，眼睛看著對方的眼睛，讓彼此的心與精神連結起來，再慢慢地把眼睛閉上，深呼吸，把氣吸到肚子，讓你的能量進入你的全身的每一個細胞，之後打開眼睛，慢慢地舉起你的手，用你的中指去輕觸著她的第三眼，並且對她發出「嗡」的聲音。在發出嗡的聲音之後，並且對她說：「Na ma shackti ya!」讓她感受到你所發出的宇宙原音，讓頻率進入她的身體、進入她的心輪，讓她產生彼此兩個人能量的共振，這時她要閉上眼睛，深深地吸口氣，將你呼喊出的宇宙原音的震動頻率，吸入到她的身體，進入她的心，下沉到她的性輪，使得她充滿全身。有人會在此時就有緩緩慢慢勃起的現象。

之後再用語言去禮讚對方的身體、對方的精神面向。再交換禮敬，由女神向男神禮敬，用中指去輕觸男神的眉心輪之處，並且對他說：「Na ma shiva ya!」

三、身體的禮敬

我們的身體是一個非常重要靈魂的載具，是我們心性、本性、神性的廟堂，我們要常常去供奉這個廟堂，如果沒有這個載具，我們的靈魂無處可掛搭。這個軀體承載著我們的精神、心理、靈性，最重要的是我們的健康狀態。我們所有的行為造作，都需要透過這個軀體去執行與完成。因此我們需要有一個譚崔伴侶，她擁有一個寶貴珍貴的身體，他將她的身體奉獻給譚崔儀軌，所以我們要非常愛護、呵護她的去對她頂禮。

當你在頂禮她的時候，你的內在也會得到一個神奇的療育力。因為你誠心誠意地去禮敬她，所以從你的內在會發出一個強大的自癒效果，就像很多人在最危險，被逼到了絕境、山窮水盡的時刻，他會從內心發出對神的呼喊，那種對神的呼喊，就是一種虔誠的力量，常常會精神感動天，就像孟姜女哭倒長城一樣，那是天地的感應。所以當你真心誠意、真心真意地把你的伴侶用最高崇敬的方式對她禮敬，就會生出一種無上的療育的力量。

我們在做身體的禮敬時（圖二十一），首先用雙手摸著她的頭，並且對她說：「妳的頭是女神的頭，充滿了無限的智慧與光輝，擁有豐富的知識，是女神的頭，我禮敬它。」

再摸著她的額頭說：「妳的額頭是女神的額頭，面向正向的人生

圖二十一

與光明的未來，展現出了你的天真與崇高，是女神的額頭，我禮敬它。」

摸著她的眉毛說：「妳的眉毛是女神的眉毛，英姿颯爽，帶著妳的喜怒哀樂，看見妳的英氣與神情，是女神的眉毛，我禮敬它。」

「妳的眼睛是女神的眼睛，亮麗光輝，深邃無邊，能夠看透世間

的人情世事，看穿實相的真理，能夠望穿秋水，望盡人間路，是女神的眼睛，我禮敬它。」

「妳的鼻子是女神的鼻子，能夠嗅到世界的芬芳，聞到花朵的氣味，能夠辨識所有的芳香與美好，是女神的鼻子，我禮敬它。」

「妳的嘴巴是女神的嘴巴，能夠嘗盡世間美味，說出微妙的語言，傳達真理，發出微妙的聲音，唱出美好的歌聲，是女神的嘴巴，我禮敬它。」

「妳的耳朵是女神的耳朵，能夠聽進微妙音，聽出世間所有美好的聲音與歌曲，能夠辨識出真理與所傳導出來世間的愛，通透人情事故，聽進無聲之聲，是女神的耳朵，我禮敬它。」

「妳的臉頰是女神的臉頰，能夠面對事實、面對現在、面對未來、面對所有世間的現象與真實，毫無遮掩、毫不迴避，是女神的臉頰，我禮敬它。」

「妳的脖子是女神的脖子，是喉輪的地方，出廣長舌相，遍覆三千大千世界，說誠實語，傳微妙法，道盡人間的喜悅與滄桑，連結身軀與頭部的通道，是女神的脖子，我禮敬它。」

「妳的肩膀是女神的肩膀，能夠挑起所有的重任，肩負起妳的靈魂使命，讓妳踏上成功光明的道路，是女神的肩膀，我禮敬它。」

「妳的雙手臂與雙手，是女神的雙手臂與雙手，具有無限的創造力，使得妳從事生活上的忙碌與創造，新的事物與諸多生命的瑣事，經由妳的雙手，將有條不紊地被完成創化，是女神的雙手，我禮敬它。」

「妳的胸部是女神的胸部，充滿廣大慈悲的愛，泛出對眾生的救度心，廣大無邊，是可靠的胸膛，廣闊的胸襟，是女神的胸部，我禮敬它。」

「妳的肚子是女神的肚子，猶如宰相肚裡能撐船，能容納世間所有的紛雜事物，容納各種不同的意見，採納各種不同的觀點，是女神的肚子，我禮敬它。」

「妳的脊椎背部，是女神的脊椎背部，能夠使妳挺立世間，傲然族群，讓妳直立在人世間，挑起一切的任務，是女神的脊椎與背部，我禮敬它。」

「妳的臀部是女神的臀部，讓妳能夠坐穩妳的生命位子，確定你的地位，坐穩妳的江山，是女神的臀部，我禮敬它。」

再輕輕的觸摸她的蓮花並說：「妳的蓮花是女神的蓮花，散發出芬芳的味道，構造優美，是生育生命的地方，是使得男生開悟的地方，是一種宇宙最本源的性能量源泉，是女神的蓮花，我禮敬它。」

「妳的雙腿與雙腳，是女神的雙腿與雙腳，帶領妳邁過千山萬水，走遍世界各地，帶著妳去到妳想去的地方，一起跟著妳奔跑、奔忙，路過萬紫千紅的江山，是女神的雙腿與雙腳，我禮敬它。」

「妳的整體形象是女神的整體形象，具有神性的神格、具有人性的人格、具有一切美好事物的總和，都存在妳的身體廟堂裡，是女神的整體形象，我禮敬它。」

這是一段在譚崔課儀軌之前，對身體的禮敬的一段語言描述，你可以將身體的每一個部位，再更細的區分出更細的部位，一個部位、一個部位的去撫摸，讚頌它、稱讚它、禮敬它、頂禮它。在傳統的譚崔儀軌裡，對身體每一個部位的禮敬讚頌之後，都附上一句咒語（極密不宜公開），表示你對這個身體部位的更加禮敬與肯定稱頌。

之後換過來，由女神向男神禮敬，順序相同。

四、禮敬萬有法界的存有者

我們人類生活在浩瀚的宇宙當中，其實渺小如一粒微塵，跟無垠無盡的宇宙比起來我們是相當的渺小。我們要感受到無限蒼穹的能量、我們要感受到萬有法界的神聖力量。很多人貢高我慢、自我膨脹，我執非常強大，認為自己非常崇高偉大。其實這些都是我們體會不到置身在宇宙浩瀚能量中的渺小。

譚崔是一種把一般戀人蛻變成靈性法侶的科學。它運用禮敬、臣服的力量，讓我們的全身七個脈輪，可以自然地與你的伴侶會合。譚崔可以蛻變你的中心，它也可以蛻變他人的中心，它可以在你和你的愛人之間創造一種韻律與和諧。

身體裡有一種微細的電流，非常的精緻，當你越精細、越細微的去覺知它的時候，它就會進入的越深，當你更深入的去覺知它的時候，它就會使得兩個人能夠深深地蛻變，你們的中心就開始結合。

你只要全身、全心、全然的投入，不要去控制，把你的所有的性能量投入她，進入這個深深地禮敬與臣服，它將使得你們兩個的性能量在無盡當中結合起來，你的意識將會出現與明晰，你將更了解到底是發生了什麼事，你的生命發生了什麼事，因為你將會是更全然覺知的，你不只是在那裡存在，也會在那裡覺知存在，這就是我們的七脈輪小宇宙的力量。

譚崔是通往神性的自然方式，是通往深信的正常法門，目的就是要變得如此的，全然的、出於本能、完全沒有設計、計劃與思考，如此一來，我們並會最根本的與天地融合在一起。你的女人消失不見，變成進入那最終的一道密門，妳的男人會消失不見，變成進入那最終的一道光輝的心門。

譚崔是使用性能量讓我們回到徹底的純真、徹底的整合與合一，所有最偉大的性興奮，並不是一種尋求興奮，而是一種寧靜的禮敬，完全地放鬆、完全的投入，整體是有意識的，只有意識到一直保持著意識，這就是一種最高的覺知，對她來說，不需要任何理由，她就會是一種無窮的美、無限的恩賜。

你在禮敬的時候，不需要取巧，不需要假裝，那會變成是一種技巧，是一種巧妙。譚崔不是技巧，也不是巧妙，而是全心、全意、全身的投入，如此一來你的性能量就會更能夠持久，你的高潮的頂峰就更能夠延續拉長。

端莊的坐著，就坐在你的伴侶面前，你對她的禮敬，也就是在對自己的禮敬。她的內在有一個小宇宙，你的內在也有一個小宇宙，你們兩個的宇宙不是二元的，是本來是一。如果二元的，它們就沒辦法統一，因為兩個不同的東西永遠是兩個不同的東西，它們不可能統一起來。只有本來是一、無二無別、無差別的進入統一當中，它才是真正的一，因你禮敬她，就是在禮敬你自己，她的宇宙跟你的宇宙跟著整個浩瀚無邊的宇宙，本來是一、無二無別，你對她的

禮敬就是對神的臣服。

你可以用各種不同的方法對你的伴侶，對這個宇宙的禮敬，你們可以一起唱一首歌或是跳一支舞來歡慶這個喜悅的天地，這個喜悅的萬有。

你們可以走到戶外的草地上，全身赤裸裸的回歸到最本真出生時的狀態，將雙手高舉，面對著無垠的宇宙天空，大聲地對祂說出你內心想說出的話，祂會產生出一種與神對話的深刻靈性交流。

尼采在寫書的時候，不是對著群眾大眾寫書，而是對著神說話，這就是一種態度，當你面對浩瀚無垠的宇宙神性禮敬說話的時候，祂就會產生一個神性交流的能量場源，將你的心與天地之心融會交流，讓宇宙聽見你的聲音，宇宙也將會回饋你的心聲。

在譚崔的洞見當中，譚崔有個體性，一種不會摧毀個體性，而是全然的遵從個體性與全然性的，它是一種信任，一般男人與一般女人的科學，譚崔信任你的身體也信任你的精神跟你的靈性，它不會在你的身體與靈性當中創造一個裂縫，你的身體乘載著你的智慧，你的智慧乘載著宇宙本源的能量。

譚崔是信任你的感官、譚崔信任你的能量、譚崔信任你完完全全地本真存有者的你，譚崔不否認任何事，而是去蛻變一切的可能。

如何才能達到這種譚崔的洞見呢！首先就是你必須要敞開你的心，將你的心進入你超越的靈魂，用你的禮敬，以你的身體為基礎，它是你植根於大地的地方，如果你反對你身體的臣服與禮敬，它就是在摧毀你，就是讓你痛苦、它就是在創造地獄，你的身體比這個你所看見的身體事實上還有更多，你絕對不能反對你的身體，也不能反對你的禮敬。當你反對你的身體，你就是在反對神性，當你不僅不禮敬你的身體，不禮敬宇宙萬有，你就是在與神決裂。

譚崔主張不需要壓抑你的情感流動，你的禮敬就是一種情感的流動，它要允許你的能量去流動，走出那些阻塞。要遇見一個沒有任何阻塞的人是很困難的，要遇見一個身體沒有緊繃的人是很困難的，當你透過禮敬身體、臣服萬有的時候，你的身體將會鬆開。這些緊繃，會繼續阻塞，造成你的能量不通順，帶著緊張，你如何進入一個巔峰的性能量交流呢？

譚崔不是一種推理似的頭腦思考，是一種完完全全地存在於萬有的存有者。西方的存在主義，他們發現人類的負面向度，極度的痛苦、擔心、消沉、悲傷、焦慮、沒有希望、沒有意義、沒有目的，這些都是以負向的證明存在的意義。譚崔剛好相反，它發現一切的美好、喜悅、喜樂的事物，譚崔的存在是一種高潮，一種持續不斷的永恆高潮、宇宙性高潮與狂喜，它是會永遠都繼續下去的一種高潮以及靈熱的狀態。

如果從一開始你就沒有這個禮敬的心深入你的內在，很可能你將

是自欺欺人。一開始的時候，你還有很多的能量，但是當你不禮敬、不覺知的時候，它就墮入進入了慾界。從性到譚崔，是人類身上可能有的一種最偉大的革命，一種心靈上的突變跟轉化。人們開始警覺到如果你在做愛的時候，以一種禮敬的、靜心的、覺知的，你的性的品質會改變，而成為某種新的事物進入它，變成一種譚崔法門，變成一種三摩地的崇高理想。

譚崔使用性來把能量提升得更高。它只是使用它，性只是一種工具、一種車乘，當你到了彼岸的時候，無需再把這條船扛著上岸。當我們把它當作是一種敬拜，而不是一種技巧的時候，我們會很愛它，而且透過愛蛻變我們自己，它就會自然發生。在譚崔裡抱持著不執著、開放的心，把性當作一種到達三摩地的方法來使用，完全的自然，完全的站在一個覺知者的角度來看著它。在譚崔裡技巧不能被使用，因為技巧會把愛打擾、會把性打擾。有禮敬的心與虔誠的心才能夠徹徹底底地進入靈性的本質。

譚崔是一種自然的方式、放鬆的方式，純粹只與它一起流動。你與它一起流動，就是一種臣服、就是一種禮敬。瑜伽是一種堅定的意志，而譚崔是一種臣服與禮敬的道路。為什麼譚崔流傳千年的原因，就是因為愛、就是臣服、就是禮敬。它將使得你變得非常的精湛而清晰。在臣服的向度中，沒有抗爭、沒有批判、沒有壓抑、沒有控制，保持著自然的放鬆，就如老子所說的，道法自然。

如果你誠心誠意的臣服與禮敬，那麼你的愛就會變成是一項藝術，

最偉大的藝術。你如果知道這個藝術的話，那麼你就會非常的謹慎小心，非常細膩的來面對它，變成一種神聖的敬拜。當你不清晰、隨隨便便、吊兒郎當的時候，你就會掉入到另外一個極端，當你提起你恭敬心時，這兩個極端才能夠會合，才能夠變成一個更深刻的性經驗與更深刻的性行為，你將會了解性能量只不過是神性的能量，把性變成三摩地的境界。

譚崔接受每一件事物與禮敬每一件事物，無論它是什麼，都被全心全意的接受與禮敬，那就是為什麼譚崔完全地接受性與性能量的原因。五千年來譚崔是唯一一個完全接受性與性能量的傳統，全世界唯一的。一個因為性是你所在的地方，任何行動中將從你所在的地方開始，你在你的性中興奮、你在你的性能量中心、你在你的宇宙的中心、你在你的浩瀚宇宙的核心，從那個核心起，你才能夠移動向更超越的境界。接受就是一種智慧，接受的智慧就是一種蛻變，唯有不拒絕與無上的奉獻與臣服，才能夠把一種毒藥變成一種醫藥，這就是譚崔的智慧。

譚崔接受你的所有一切許許多多多元向度的能量，是一個偉大的奧秘，你必須去接受它，而且帶著深切的敏感、帶著覺知、帶著愛、帶著了解與了悟，與每種能量一起行動，這麼一來，每一個慾望就會超越它原本的管道，每種能量就變成一種助力。因為這個宇宙世界本身就是涅槃，它本身就是一個神聖的地方。

宇宙與神性本來就是一。如果宇宙與神性是兩個，那麼他們就無

法結合在一起。如果他們僅是看起來好像是兩個，唯有這樣他們才能夠結合在一起。因為你的宇宙與神性是本來是一，就像 Shiva 跟 Shakti 本來是一，只是祂們看起來好像是兩個，唯有這樣祂們才是一個真正的一。

當你跟你的伴侶，你跟你的愛人，彼此之間能夠採取互相禮敬的方式來尊重對方，你們的性愛能量與品質將會完全不同，平常生活中就要對你的伴侶採取相當禮敬的心態。

有一對夫妻六十幾歲了，來參加我的課程，在最後一天分享的時候，那位太太說：「如果讓我在我的結婚之夜知道了紗麗儀式與禮敬儀式的話，我去禮敬我的老公，我的老公來禮敬我，我們這四十幾年來，就不會吵吵鬧鬧，我們將會很幸福」。

我認為每一對新人，在結婚的時候，同時也要學習禮敬的態度、恭敬的態度去對待你的伴侶，要把禮敬伴侶、心的禮敬、身體的禮敬，推廣到全國。如果你是在這樣的心態底下，你們怎麼還會吵架、爭執呢？你們的生命與生活、靈性的發展，將是在最幸福的狀態底下。

一般夫妻的爭吵都是因為那個「我」太強大，「我執」就是夫妻吵架最重要的一個原因，如果要消弭伴侶之間的爭吵，去除我執變成是非常重要的。譚崔教導我們禮敬伴侶，在你五體投地的跪拜之後，你的「我執」就不見了，在你的身體完全趴平之後，你的「我執」

也就平復了，那一些負面的感覺，它自然不會再出現，伴侶之間彼此的互動會順風順水，那些微妙的心靈感受，將會在性能量啟動之後，掃盡一切塵埃迷霧。你們將會進入人生當中最幸福的生命本源。

所以深深地禮敬，創化你的核心，創造了你跟你的伴侶，創造你的伴侶與宇宙本來是一的深切意義。

第九章
譚崔達到性極巔

· 靈魂入空寂融光

譚崔的鍛鍊，會使得身體在可控制之下非常的敏銳，達到性極巔，能覺知到身體上每個細胞的呼吸、能量在細胞中的竄流、能量在脈輪中的走向。更能感受到身體上的爽感遍全身，爽如何的起、如何的運行、如何的融入，在心靈上的喜悅的升起。在性學上，最極致的爽感，莫過於男人的多重性高潮，和女人的多重性高潮和射液，以及狂喜 Ekstase。而有另一種頂峰，是暗夜的極巔。

靈魂入空寂融光

我離開了性學研究所，想到大陸去追求我的另外一個專長，去發展我的藝術創作。我在大陸曾經有非常多譚崔的學生，有一位他每年都會到西藏去禮拜。他們組二十六台吉普車的車隊，六十幾個人要去西藏，並邀約我一同前往。就在 2013 年 7 月 28 號，跟著他們開著吉普車，進入了西藏果洛地區，最終目的要到西藏的玉樹。吉普車開得非常的快，它一下子上山、一下子下山、一下子左彎、一下子右彎，在整個蜿蜒的廣大平地上，我看到了整個大陸的浩瀚，一行吉普車奔馳在廣大的大地上，山一顆又一顆，完全沒有樹，全部都是草原，極端望去，毫無任何的遮攔，在這樣的一個地區，怎麼會出現這種無上密的地方，這是一個神奇的天國、神奇的地方，我夢寐以求的地方，今天終於可以進入這樣一個人類天堂、世紀無極的地方。

第一天晚上，我們到達果洛。這邊有一位法王，他站在路上迎接我們的到來。他的兩個侍者，端了兩杯酒，所有從外地來的人一定

要喝下這兩杯酒，表示接受他們的歡迎，也就是要喝下這兩杯酒，才能夠真正融入他們的能量流當中。我那時候搭吉普車，吉普車在高野高原上奔馳，已經有點缺氧、有點暈車的感覺，卻又要喝下這兩杯酒，當時我是有一點點困難的，但是不得不把它喝下，喝下之後，整個人暈頭轉向的。

晚上我的朋友、我的一個學生特別介紹我過去認識那個法王，他跟法王說，我就是學譚崔雙身法的。法王問我：「你學的法是什麼法？」我跟他說：「我學的法是德國的雙身法，加上一個西藏紅教喇嘛所傳的、所灌頂的法。」他說：「你在雙修的時候，觀想的本尊是哪一尊？」我也回答了，他又問我：「金剛杵入蓮花是為什麼？」我跟他說：「金剛杵入蓮花，不是真的金剛杵入蓮花，而是能量的交流與激起，是要將明點推向頂輪，融降菩提液。」他說：「能量又是什麼？」我說：「能量不是真正能量，而是一個自心的開啟。」他說：「自心的開啟又是什麼？」我回他說：「自心的開啟是入空寂，融入光。」他說：「好，就讓你入空寂融光吧。」

我那時候感覺到這個法王好像在引導我什麼，好像在跟我鬥禪機、在暗示我什麼，但是到底是什麼，我不知道，當他說：「好，讓你入空寂融光。」就有一股很強的能量在我的自心當中，我領受到一種強烈的震撼感。

隔天起床，我們又搭著吉普車已經進入了玉樹地區。在進入了玉樹地區後，山更高，我就看著整個海拔的標高，一下三千五百公尺，

一下子四千五百公尺、五千公尺，又一下子下降了四千公尺，又到了三千五百公尺，又爬升到了五千公尺，就這樣子上上下下，上上下下，忽高忽低。

最後到達我們要住的旅館的時候，我整個人幾乎已經昏倒了。我只記得，我被兩個人扶進去旅館的床上，在整個過程當中，我好像是昏迷的感覺。隔天，我的朋友、我的學生特別派了一部吉普車，要把我送回西寧的醫院，因為他們判定我已經得了高原反應，也就是高山症。

我記得我最後的一個記憶是我上了飛機，空中小姐拿了一瓶氧氣罩住我的鼻子叫我呼吸，她說：「如果氧氣沒了再告訴我。」我說：「好。」這是我最後的記憶。

等我又有記憶，眼睛一打開的時候，已經躺在了西寧醫院的重症病房。只記得我的旁邊有一個人，吱吱喳喳的一直在跟我講話，我也不知道她是誰。隔了一天，當我比較清醒的時候，我才知道她是我姐姐。那時候我已經躺在醫院第三天了，也就是我昏迷了兩天，第三天我的意識才慢慢恢復。西寧醫院非常的可怕，所有病患的家屬要用搶的方式去搶醫藥，去搶注射的藥，不是醫生主動來幫你打針，而是你的家屬要去搶，要去報名你的醫藥，跟我同行的台灣兩位女生，一大早就為我去搶藥，真感激她們兩位的大恩大德，否則我已往生在西寧醫院了，感恩妳們，我生命的貴人，救命恩人。

　　我在這樣一個惡劣的環境裡面，住了七天。我每天打開眼睛，躺在我旁邊的人，全部都是幾乎都是已經要走入死亡邊界的人，在這樣的一個類似進入死亡過程的病床上，我躺著，我毫無依靠，我是非常孤單、非常單獨的，我的生命已經到了尾聲，或者說我曾經進入了死亡，又活了過來。我對這樣的環境非常的抗拒，我想要離開這個環境，我想要住到其他的病房去，他們不准，因為我的情況非常的嚴重，到了第七天，我已經受不了那邊的環境，我執意要離開，最後醫生才勉為其難的讓我出院。

　　我回到北京之後，整個人模模糊糊、迷迷糊糊的，對這一切好像都沒有什麼感覺了。因為在高山症的時候，將我的人生從最高峰、最意氣風發的時候打到谷底，它消滅了我人生的高傲，我在這樣子一個高傲的情況之下，被徹徹底底的摧毀。我所有的一切，我所練的任何的功法、我所讀的任何的書、我所拿到的任何的博士學位，在那個時候，都化為烏有。我人生所有的亮麗、所有的光彩，在那時全部都被剝落，我教師的地位也沒了，我做為譚崔老師的地位也沒了，我現在什麼都沒了。而是從死亡當中又走回來的人，我那個時候對自己最大的感覺就是，我的整個人重新被歸零，完全是被打到谷底的歸零。

　　我到中國來，是要進入中國的藝術市場，但我在這個藝術市場上，看到的是一片混亂，一些非常不得體的，不道德的爭執，是一個非常虛偽、偽善的一個市場。我有一個同時去德國留學的朋友，也在2004年回到中國，他的作品在中國賣得非常的好，他跟我說，他一

張作品賣了四、五十萬人民幣。我去參觀他的創作工作室時，卻讓我非常驚訝，他居然將十二張畫布鋪在地板上，同時一次畫十二張畫，是工廠生產嗎？這麼有生命力的藝術創作，怎麼會變成一個工廠生產的模式呢？他說：「不得已的，因為我已經拿了人家兩千萬的訂金，我必須畫給他們這兩千萬滿足的、飽足的藝術作品。」這種藝術交換，這種償還的心態，跟純粹藝術創作心靈如何掛勾呢？藝術心靈哪裡去了？

之後，他又帶我去參觀其他藝術家的工作室。這些藝術家的工作室都相當的華麗、相當寬廣，他們都畫非常大張的畫、非常誇張的造型，幾乎已經不是一般的藝術審美正常的藝術創作，而是一種掙扎、吶喊、博取名利的一種藝術創作。然後，我跟這一群藝術家，還有我的這位朋友，一起去吃了晚餐，在餐桌上，他們一字都不提藝術創作，都在講他們所買的汽車、他們所擁有的房子、他們的資產、他們的營業額、他們現在的盈利等等這些東西。這些嘴臉，讓我對當時中國藝術市場非常、非常、非常的失望。

我若到中國來，有一天也走上這條路嗎？也會像他們這個樣子嗎？這是我要的嗎？我那時候或許會變成很有錢的人，我的畫會一張賣四、五十萬，我會變成非常有錢的億萬富翁，但是那是我要的嗎？我的藝術創作靈魂，會在那個過程當中，喪失殆盡，這不是我要的。我在德國所學的藝術創作，不是這種樣子的，它是一種生命的啟發、它是一種心靈的告白、它是一種人性璀璨的表達，而不是金錢名利的追逐與市場交換的。高山症之後我對這樣子的失望又更

加的明顯。

當我的生命歸零的時候，再加上對中國藝術市場失望的雙重打擊之下，我對於往後的生存，產生了極大的恐懼。因為我已經不是大學教師，我已經從大學教師的行列退出，我來的一線希望就是進入中國藝術市場，可是中國藝術市場又讓我如此的失望，因為性的攻擊太龐大，不管你在任何的一個地方，儘管是在性學研究所，是在研究性的一個殿堂，它也是對性是採取另外一個更高規格的，更細緻的制約跟攻擊的，在這種三重的打擊之下，我對我的生存，我將來要面對的生命，產生了極大的困惑與黑暗。

而且在同時，我卻意識到了我自己，這長期以來的修行，我的證量幾乎根本不存在，因為我居然還有對生存的恐懼。我覺得我已經放下了，所有的恐懼，遠離一切顛倒夢想，我覺得我已經究竟涅槃了，可是在這樣的一個完全被摧毀被歸零的狀況之下，我居然還恐懼我的整個生存。在一個剎那之間，完全更被摧毀殆盡，幾乎以前所做的功課，都是沒有用的，我進入了一個靈魂的暗夜，這是一個龐大的黑幕，籠罩在我的整個身心當中，無法去除、無法逃離、無法掙脫、無法動彈。

從此之後，我晚上開始睡不著覺，我的性功能整個被破壞了，我無法再像以前那樣的，能夠自由自在、非常狂野、非常灑脫地做愛。我得到了各種身體上的病痛、我的腰痛、我的肩膀痛、我的頸椎痛甚至腳麻。我進入了一個所謂的憂鬱症。

當我感到在中國已經沒有任何希望的時候，我覺得必須要回歸我最初生命出現的地方，我要回到我的老家、回到台灣、回到我生命來源的地方。於是，我毅然決然的離開了北京、離開了中國，回到台灣。當我回到台灣的時候，我整個人的意識是黑暗的，那時候覺得，我已經什麼都沒了、沒有錢、不健康、沒有生命力、沒有勇氣，只剩下呼吸而已，我感覺到我的生命不需要再做任何的掙扎，不需要再做任何的追求了，到此為止吧。

從小讀書、學藝術，到德國留學，讀哲學、學譚崔，到現在卻是一無所有，人生追求到現在一無所有，那我往後還要繼續做什麼呢？我還要繼續再追求嗎？我在追求什麼呢？我以前的所有的大願望，所有的願力，所有的想要救度眾生，幫助人的願心都沒有了，一切都沒有了，我進入了一個槁木死灰的狀態。因為生命剩下的是黑的，這個黑是真的黑嗎？也許黑裡面有白，那個白是真的白嗎？也許白裡面有另外一個黑，黑跟白在我當時已經分不清到底誰是正？誰是負？我的生命曾經是飛黃騰達的白光、淨光，現在我的生命是一個完全無光、完全是死然、死寂的。

突然間，在這個時候，領悟到法王在跟我對談的時候，他說的最後一句話：「讓你入空寂融光吧。」我突然頓悟到他那一句話，表示我以前所追求的東西是一個空空蕩蕩的空，不是一個妙有，他讓我進入了空寂，我卻在空寂裡面，得不到任何東西而產生了極度的失望與恐懼跟害怕，而感受到這個是自己靈魂的暗夜，我根本沒有在空寂裡面得到光，我根本沒有在空寂裡面得到生命應有的形式。

法王當時的暗示，我突然在這個當下，完全明白了。我的生命在這時候，在這個完全黑當中，卻呈現了一個白色的亮點，但是，我的整個人的身心，整個生命系統，已經壞掉了。回到台灣那個時候，我只看著天花板、不做任何事、不接觸任何人、不讀書、不看手機，也不聽任何人講話、也不聞不問、不動、了無生趣，幾乎是一個死的狀態，就是空寂的狀態。

法王叫我進入空寂，這個空寂不是一個正面意義的空寂，我要將空寂轉成是一個正面意義的空寂，要融入光，光是一個妙有，對我的生命才會有所啟發，那個正面意義的空寂，就是所謂的妙有，我如果不把這個空寂轉成妙有的話，我就是真的活生生的死人。

因此，得到高山症為我的生命帶來一個重大的禮物，這個重大禮物就是負向的教導，負面的教導，讓你從反面中爬升，我們的整個宇宙充滿了力量，我們的整個宇宙充滿了光，但是整個大部分宇宙是黑暗的、是黑物質的、是暗物質的。而真正有力量的東西是暗物質的，就在這個生命最後的形式當中，它用黑夜的，用暗的東西，來反面教導我，真正的力量是什麼，我才明白到了，整個西藏的修行，最後要閉黑關。在閉黑關當中，最後你要現出本尊的形象，也就是，首先閉黑關的時候，自己觀想與本尊合一，感受到自己是本尊，最後覺受到自己跟本尊無二無別，不管本尊長成什麼樣子，你自己現在就是那個樣子，所有你的行住坐臥就是本尊的樣子，完全不離開你，這個叫做佛慢穩固。之後，你還要再繼續閉黑關，進入到你觀想你是本尊，連你旁邊的人看到你，都是那個本尊的形象，

這個叫做證量。而且這個證量，必須在黑當中展現出來，這就是靈魂的暗夜對我最高的提示，對我最極巔的一個負向的教導。

我必須要在最谷底，最黑暗當中，看出我的光亮，我突然意識到，在修譚崔雙身法的過程當中，當你的眼睛閉起來的時候，你會出現一個境界，你的眼前是一片漆黑，這一片漆黑當中，它會現出一個圓形，像甜甜圈一樣的圓空光，這個圓空光在黑中顯示，如果沒有那個黑，就顯示不出那個光，光被黑所暗示出來的，所顯現出來的，事實上這個光是由我們中脈所產生的明點能量現象，這個圓空光最後，會形成所謂的金剛鏈，一點一點、一圈一圈透明的珠子串在一起，這個金鋼鏈最後會團聚成一團，那表示你的證量更提高，最終，這個金鋼鏈圓形透明珠狀體，會結成本尊的樣子。

這些都顯現在你眼睛閉起來時候的黑裡面，最後這些黑，這些顯現會在你眼睛打開，在亮的時候也顯現了，也就是黑轉成白，它都在我們的中脈當中呈現，我的生命現在走入一個黑，事實上它也是在顯現白的另外一種面向，這就是法王叫我進入空寂的一個相當極端的引導跟暗示，要給我的負面教導，也是閉黑關對我的一個暗示。

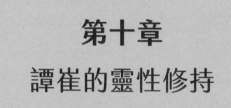

第十章
譚崔的靈性修持

- 譚崔的內密實義
- 儀式化的力量
- 譚崔儀軌的次第

譚崔的內密實義

禪修與譚崔

我們一開始做觀著蠟燭在你的氣海裡面燃燒，在我們的中脈裡面，這是修拙火定或是靈熱瑜珈的第一個方法。這個要修到真的有被燙到的那種感覺，進入了真正的有覺受之後，身體的溫度會真正的增高，修靈熱的人每天觀想火在你的肚臍底下燃燒，到有一天，你的體溫會升高。

西藏喇嘛去美國，讓研究員貼了很多的儀器去測他們的體溫，他們打坐修拙火，體溫就提高到 40 度，我們一般發熱，發到 39 度就已經很不得了了，他們整個身體的熱度可以熱到 40 度還沒事，那個叫做靈熱瑜伽。那靈熱瑜珈就是啟動我們拙火的第一個方法，所以說，我們的課程從第一階、第二階、第三階、第四階都一直要叫你們打坐觀燭火的原因就在這裡，你那個靈熱如果沒有被啟動，就算感覺上你現在的心輪好像打開了，那都是觀想出來的，都不是真正的覺受。

讓你在打坐裡面不是打枯禪，而是有內在的東西在裡面，那個東西叫做觀法，因為你打坐的時候會掉舉，會有很多的雜念，很多的邪念，很多亂七八糟的東西，就用數息的方法，把那個邪念、雜念，把它牽制住，讓它不散失，一個人打的時候很難，兩個人打的時候為什麼會變容易了？為什麼？因為旁邊有人！旁邊有人！第一個，

361

他會影響你，你就會提起更高的精神來，去注意你內在的東西。第二個，你們兩個的頻率會形成共振，所以說你一個人在家讀書，跟去圖書館讀書，它會有產生不同的感覺。

這個數息六妙門是中國天台宗的方法，從數息開始，這個六妙呢，就是數、隨、止、觀、還、淨。你要從數、隨到淨，路途非常、非常的長，一般人，一生可能到達不了，但是，為什麼叫六妙？妙，就是任何的地方它都可以轉成一個智慧的，所以說，你一直數息、數息、數息，一生只在數息，你也會開悟。你一生都在隨息、隨息，隨到最後也會開悟，你一生當中都在止、止、止、止到最後也會開悟，所以說這六個任何一個都可以開悟，這六個一個要單修很枯燥，所以它會連起來修。

從天台宗之後的中國禪宗中很多採取這種的打坐方式，西藏人也這樣子打坐的。我隨喇嘛學習的時候，他也教我這個數息的方法，再加上觀燭火連在一起，為什麼呢？因為我們在譚崔的時候，你會形成一種很強大的能量運動，不是你自己一個人，是兩個人，所以說你要同時做兩件事情，一個就是觀燭火，一個就是數息，兩個要連在一起。

當你們產生性能量結合的時候，你就會有各種不同的東西跑出來，利用這個性能量去克制它，所以說這個數息一開始，我們用七支坐法，要頭頂天、舌頂上顎、兩肩宜平、整個盤坐、打法界定印等等，然後放鬆，這個放鬆很重要，你能不能入定的一個非常重要的關卡，

就是放鬆，身體很硬是因為不夠放鬆，你如果夠放鬆的話，就會容易入定，這個放鬆非常的重要。那你如果你沒辦法放鬆，或是你做到一半的時候，有一點感覺卡卡的，你就從頭再掃描一遍，從頭皮、額頭、喉嚨，再慢慢的把它放鬆下來。

再下來就是觀呼吸，要看著你的呼吸，呼出、吸入、呼出數一，吸入數二，一般來講，這個呼吸裡面，它會有這四個現象出現，風、喘、氣、息。剛開始呼吸的時候，你會發出很粗大的聲音，你旁邊的人也會聽到你的聲音，你可以利用這個聲音去克制你的掉舉，是非常有效的方法，當你用很粗大聲的呼吸，你的雜念會被切斷，只剩下這個呼吸。然後開始進入喘，就是沒有聲音，但是身體還會有上下這樣子的一個動作。再來就進入氣，就像我們一般的呼吸喘息一樣。最後呢，你會進入息，息就是綿綿密密，似有非無，你幾乎分不出來它是吸還是入，那一種感覺，剩下一點點而已，那息又分為「龜息法」與「胎息法」，龜息就是吸～停～呼～停～吸～，所以那個龜息很長，它整個循環非常的長，這個叫做龜息法。胎息法，幾乎鼻子已經沒有在吸氣了，整個全身細胞打開，就像胎兒在媽媽的肚子裡面不用呼吸，但是會活著一樣，這個就是胎息法。

那息，就是還綿綿密密的時候去數它，你的息如果進入那個綿綿密密的感覺，你去數它，大概數個三輪、四輪你就入定了，你一旦入定，它就跳入另外一個界，就要開始隨息，就不用數它了，當你數息，數到已經不曉得是息出、息入了，就不要數它了，或者是你數息數到你在數的時候，形成一種障礙，一種負擔的時候，就不要

再數它了，你就隨著它，就隨著你的息。

那隨息，它有息出息入，它會有知息出、知道息中間、知道息入、又知道息中間，又知道息出、又知道息中間、又知道息入。知息出、知息中、知息入。

奧修的譚崔經典這一系列書一共有一百一十二種開悟的修煉的方法，其中有一項，把你的注意力放在息跟息的中間，呼氣跟吸氣的中間，你找得到那個中間嗎？你不但要找到那個中間，而且還要把那個中間擴大，你就會進入了三摩地了，這個叫做知息。然後它會有知息出、知息入、知息中間，最後呢，還有一個，叫做知息遍全身，你會知道息遍全身。

我小時候，一直覺得非常懷疑，到底是誰怎麼會知道我們的身體有那麼多的穴道，這裡是一個穴、那裡是一個穴，到底是怎麼會知道這個？後來經過禪師的解釋才知道，知息遍全身的時候，你身體裡面所有的一切，你都會清清楚楚，哪裡有什麼點，哪裡有什麼東西，你都會知道，所以說，知道穴道這個的人，他一定是一個打坐高手，而且進入了知息遍全身的境界以上。

當你知息遍全身的時候，你已經大概進入超越慾界的部分，重點就是這個知跟息。要知息出、知息入，你的重點會把你的注意力放在息出、息中間、跟息入這裡面，一般都是這個樣子。

當你在擁抱的時候，把你融入那個抱，讓你本身變成那個抱，就是什麼？知息出，因為你進入的那個息出的境界，當你們在接吻的時候，把你本身變成那個吻，讓你融入那個吻，那個就是什麼？進入那個息出，你跟息出跟息入是融合在一起的，你跟那個吻，跟那個抱，是融合在一起的，假如你是這樣子的話！你就落入慾界！你就會落入了生滅相，生滅相！

你如果是修生滅法的人，你就會得到生滅果。這個息出跟息入是生滅的，是可以有，也可以沒有的，我們一切的法都是生滅的，當你擁抱的時候就有擁抱，當你不擁抱的時候就沒有擁抱，當你接吻的時候就有接吻，當你沒有接吻的時候就沒有接吻，所以那個吻是生滅的，當你修這個生滅的，進入那個生滅裡面，你就落入了生滅界、慾界，因為你變成了那個吻、你變成了那個息出、你變成了那個息入。

你要修不生滅法，才會得到不生滅果，那個東西是什麼？像是有次同學們一起練火呼吸，每一個人都進入了一個很高的境界，有些人意識都跑掉了，不見了，最後我們圍成一圈，請大家分享。同學們不是已經進入境界了嗎？怎麼還知道？還可以分享的出來？可見還有一個更高的東西在知道你正在進入那個境界，還有一個更高的覺知的東西在知道你現在正在進入那個境界，還有一個更高的東西在知道你在息出、息入，在生滅相，那個更高的東西叫做「知」，知息出、知息入，重點要放在「知」，那個「知」就是我們的本源、我們的佛性、我們的真如，那個東西是不生滅的，那個東西是永恆

的，它會帶著你生生世世完全不會改變的，其他的東西都是生滅的，那你要修這個不生滅法，才會形成不生滅果，修真如法才能得真如果。

重點在這裡，重點在這個不生滅這個字上面，你們打坐的時候，數息數一、二，然後你融入一跟融入二了，那個東西最後都是屬於生滅相，都進入了慾界而已，最後達到慾界定，達到慾界定這個地方。

我們在火呼吸的時候，我要你們把注意力放在呼吸上，你如果進入那個呼吸，就進入了生滅相，你如果進入那個我知道我在火呼吸，我就進入了知，我在觀照它，我在覺知它，有一個更高的東西在覺知我正在火呼吸，你要進入這個更高的覺知上面，而不是落入那個火呼吸裡面。但是我們一般會叫你們先落入那個火呼吸裡面，再進階到那個知上面。

加入了性的能量，這個性能量它是屬於不生滅的東西，所以說那個性能量會自己出來，不用你故意去對它怎麼樣，那你把你的注意力放在性能量上，而不是那個呼吸上，那個性能量本身就是跟知是一樣的，是屬於不生滅的東西，永恆的東西，任何一個人之所以會活著，就是因為有性能量，你如果沒有性能量，你就準備要買棺材了，所以那個性能量就是不生滅的東西，就是要加上這個東西。

性慾是屬於一種慾望、慾求，去追求一個東西的慾望，那我們很

想做愛，是因為我們有睪固酮引起了性慾，這是腦的作用，它是屬於後天的，大腦的作用，我們在天相身上，在法界上，根本沒有做愛跟不做愛這一件事情！雙身法的這個陰莖插入陰道，它也是屬於生滅相。

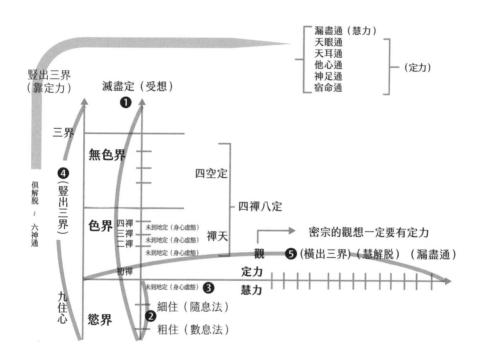

　　參照上圖示可以看到慾界、色界、無色界的範圍，出了無色界之後呢，你就出輪迴了，你就解脫了。但是從欲界到滅盡定，一般人到達不了。你如果到達❸未到地定，你就會得到慾界定。剛剛我講的，你數息、數息、數息，數到那個呼吸幾乎不見了，進入了息遍全身了，你幾乎就到達❸未到地定了，那到達這邊的時候呢，會進

入一個未到地定，未到地定是什麼感覺呢？就是好像你搭電梯，然後電梯突然間停的時候會有停頓的感覺，你在打坐打坐到一個停頓的感覺，它就進入了未到地定，然後你的整個身體會突然間打直，然後不會動，已經不會再動了，已經無想，沒有任何的想了，就進入了未到地定，進入未到地定的時候呢，你就會產生很多脈輪打開的作用，但是，它還沒有到初禪喔，你要到初禪，還要往上。四空定、四禪八定、九次第定等等這些過程，還要很大、很大的定力才進得去，那這個定力是靠什麼來的呢？是靠數息、隨息、止，靠這個止來的，你這個止越強，定力越強，它就會進入越高的層次，從初禪到四禪這個地方，會有四禪八定，這個四禪八定呢，會產生這個六神通，這六個神通會被開發出來，從這個境界開始，會被開發出宿命通、神足通、他心通、天耳通、天眼通、漏盡通這六個，就六神通。

每一禪進入第二禪，它的中間都會有一個未到地定，每一個階段都會有一個未到地定，那個未到地定，就是我們最大的轉機的時候，如果你定力不夠的話，你就越不過那個未到地定，就進不了第二禪，在未到地定出現的時候，就是這個叫做❹豎出三界，一界、兩界、三界，最後得到證道成佛。

要進入初禪必須經過很強的定力，一般人不容易做到，首先，你的身體要很軟、而且身體的肌肉要很強壯、打坐時間一定要兩個小時以上，才能夠進入那個境界，如果沒有辦法撐到兩個小時，要進入初禪是幾乎不可能的，身體如果是不健康的，要進入第一禪幾乎是不可能的。

　　所以說，打坐的人，他們要行禪，要練其他的功法來幫助他，這是非常重要的部分，未到地定是我們轉機的一個地方，你定力不夠的人，沒有關係，你可以❺橫出三界，就是境界還沒有提高，但是可以橫著，出三界，這叫橫出三界，你就不需要那麼辛苦。中國禪宗說要十六世，出生、死亡、出生、死亡、出生、死亡十六世，你才能夠成功，你們有那個能力嗎？有那個定力嗎？太難了！

　　但是我們有一個轉機，那個轉機就在❸未到地定這個地方，在未到地定的時候，突然間橫的出去，它就進入了數息、隨息、止息、觀。從觀這邊出去，止、觀，這邊進入觀，你要起觀，起觀就會產生慧力，那裡面還有分成很多細的部分等等。

　　有人問天台宗第三祖師智者大師，證到第幾地？智者大師被稱為東土小釋迦，他說他才證到第七地而已，這叫橫出三界，橫出的起觀。

　　為什麼要修譚崔？譚崔為什麼是直接、快速開悟的呢？就是因為它走的就是橫出三界的路，就是起觀，什麼叫起觀？就是你在做愛的時候，當你金剛杵入蓮花的時候，你要起觀，觀就產生慧，然後這個橫出三界，它只會形成一個漏盡通，這個漏盡通，在這個過程當中，它不會有其他的五通，它只會有漏進通，漏盡通一旦證得，他就橫出三界了，所以說，漏盡通是非常重要的。

　　那一般我們在俗語上會講，射精叫做漏了明點，你要練到不漏，

就是什麼都不漏，口不漏、意不漏、密不漏，什麼都不漏，就叫無漏，你就會形成不漏通，不漏通你就會橫出三界。那雙身法所走的路，就是用性的能量，加上觀的慧力，不進入那個爽的感覺，陰莖插入陰道會產生爽的感覺，奧修說，把你融入那個爽，把你變成那個爽，你就會怎麼樣？變成生滅相，就進入那個爽裡面，就會落入慾界。

為什麼譚崔是雙面刃，就是因為你會進入那個爽，變成那個爽，就掉入了慾界，你應該**知息出，知息入**！進入那個到底誰在知道那個爽，到底誰在知道我剛剛進入了那個無意識，我剛剛人不見了，那個最高的知的那個知，你要進入那個最高的知，而不是進入那個爽，這個就是雙身法的秘密。

我們一般，都進入那個爽，讓那個爽包圍你，讓那個整個能量包圍你，那你就全部都進入了生滅界，進入了慾界，你要超慾界，你要超越那個慾界，進入未到地定，就要進入那個知道到底是誰在爽的那個知，這就是雙身法的秘密，就根本不是你們在爽，也不是他在爽，而是一個更高的你的佛性在那邊，當你的注意力放在這個知道誰在爽，你就橫出三界。那你一進入這邊的時候，整個脈輪它就自動打開，我們的能量比任何東西還聰明，它會找到出路，他會找到它應該去的地方。當你進入這個的時候，在這個的情況之下，你會變成什麼？無慾的，因為你已經不是在那個爽裡面，你如果進入那個爽裡面，就會變成有慾，你如果進入那個知道誰在爽的那個知，它就進入了無我、無法，法尚應捨，何況非法，它就進入了無我、空、妙有，一般如果是單人打坐到進入空相，就到了三摩地，就進入另

外一個境界了，你的前面還抱著一個佛母，明明還在爽啊，所以說，知道誰在爽的這個知，它就形成另外一個妙有，產生了一個妙有，我這個爽沒有不見啊，還在爽啊，我也知道它在爽啊，所以說，那個「知跟爽」就合一了，它就形成了妙有，叫做無慾大樂、空樂合一！

有一本書叫做《靈魂的第七項修煉》，一個附錄寫了性非性，裡面他講了一個非常重要的雙身法概念，他說雙身法就是在修不空，到了這邊是空了，到了空之後會形成不空，那個不空我們一般稱為妙有，那個妙有就是我明明還在爽啊，那個爽加上那個知，加起來的，合起來的東西，就稱為不二，就是妙有。

所以我們一般一旦陰莖插入陰道，你就被爽拉著走了。然後比較高層級的人會進入那個爽裡面了，就忘了我的存在了，就進入那個爽的能量場裡面了。可是這個搞了半天，你還在生滅裡面，你還在能量裡面，你要超過這個能量之外的那個正在知道你是誰，誰在爽的那個更高的東西，這個更高的東西，我們就稱它為真如本性，或是禪宗稱它為本心本性，或是我們稱它為佛性等等。因此，不管你們兩個是在什麼樣的情況之下做愛，你都會首先遇到爽這一件事情，不是叫你避開爽，而是叫你爽，進入那個知道誰在爽，把爽跟知道誰在爽，合一，它就進入了一個空之後的妙有，否則的話，它只在前面而已，你修了半天，做愛了半天，它還是只在前面而已。

當你的內在沒有這些東西，那去知道誰在爽的這個知道誰在爽這

個動作，就稱為內瑜珈，而且是很高級的內瑜珈，內在的瑜伽，那個東西我們一般稱它為很簡單的名詞，叫做覺知，可是覺知它被太便宜的使用了，你們根本不知道覺知的真正的、秘密的意義在這裡，事實上，它就是覺知，隨時覺知，覺知誰在做愛，覺知誰在爽。

禪宗有一種打坐的方式，叫做參話頭，打坐的時候，一直問自己一句話，佛是誰？佛是誰？佛是誰？每天都問這一句，那你會有無限的答案，這些答案都是什麼？都是生滅相，問到有一天，整個問題爆炸了，就進入了連這個問題都沒有，就進入了空相，那個空相也只不過是到達了未到地定而已。

誰在爽？誰在爽？爽到有一天，連這個誰在爽？都沒有了，進入無我，這也只是進入空而已，進入這個空之後呢，還要進入妙有，進入妙有，就是我還在爽啊，就是要把那個爽再加進來，爽就是純能量啊，不可說不可說的能量，加上這個空，兩個連結在一起，它就進入了所謂的妙有不二的境界，空樂不二，真正的意義就在這邊。容不容易做得到？有些人很容易，有些人很不容易，當你打坐的時候，你容易入定的人就很容易做得到，當你打坐的時候，你的掉舉雜念很多的人，就很不容易做得到，因為你會被雜念拉著走，你會被爽拉著走，你會忘記你現在在幹什麼了，你會有一大堆的性幻想，那你就進入了慾界，最高進入了慾界而已。

那我們最難克制的東西就是妄想，我們就生活在妄想裡面，在大乘起性論裡面講了，一心開二門，心真如門、跟心生滅門，你如果

走心生滅門的話，你一生都在這邊轉、轉、轉，轉了半天還在轉，你的情感、你的情慾、你的世間的所有的一切，都在這個生滅門裡面轉、轉、轉，你如果把這個生滅的東西切掉，進入了真如門的話，你就進入了空、空、空，一切都空性，那要怎麼辦？兩個要合起來，就在生滅裡面空，在空裡面生滅，是把性慾拿來當作修行的，不是把性慾切掉不要而進入空，不是把爽切掉，進入那個知，而是把那個爽跟那個知結合起來，不是把性慾切掉不要那個性慾，而是把那個性慾跟那個知聯合在一起，它就會把世間所有的生滅的東西，都變成是你修行的資糧，你世間所遇到所有情感的問題，都是你修行的資糧，而不是去排斥它，把它消滅，你如果只是排斥它，跟消滅它的話，消滅光了，會進入空，它只是到達空無所有。那你要真正的做的話，要生出妙有，所以說你進入了空之後，又要把世間的這個情情愛愛的東西再加進來，使得它變成促進你修行的力量，它才是一個真正的、圓滿的，就是不排斥任何一個人，不排斥任何一個眾生，任何的一個眾生來到你的面前，他都是促進你修行的一個動力跟助力，一個人來到你面前使得你非常的憤怒，他也是在幫助你，勾起了你的這個憤怒，讓你看到自己的這個部分，這個叫做生滅相。這些生滅相的東西，你都要把它加在一起，變成是一個圓滿融合的東西。因此從今以後，不要討厭自己長得不好看，不要討厭自己的乳房太小，陰毛太雜亂，這些東西都要把它加進來，變成是我們修道的助力，因為我就是這樣！

西藏紅教十五乘的最後，就是仰地瑜伽，仰地瑜珈是西藏最後閉黑關，七日成佛法，你就會有虹光身的出現，你如果沒有閉黑關修

這個最後七日成佛法的話，就是開啟法界體性智，法界體性智就是一個圓滿的智慧，它不排除任何一個不好的東西，它不只是選擇一些好的東西，它是包含所有的一切的東西，所以就成為圓滿的。

中國圓教的思想大概跟這個也是類似的，我去德國譚崔中心時，突然間跳進去那個教室，一打開，嚇我一跳，全部都是裸體的人，老師叫我脫光光，找個位置坐下來，我就在那邊慌張，然後最後還是脫光光坐下來，然後凹了半天瑜珈，之後老師說站起來，我整個陰莖被看見，非常羞愧的遮起來，後來也是不遮掩了，結果就這樣一關一關的越過去。突然間老師說下個練習，需要一個新的伴侶，不管圓的、扁的，老的、少的，美的、醜的，胖的、矮的，黑的、白的，不影響成道！以前，我根本不理這一句話，後來，我才知道，這句話非常重要！就是只有這一句話而已，不管圓的、扁的，不管老的、少的，不管黑的、白的、男的、女的，不管任何的生滅相都不影響成道，那個叫什麼？圓滿，叫做圓滿眾生平等！我們課程做瑜珈練習的時候，需要找一個伴侶，我們常常這個不喜歡找要去找別人，那個內在的東西就跑出來。

這個選伴侶，它不但可以讓你遇見你自己，也可以讓你看清你自己。在這個選伴侶當中，當你到了任何人都可以的時候，一般在外生活上，幾乎也不會遇到任何的其他問題了，你跟你的伴侶之間也不會有什麼大問題了，因為分別心被克服了。

若有個人在你面前，突然間你發作了，就很想罵他，那個發作那

一下子到底是怎麼出來的，那個發作起來的事實上是一個生滅的，它等一下就不見了，你不要因為發作起來，然後就被它綁住了，然後就一直罵下去、一直下去、一直滾下去、一直滾了好幾天、好幾年，就在滾那件事情，讓你就一直落入生滅相，一直落入欲界，永遠無出頭天，那你如果知道，那個發作起來，還有一個更高的自己在看著自己發作，你進入這個，把他們包含起來，它就進入了更高的法界裡面。

如果我知道我在生氣，所以它就是空的時候變成不空，它就是妙有，故意生氣，罵你，可是你看起來我是真的在生氣，事實上我知道我正在罵人，我正在生氣，但是我生氣完就沒事了，因為我不會等一下還氣噗噗的去睡覺，還氣的要死，隔天還在氣，我不會這樣，我知道我在罵他，因為我知道，因為我有一個更高的自己在看著我，在做這些事，我也要做這些事，他才會形成一個轉圜。

你如果都完全不生氣的話，你就落入空，你就落入空無，你如果一直在生氣，你就落入慾界，生滅相。所以說，為什麼雙身法是快速成佛法，即身成佛法，就是因為它立在這個最高的點上面，那個最高的點，就是叫你靠近你自己，融入你自己的那個佛性，跟外在的這些生滅相裡面，為什麼它要用性，就是因為性，是最明顯、最直接、最突出的人類的覺受之一。

譚崔核心的力量

　　譚崔的儀軌是所有的譚崔修行過程當中，最重心跟最核心的部分，它如果沒有經過這個譚崔儀軌，幾乎所有的譚崔它只是一個前行，一些預備工作而已，譚崔，就在於這個譚崔的儀軌當中。所謂的儀軌，它就像一列火車的軌道一樣，當你進入這個軌道之後，這個軌道就會將你載到你要去的地方，如果沒有這個軌道的話，你的行為就不會在一個軌道上，會亂竄、亂走，而走向一個你不知道的地方，因為譚崔有一個更高的目的，就是要你走向開啟頂輪的法界體性智，於是乎，它會有一個非常堅定的軌道，讓你走上這個軌道，走向那個目的，因此這個儀軌也是一種寶藏，也是一種力量的彰顯的一個規範。

儀式化的力量

　　所以說，譚崔儀軌它有很複雜的部分，也有很簡單的部分，複雜的儀軌，複雜到要用幾天的時間去做一個儀軌；簡單的儀軌它可以非常簡潔的，把整個譚崔修行過程當中的一些重點的部分，容納在這個小小的儀式當中。

　　基本上的譚崔儀式它不能少掉的部分，大概就是：a. 消除障礙、b. 保護、c. 火的力量、d. 依止、e. 發心、f. 禮敬、g. 日月交抱、h. 將能量射入宇宙、i. 融入自身、j. 廣施、k. 發誓，這是最基本的一個譚崔儀軌。

　　這個譚崔儀軌跟藏密的一些密續的基本法的儀軌，也有雷同類似的地方，因為這些儀軌的模式，都是從古代傳下來的，在譚崔的修行當中，有進入這樣的一個神秘、莊嚴神聖的一個儀式。

譚崔儀軌的次第

a. 消除障礙

首先講到消業，當一個人的第八識還帶著往昔累劫所帶來的業力的時候，整個生命的修行過程當中，會有非常多的阻礙，這些阻礙會讓你無法進入儀軌，即便你已經進入了儀軌，在儀軌的整個過程當中，由於能量的啟動，這些往昔的業力，也會被牽引出來，當往昔的業力被牽引出來的時候，它就會阻礙儀軌的進行，儀軌的進行，就會受到阻斷跟破壞，所以消業它在譚崔儀軌當中，是非常重要的第一個部分。

消業不是在儀軌的時候才做的，而是平日一般生活上就要去做一些消業的修行。比如說，念一些消業的咒語，金剛薩埵的百字明咒，這些都是屬於消業的部分。

因此譚崔儀軌一開始的時候，要唸誦這些消業的咒語，消業的咒語念誦完畢之後，你才能清淨無染的進入無上甚深大法。

b. 保護

為什麼要結界保護呢？因為在這虛空六道當中，存在著非常多不同的能量場，我們要在一個安全信任的環境底下，進行儀軌的儀式，於是不希望有任何其他能量的攝入來干擾這個譚崔儀軌的進行。

　　在佛經裡面都會提到類似的，比如說很多的死魔、惡魔、天魔等等，它常常會障礙修行人，所有的修行人在他真正修行的時候，念誦的時候，修法的時候，也都需要去保護，讓外界不乾淨的、不好的、不正當的能量不能進入，結成一個安全的防護網，讓法會的進行可以順利，這是屬於保護的部分。

c. 火的力量

　　一般金剛密乘的火的力量，都會是在整個儀軌結束之後再做。但是把它提到儀式之前來，首先具有供養的意義，在下來就是它有顯化的意義。供養的意義就是當你對諸佛菩薩、龍天護法首先做供養，跟祂們做了連結，祂們就會在這個金剛道場來保護你，而且可以在這個過程當中去顯化一些你所需要達成的一些願望，或是去消滅你平常修行過程中受到的一些阻礙。比如說，以前的不覺知、執著、心理障礙、心理問題等等，都可以在這當中，以火的力量來淨化我身、以火的力量來淨化我心，讓這一次的火的力量，這一次的儀軌的力量，能夠清除你身心靈裡面的一些業障，藉由火的淨化，讓你的身心靈的過程當中，去讓它沈澱、消化、消融。

d. 依止

　　雖然說我們是法界能量的一部分，我們的本心本性即是佛性，但是我們還是生活在娑婆世界，所以必須有一個圓滿的對象來作為我們依止的本尊。

　　我們都知道整個法界充滿能量場，在這個能量場當中如果有一個

圓滿的對象是我們依止的對象，我們就會受到這個能量場的保護，這個能量場無所不在。

一個人的力量無法窮盡整個法界，因此我們必須要有所倚靠、有所依止，也就是倚靠一個永恆無止境的圓滿力量。這個圓滿的力量就是本尊。我們依止祂就會有一個方向，有一個明確的目標，使得我們能夠在這個法界當中不會流失，我們的能量會有一個更強烈的升起的精進心，使得我們的精神本性有一個掛搭的對象，我們如果沒有一個廣大的對象，整個心、生命會漂浮不定、動盪不居。

因此在整個生命的流動當中，我們需要有一個安住的感覺，當我們的心有一個安住的時候，我們就不會流離失所，我們所要安住的對象祂必須是一個圓滿可以學習的對象，這個圓滿可以是學習的對象，無非就是我們的本心本性。因為具有無漏功德，也只有無漏相能夠使得我們的精神，進入一個清淨的法界，因此在修譚崔儀軌的時候，我們的整個精神面向，需要有一個最高的主尊，作為依止的對象，這個皈依也就是臣服、也就是五體投地、也就是懺悔、也就是完全的投入祂，並且跟祂融合結合。

e. 發心

發心有立下心願的，亦是發意、發願，即是在內心萌生一種意願，需求有一個確定的目標的意思。

一般人都用決心、希望、祈求等等的字眼，發心就是欲心所求，

也就是願樂希求的意思。欲這個心通於三性，它可以是善的、惡的，也可以是無記的。

世俗人發的心通常是圍繞自己的事業成就，或對世間的種種貪愛，這些發心都是三界輪迴的原因。如果你發心是修十善的發心，修行入禪定、得大智慧，發心得法界智慧大樂身，這個就是廣大善的發心。

發心使得我們產生精進的心，當我們的目標確定之後，我們就會充滿了動力，我們的心會指導我們的行為，使得我們有動機。因此驅動我們朝向目標進發，發心可以起轉業、滿願的作用，它要以無比的決心的立下誓願、堅定不已，就像地藏菩薩一樣，地獄不空，誓不成佛。

發心會決定我們行為的性質，若忘失菩提心修諸善根，是為魔業。也就是說若忘失了菩提心，這個願心不善的動機或心態不正，即使行為表面是善行，也是魔業。因此我們的發心必須要是正面、正心、正行。

其次是發心的廣大或清淨程度的差別，會令所招引的果報有所不同，因為不同內容和層次的發心，會增長修行者不同的心識，並驅使其造就不同的實踐過程，從而成就不同的果報，例如一般人發心只是為了得到生命的幸福，這是不夠的，如果你要發大心，必須要是發無上菩提心，所謂的自覺覺他，它就包含了上求佛道，下化眾

生的兩個重大元素，因此修譚崔課程的人不滿足於個人的解脫，而是要以度化無量眾生為滿足，發大心為廣大得以成就無量和究竟圓滿的大悲心跟法界體性智慧。

任何的發心都是自己內心的真實狀態，而不是群力或老師、上師加諸於你的，那會變成一種自欺欺人。一個發心廣度和力度，也需要一個發展的過程，我們應該在真誠、誠意的基礎上，將其盡力增長，並與廣大的願力做核心的力量，廣度眾生為最高的發心。

f. 禮敬

再接下來就是禮敬，禮敬是整個儀軌過程當中非常重要的一個部分，我們平常夫妻做愛就是把衣服一脫，就上床就開始做愛了，這非常沒有禮敬的程序。當你擁有一個禮敬的心的時候，你把你的對象當作是一個女神來跟她一起做愛，它的整個品質就會不一樣，它就是藉用禮敬的過程，將你的伴侶在當下禮敬成神性的部分或是佛性的部分，你自己也在這個禮敬的過程當中互相提升了。當你們兩個都被提升成神性的部分，這樣的做愛的品質，它就是在超世間、出世間的層次上了，你的意識達到的，你的證量就會達到，當你把對方想像她是一個或是禮敬成一個女神的時候，在法界上，她就是一個女神，你同時也變成是一個男神，在這個禮敬過程當中，它就產生了一個無比的力量，這個力量就是一個超世間的。你們就不是在一般的世俗間男女的性愛關係，而是出世間修法法侶的關係，它會形成更強大與法界振動的力量，這就是一個禮敬的部分。

g. 日月交抱

進入了整個儀軌當中最重心的部分，就是日月交抱。日月交抱所採取的是男神坐著盤腿，女神坐在他的面前，金剛杵入蓮花，像我們一般看到西藏佛像的那個樣子，稱為 Yab-Yun，互相抱在一起，一個代表日，一個代表月，也就是一個陰，一個陽，陰陽兩個能量互相融合在一起，像太極圖那樣，把這兩股能量融合，陰性跟陽性的能量交織在一起，讓它在我們的海底輪盤旋，儲存成無比強大的力量。

標準日月交抱的時間要長一點。你的能量要強化，要射向宇宙，必須要有足夠的能量儲存，才能夠進入真正的法界，才能夠把你要顯化的願望，射向法界，你的能量才能夠真正從海底輪、二輪、三輪、四輪、五輪、六輪一直到頂輪，打通你的整個中脈，如果沒有經過很強大的力量的話，就難以達成這些目的。這些目的就來自於兩股能量的交合，所謂 Meituna tantra 就是兩股能量的融合，不管這兩股能量是什麼，陰陽、陽陽、陰陰，總之是兩個不同的元素，讓它交織融合在一起，形成更大的連結。宇宙的本性就是一種連結，而不是一種切斷，跟分割。當兩股能量連結、交融的時候，它就會產生一個更大的循環，更大的能量圈，這個能量圈就會啟動，它就會影響周匝，整個法界會引起相同的共鳴，經過這個日月交抱能量儲存到足夠的能量的時候，就要將這整個能量融入法界，做一個融入法界的瑜珈動作。

h. 能量融入法界

在普遍譚崔儀軌裡面，經過兩、三小時的日月交抱之後，嘎然停止，將雙手高舉，然後發一個「哈」字，將能量從海底輪直接送向頂輪，射向法界，七次，讓整個法界跟你的能量消融在一起。你本來是一滴水，現在你這一滴水又滴入大海裡，你的這一滴水跟大海水無二無別，無法分別，回歸了本源，回歸了整個能量的源場，這就是將你的能量射向法界的真正意義。當你的能量回歸到法界，你已經達到了整個修行的最高目的之後，你所賺到的，例如在世間上你所賺到的錢，不能只是把它拿起來放在私人的口袋，那只是變成你私人的那一百塊而已，當你把這個一百塊拿出來再貢獻布施給其他眾生，你這個錢才產生真正的流通跟效用，這個錢所產生的流通效用所影響的力量，就無邊無際永無界線。

i. 融入自身

最後再升起本尊身，本尊的能量就是最後的佛果，與自身再互相融入，將自己融入本尊的無止境的空性本源當中，把此身進入浩瀚宇宙外的無止境的能量大海、法界永恆無死果位。

j. 廣施

要把這個能量再施予給普遍大眾，你跟眾生都在此時此刻證入神性的最高境界、證入佛道的最高境界。因此，你在一般平常的修法過程當中，也要有這個迴向的廣大的慈悲心，迴向就是慈悲心的一個表現，把你所擁有的東西分享給別人、展現給別人，當他們都跟你一起來共享你的法喜，最後就是要發願、發誓，你的願力越大，

發的誓願越大，所成就的東西就會越大，這個叫做大願力。

　　傳愛就是由這個大願力所傳出的，你如果沒有這個大願力的話，你的愛就無法傳出去，因此最後還要發大願，這個發大願每個人可以按照自己的願力來發，你可以發小小的願力，比如說，希望這一次的譚崔儀軌，將我的譚崔儀軌能量，使得我父親的病痛完全康復，這是小願，也可以發更大的大願，希望所有法界眾生都能在此時得到共渡與證量，這是相當大的大願，那這個願力越大，它所引起的法界振動力量就會越大，這就是譚崔儀軌的一些比較基本的過程。

k. 發誓
　　這是最後的一個環節，也就是最後又再提起，並且發誓：

> 往後完全遵照譚崔法的誓願而升起的最大法界力量。
> 勝解譚崔教法，並淨治一切罪障與無名墮。
> 清淨自己的過犯，化光融入我身，
> 就像水晶一般的清澈無瑕。
> 自性顯現出即刻的大樂智慧身相，並恆常的皈止於祂。
> 遵照所發願的菩提心，勝解一切有情，恆常安住，
> 增長福德大資糧。

　　以上是譚崔儀軌的簡介，這也是神祕譚崔法的確切實踐方法，我將它公布出來，好讓後學知道它的原委，不致有太多的異想和誤會。

　　譚崔儀軌是一個神聖莊嚴的法門，它是借用性進入到修己、修心、修身而證悟的道路，也就是借用性能量，轉為開悟資糧的一條成道之路，它不是一種淫亂的、性慾的、雜交的。

　　譚崔儀軌也不是一個享受肉體性愛的做愛方法。你如果想要享受肉體的喜悅、爽感，夫妻在房間做愛即可。譚崔儀軌是一個神聖的法門，它要在整個過程當中，精神集中將我們最高的覺知放在那個知之上，以免墮入肉慾的、情慾的慾界。

　　一般的做愛是放鬆的、自由的，在精神上是散亂的、雜念很多的，甚至非常多的性幻想。這些東西都是阻礙性能量進入中脈達至頂輪的開悟方法之阻礙，因此譚崔是一條運用三密合一加上性能量，在高度的集中精神將性能量注入中脈而達致頂輪，完全在覺知本心本性當中，開發智慧的一條覺醒之路。

第十一章
覺知

一、譚崔是終極性教育

譚崔是站在靈性的層面，給予大眾有關以性為生命發展的教育方法。現代的性教育有：幼兒性教育、青少年性教育、青年期性教育、壯年期性教育、老年人性教育。這些教育的主要內容，著重在性醫學及性解剖的認識上面，也著重在各年齡層對性觀念、性態度轉化上的教育，這些教育的內容都是屬於比較社會化的，也就是身體跟性在這個社會上所存在的意義。

甚至有一些教育人員，在兒童性教育上，告訴兒童去區分哪一個身體的部位是可以被摸的，哪一個部位是不可以被摸的。其實這樣的區分是非常不究竟的。嚴格意義來講，身體的任何部位，只要我不允許，它都不能被摸的，並不只是性器官不能被摸而已。如果去強調性器官不能被碰觸，那就會造成更大的羞恥感與壓抑感，因為性器官被獨立出來，以獨立、特殊的來看待，因此會產生性觀念上的偏差。其實性器官跟手、跟腳、跟頭、跟臀部、臀部是一樣的，不能隨意被碰觸的。這個要碰觸必須要得到個人的允許，這些允許並不是社會性的，這些被允許是一種靈性上的允許。因此性教育的著手，除了在性醫學、性心理學跟性社會學的層面上要去著重，此外更重要的一點是要走入真正心靈、靈性的層面。

性學研究更除了學術論文的撰寫與研究層面，它更需要走入真實的生命與真實的人生，在生命與人生上起到了一個真正具有價值性

的作用與教導。

就像女性進入性活動的主要原因，是由意識或潛意識中察覺到了性的慾望，更重要的是她在靈魂上的渴望與滿足感。在生命的靈性層面，女性更容易體驗自發的靈性渴望，在性思維與性幻想中，會建立一種關係到她們的真正靈性層面的性問題。所以女性的性喚起關係到她們極少數生命層面中的靈性部分，因此女性的性喚起往往是在性慾之前，真正在靈性的層面起作用。

女性察覺到自己對性失去興趣或者缺乏反應時，通常不會感覺到苦悶。女性真正的苦悶，很少因為性的問題，而大多是來自於靈性的缺乏與靈性的匱乏之渴求。

男人也是類似的，男人所追求的高潮，除了肉體的刺激之外，還有更高的靈性層次。有多數的男人在射精完之後，都會有一種惆悵、空虛的感覺，主要就是因為他們在靈魂上沒有得到真正的性滿足。所謂的高潮就是，性反映在巔峰時累積起來的各種神經肌肉緊張所爆發式的釋放。這些都只是身體層面上的巔峰覺受，真正靈魂的需求是來自於一個更深刻的內在之精神狂喜的滿足感。高潮所引發的靈性層面的意義，才是男人所追求多重高潮的深刻密意。

在現代的性諮商方面，比較偏重於性問題的教育、性價值的澄清、性態度的重建、處理關係自我形象、性別認同、性別角色發展的社會議題與自身關係的討論與諮詢。

在性治療方面，運用行為治療或認知行為治療，去處理性功能的障礙問題，比較屬於是身體層面和心理層面的，所要得到的效果就是一種治療的效果。在心靈成長方面稱其為療育的效果。

我個人**覺知**到，應該是「療育」，教育的「育」。

療「育」具有各種不同的層面的意義，第一個療，包括身體的跟心理的，在譚崔觀點上，所療的東西是過去世所帶來的業力中的性傷痛，因此必須要去療他這一世還是一個完整的、還未受傷的，就必須要去做一個疏通、疏導、教育、貫通的作用。所謂的上醫醫未病，中醫醫欲病，下醫治已病。這一次一生下來我們是完整的、是未病的，因此我們就要對他做一個疏導，並「育」之。譚崔是一個終極的性教「育」，它是從靈魂的深處去深入到靈性的層面，從過去式的業力當中對他做療的效用，在今生還未病之時，就對他做靈性上的開導教育，因此它的層面包含非常的深刻又廣泛。

譚崔非常重視身體器官上的知識層面，也重視身體器官上的精神力量，進而更運用**心的禮敬**與**身體的禮敬**，去連結你與伴侶之間的生命情感、靈魂情感。不但要教育孩子們性的喜悅，更要教育孩子們性的禮敬、身體的禮敬與心的禮敬，跟整個對法界大能量的禮敬，他們的生命成長過程，才會產生真正靈性的力量連結。所以譚崔終極性教育，是全人的、全身的、全心的、全生命的、宇宙性的、性意識的、性能量的性教育。

二、設立大學譚崔系所

依照德國 Andro 老師的遺願，我也覺知，應在大學裡設立一個譚崔系所。

目前譚崔的課程在全世界，都比較屬於是私人的譚崔中心，或私人的課程，甚至秘密的進行，被藏在社會陰暗的角落。譚崔是一條光明大道的坦途，是對於過去一生、此生、來生的一條全新的教育道路。它不能再只是被暗藏在私人的教導領域內，應該用國家、社會的力量，在大學上開建譚崔課程，讓譚崔課程名正言順地走入群眾、走入社會，進入對國家社會有一個真正正面意義及貢獻的一條路。

如果在大學上設立了譚崔系，一來它可以培養譚崔專業人才。這些專業人才能夠在社會上推廣正面的性能量、性意識覺醒道路的開展，傳遞真正的對人類有貢獻的正面譚崔意義思想，以整體嚴密有系統的教育譚崔的理論和實修方法，用正大光明的力量，使得他們能推展靈性的性意識思想，廣披大眾。二來是去革除一些神棍，以修行之名來騙取淫亂之實，革除騙財騙色的社會歪風。另一方面譚崔在大學上設立系所之後，能夠使得譚崔課的意義廣泛推展，讓社會大眾真正認識譚崔的正向，讓人類最巔峰的性能量鍛鍊、身體明點的開發，並且起到對整個社會有正面意義的貢獻。就像印度的那爛陀大學在古代就成立了佛學研究大學，被廣傳至今，讓佛學能夠

在人類廣泛的範圍之內相傳，讓人們認識、實修。其四是如果在大學上也設立了譚崔系，它就能夠讓譚崔的思想走進群眾，對每一對家庭伴侶、愛人起到性能量與性意識的轉化作用，並不只停留在身體層面、心理層面，更進而到了精神層面與靈性的層面。有人可能不走開悟的路，至少在他的此生當中，會是喜悅、幸福、精神自由，而沒有性壓抑、性羞恥、性罪惡感的生命光明面。

譚崔指引著我們共赴喜樂的神性境界，必然使得你或你的伴侶在情感上及心靈上締結更深的聯繫與互動關係。將這種深情的聯繫與互動關係加以推廣，落實到生活之中，也就是擴及你的家人、朋友、同事，以及所有來往社會階層的人們。

增進性愛關係的基礎在於能敞開心胸，使兩性之間變得更親密、坦承、不必矯飾、不必掩藏，面對一切感覺，對外物感到好奇，天真、舒坦，恢復原有的美好實性，將使我們更富生機及感受的能力，我們會變得更諒解人、接受人，你更能以純樸的態度待人處事。

性別不再有其界線，美醜與愚智各有天寵。將習得的身體禮敬與心的禮敬，拿來與伴侶做最好的崇敬方式，不致使成年人迷失在人慾的流裡。觀照內在的能力可使你精神清澈，在做事決策時都有裨益，你在不知不覺中變的更有自信，更能被愛、愛人、愛自己，也更有宏大的眼界、心胸、體魄，氣色因身心的鬆弛與精力的暢通，而更能擔負工作責任，也更能散發活力溢滿周遭。譚崔勢在必行，現代的我們在這個時刻所擁有的福報，使得人人能夠在譚崔光輝中，

享受性、靈的人生喜悅，進入到靈性的最高層次。

　　譚崔在古代是密法，總是秘密的進行，以前之傳播不發達，造成諸多不同的秘密門派，沒有人真正知道他們在做甚麼。走到了今天科技網路的現代化時代，譚崔不能一直只躲在社會陰暗的角落，是時候應該走出來面對廣大群眾了。譚崔是人類修練中的極巔，應該將其中的密法公開出來，不能再藏著了，因為太秘密的關係，更引起人們的好奇，而人們只能用他們所能得知的一點點譚崔的知識，就以偏概全，造成種種的迷霧與誤會。用社會國家的力量，在大學建立一個譚崔系所，使得譚崔正大光明的走出來，一掃過去的陰霾，確實起到造福人類的作用。

VP- 01

譚崔性能量密典
從情慾到宇宙性高潮的性愛精煉藝術！

編　　　著	簡上淇
排 版 設 計	想閱文化有限公司
總 編 輯	想閱文化有限公司
發 行 人	陳郁屏
插 圖	簡上淇
出 版 發 行	想閱文化有限公司
	屏東市 900 復興路 1 號 3 樓
	電話：(08)732 9090
	Email：cravingread@gmail.com
總 經 銷	大和書報圖書股份有限公司
	新北市 242 新莊區五工五路 2 號
	電話：(02)8990 2588
	傳真：(02)2299 7900
初 版 二 刷	2022 年 09 月
定 價	680 元
I　S　B　N	978-986-97784-5-9

國家圖書館出版品預行編目 (CIP) 資料

譚崔性能量密典：從情慾到宇宙性高潮的性愛精煉藝術！/ 簡上
淇著 . -- 初版 . -- 屏東縣屏東市：想閱文化有限公司 , 2021.04
　面；　公分

ISBN 978-986-97784-5-9(平裝)

1. 靈修 2. 能量 3. 性知識

192.1　　　　　　　　　　　　　　110005942